教育部高等学校旅游管理类专业教学指导委员会规划教材

旅游策划原理与实务

LÜYOU CEHUA YUANLI YU SHIWU

◎ 编著　江金波　舒伯阳　黄伟钊

唐金稳　张蔚鸽　袁亚忠

廖红姣　谢　萍

重庆大学出版社

内 容 提 要

本书由旅游策划基本原理、旅游战略及开发策划、旅游发展的要素策划3编组成,包括旅游策划的基础理论、旅游策划的战略与战术、旅游发展战略策划、旅游地形象策划、旅游营销策划、旅游景观创意策划以及旅游线路策划等12章内容。全书几乎涵盖了旅游策划的所有内容,突出案例分析与实践借鉴,极大地完善了旅游策划的知识结构和逻辑体系,具有体系创新、内容创新以及理论与实践高度融合等鲜明特色。本书适合大学本科旅游管理、酒店管理、会展管理等专业教学需要,也可作为旅游行业管理和旅游企业经营管理实践的案头工具。

图书在版编目(CIP)数据

旅游策划原理与实务 / 江金波等编著.-- 重庆:
重庆大学出版社,2018.3(2023.7 重印)
教育部高等学校旅游管理类专业教学指导委员会规划
教材
ISBN 978-7-5689-1028-6

Ⅰ.①旅… Ⅱ.①江… Ⅲ.①旅游业—策划—高等学
校—教材 Ⅳ.①F590.1

中国版本图书馆 CIP 数据核字(2018)第034481号

教育部高等学校旅游管理类专业教学指导委员会规划教材
旅游策划原理与实务
江金波 舒伯阳 等 编著
责任编辑:丁 佳 版式设计:丁 佳
责任校对:秦巴达 责任印制:张 策
*
重庆大学出版社出版发行
出版人:饶帮华
社址:重庆市沙坪坝区大学城西路 21 号
邮编:401331
电话:(023) 88617190 88617185(中小学)
传真:(023) 88617186 88617166
网址:http://www.cqup.com.cn
邮箱:fxk@ cqup.com.cn(营销中心)
全国新华书店经销
重庆华林天美印务有限公司印刷
*
开本:787mm×1092mm 1/16 印张:16.5 字数:371千
2018 年 6 月第 1 版 2023 年 7 月第 4 次印刷
印数:7 001—9 000
ISBN 978-7-5689-1028-6 定价:39.50 元

编委会

总 序

一、出版背景

教材出版肩负着吸纳时代精神、传承知识体系、展望发展趋势的重任。本套旅游教材出版依托当今发展的时代背景。

一是坚持立德树人，着力培养德智体美全面发展的中国特色社会主义事业合格建设者和可靠接班人。深入贯彻落实习近平新时代中国特色社会主义思想，以理想信念教育为核心，以社会主义核心价值观为引领，以全面提高学生综合能力为关键，努力提升教材思想性、科学性、时代性，让教材体现国家意志。

二是世界旅游产业发展强劲。旅游业已经发展成为全球经济中产业规模最大、发展势头最强劲的产业，其产业的关联带动作用受到全球众多国家和地区的高度重视，促使众多国家和地区将旅游业作为当地经济的支柱产业、先导产业、龙头产业，展示出充满活力的发展前景。

三是我国旅游教育日趋成熟。2012 年教育部将旅游管理类本科专业列为独立一级专业目录，下设旅游管理、酒店管理、会展经济与管理、旅游管理与服务教育 4 个二级专业。截至 2016 年年底，全国开设旅游管理类本科的院校已达 604 所，其中，旅游管理专业 526 所，酒店管理专业 229 所，会展经济与管理专业 106 所，旅游管理与服务教育 31 所。旅游管理类教育的蓬勃发展，对旅游教材提出了新要求。

四是创新创业成为时代的主旋律。创新创业成为当今社会经济发展的新动力，以思想观念更新、制度体制优化、技术方法创新、管理模式变革、资源重组整合、内外兼收并蓄等为特征的时代发展，需要旅游教材不断体现社会经济发展的轨迹，不断吸纳时代进步的智慧精华。

二、知识体系

本套旅游教材作为教育部高等学校旅游管理类专业教学指导委员会（以下简称"教指委"）的规划教材，体现并反映了本届"教指委"的责任和使命。

一是反映旅游管理知识体系渐趋独立的趋势。经过近 30 年的发展积累，旅游管理学科在依托地理学、经济学、管理学、历史学、文化学等学科发展基础上，其知识的宽度与厚度在不断增加，旅游管理知识逐渐摆脱早期依附其他学科而不断显示其知识体系成长的独立性。

二是构筑旅游管理核心知识体系。旅游活动无论其作为空间上的运行体系，还是经济上的产业体系,抑或是社会生活的组成部分,其本质都是旅游者、旅游目的地、旅游接待业三者的交互活动,旅游知识体系应该而且必须反映这种活动的性质与特征,这是建立旅游知识体系的根基。

三是构建旅游管理类专业核心课程。作为高等院校的一个专业类别,旅游管理类专业需要有自身的核心课程,以旅游学概论、旅游目的地管理、旅游消费者行为、旅游接待业作为旅游管理大类专业核心课程,旅游管理、酒店管理、会展经济与管理、旅游管理与服务教育4个专业再确立3门核心课程,由此构成旅游管理类"4+3"的核心课程体系。确定专业核心课程,既是其他管理类专业成功且可行的做法,也是旅游管理类专业走向成熟的标志。

三、教材特点

本套教材由教育部高等学校旅游管理类专业教学指导委员会组织策划和编写出版,自2015年启动至今历时3年,汇聚了全国一批知名旅游院校的专家教授。本套教材体现出以下特点:

一是准确反映国家教学质量标准的要求。《旅游管理类本科专业教学质量国家标准》既是旅游管理类本科专业的设置标准,也是旅游管理类本科专业的建设标准,还是旅游管理类本科专业的评估标准,其重点内容是确立了旅游管理类专业"4+3"核心课程体系。"4"即旅游学概论、旅游目的地管理、旅游消费者行为、旅游接待业;"3"即旅游管理专业(旅游经济学、旅游规划与开发、旅游法)、酒店管理专业(酒店管理概论、酒店运营管理、酒店客户管理)、会展经济与管理专业(会展概论、会展策划与管理、会展营销)的核心课程。

二是汇聚全国知名旅游院校的专家教授。本套教材作者由"教指委"近20名委员牵头,全国旅游教育界知名专家和教授,以及旅游业界专业人士合力编写。作者队伍专业背景深厚,教学经验丰富,研究成果丰硕,教材编写质量可靠,通过邀请优秀知名专家和教授担纲编写,以保证教材的水平和质量。

三是"互联网+"的技术支撑。本套教材依托"互联网+",采用线上线下两个层面,在内容中广泛应用二维码技术关联扩展教学资源,如导入知识拓展、听力音频、视频、案例等内容,以弥补教材固化的缺陷。同时也启动了将各门课程搬到数字资源教学平台的工作,实现网上备课与教学、在线即测即评,以及配套老师上课所需的教学计划书、教学PPT、案例、试题、实训实践题、教学串讲视频等,以增强教材的生动性和立体性。

本套教材在组织策划和编写出版过程中,得到了教育部高等学校旅游管理类专业教学指导委员会各位委员、业内专家、业界精英以及重庆大学出版社的广泛支持与积极参与,在此一并表示衷心的感谢!希望本套教材能够满足旅游管理教育发展新形势下的新要求,能够为中国旅游教育及教材建设开拓创新贡献力量。

教育部高等学校旅游管理类专业教学指导委员会

2018年2月

让旅游策划成为旅游创新创业的常态

　　说起策划，古有卓越超群的鬼谷子，今有点石成金的王志刚。

　　活跃于春秋末年至战国时期的鬼谷子以其旷世奇才，铸就《鬼谷子》一书。该书成为中国古代军事家、政治家和外交家以及当代商家的必备大典。其所揭示的智谋权术的丰富类型及其表现形式，被广泛运用于内政、外交、战争、经贸及公关等领域，其思想深受世人尊敬，享誉海内外。因此，鬼谷子被称为中国谋略史的领袖、纵横联合师爷。作为苏秦、张仪等众多历史谋略家的老师，鬼谷子堪称中国策划业的鼻祖。

　　王志刚作为独立策划人，自1995年创办工作室并任首席策划至今，策划了诸多成功的案例，包括广东碧桂园、昆明世博会、山东双月园、重庆龙湖花园、杭州宋城集团、贵州茅台集团、中体产业等策划项目。他提出的"五星级的家"，所掀起的"华南板块"之战铸就成功策划经典。作为中国顾问咨询业的拓荒者，王志刚以《谋事在人》《财智时代》两大力作，在策划理念、策划文化底蕴、策划的宏大时空把握等方面不断创新超越。

　　在西方，策划及创意产业先行者以英国经济学家约翰·霍金斯为突出代表。他是国际创意产业界著名专家，被称为世界创意产业之父。其在经典之作《创意经济》（The Creative Economy）中，提出创意经济每天创造220亿美元的产值，并以5%的速度递增的科学观点，认为人类创造的无形资产的价值总有一天会超越我们所拥有的物质数据的价值。这些观点和看法一直激发策划人不忘初心，砥砺前行！

　　近年来，中国政府高度重视创新、创业工作，发出"大众创业，万众创新"号召，希望借此激发中华民族的创业精神和创新基因，厚植创业创新文化。由此，在广袤的中国大地掀起了前所未有的"双创"热潮。"双创"的推动"既可以扩大就业、增加居民收入，又有利于促进社会纵向流动和公平正义"，更能够"让人们在创造财富的过程中，更好地实现精神追求和自身价值"①。"创客"这一新名词也在2015年被首次写入政府工作报告。同年国务院发布《关

---

　　① 张国，刘世昕.新引擎释放新动力：大众创业　万众创新——本报记者专访政府工作报告起草组成员［N］.中国青年报，2015-03-06（7）.

于大力推进大众创业万众创新若干政策措施的意见》(国发〔2015〕32号)。其中明确指出"经济发展进入新常态,需要从要素驱动、投资驱动转向创新驱动"。显然,推动"双创"的发展,作为知识生产重要途径的策划占有十分重要的地位。一方面,科技创新以选题和领域策划为前提,在产业融合发展的今天,其过程始终贯穿着策划智慧。这对于发展中国家科技创新"有所为有所不为"的选择尤显关键;另一方面,文化创意与策划有着更加天然的联系,甚至可以说,文化创意的成果在很大程度上就是策划成果本身。

因此,创意产业有其特有的"双创"内涵,就是科技创新与文化创意的高度融合。① 纵观世界经济发展,不难预测,"创新产业"必将成为中国未来经济增长的重要引擎与新空间,并伴随改革的纵深发展,成为中国经济总量继续领跑全球主要经济体,甚至在一些现代产业领域引领世界的重要依靠。因此,作为"双创"基础的策划,也将成为推动未来中国经济社会发展的基本知识与基本技能。

旅游产业是产业关联度高、产业融合特色突出的特殊产业。在旅游开发规划及其经营管理过程中,策划享有至高地位。旅游也以其普遍的微创新,成为千家万户"双创"的产业之一。无疑,策划在其中发挥着知识创造和价值升级的双重作用。因此,在创意产业加快发展的时代背景下,在"双创"成为中国经济新引擎的良好环境下,旅游策划日益成为旅游行业各级主管和企业精英做大做强旅游业的智力源泉,成为无数旅游创客的更加精致精准服务游客的逻辑起点,成为全社会旅游创新创业的常态。由此而言,这本《旅游策划原理与实务》,既响应了国家"双创"号召,也必将为旅游业"双创"发展提供有益的理论支撑与案例借鉴。为了达到这个目标,本书打破此类教材传统的体例编排,大胆进行了如下改革与创新,使之呈现出鲜明的个性与特色。

首先,在谋篇布局上建立纵横交叉的旅游策划理论体系。全书由3编组成,分别是旅游策划基本原理、旅游战略及开发策划、旅游发展的要素策划。其中,第1编包括旅游策划的基础理论、旅游策划的战略与战术以及旅游策划的知识体系与情感取向3章;第2编包括旅游发展战略策划、旅游地形象策划、旅游营销策划、旅游地开发策划4章;第3编包括旅游项目策划、旅游节事活动策划、旅游商品策划、旅游景观创意策划以及旅游线路策划5章。充分梳理了旅游策划从理论到实践、从战略到要素、从宏观到微观的纵向逻辑,而在每一编内部,侧重构建横向流动的知识体系。

其次,增设了诸多内容,极大地完善了旅游策划的知识结构和逻辑体系。这些内容主要是旅游策划的战略与战术、旅游策划的知识体系与情感取向,尤其是其中的地方知识与情感取向,首次深入论述了旅游策划的知识体系,指出地方知识对旅游策划的地方特色构建的基本功能,发现情感态度与价值观对旅游策划的深远影响等。通过增加"旅游景观创意策划"和"旅游节事活动策划"内容,分别强化了旅游策划的硬件基础和软件主体建设。围绕选址策划与地域范围确定,开发方向与发展定位策划、空间结构划分及其旅游地内部游线开发等方面组织旅游地开发策划内容。克服了过去旅游地开发策划过于宽泛并与其他要素策划内容部分重复的弊端。明显增强了旅游地开发策划的理论前沿与实践应用性。本书并没有落

---

① 王慧敏,孙洁,蒋莉莉,等.文化创意产业研究:理论前沿和热点问题[M].上海:上海社会科学院出版社,2016:2.

入俗套地专门论述旅游产品策划。因为作者认为旅游产品是项目发展的结果,是经营管理的产物,并非策划的主要结果。对于旅游策划而言,更重要和本质的不是产品本身,而是真正处于策划知识领域的旅游项目。为此,本书重新定义了旅游项目策划内涵,梳理旅游项目策划结构,撰写旅游项目分类策划。遗憾的是,目前在旅游学界特别是旅游策划界,甚至包括旅游业界,缺乏项目管理思维达到令人吃惊的地步。因此,强化这种在位和上位的策划意识十分重要,这对于中国旅游策划界与旅游实业界厘清责任、发挥各自优势至关重要。

最后,突出了案例分析与实践借鉴。本书的重要分节设置了相关的中外小案例分析,同时,每一章都有综合的大案例分析。这些大小经典案例不仅是对策划知识与策划理论的检阅,更重要的是,旨在成为今后旅游策划实践的借鉴,增强本书作为"实务"的实用性功能。从中国旅游日、印象刘三姐等的策划,到澳大利亚招聘大堡礁哈密尔顿岛看护员的职位、美国各州的宣传主题口号等经典案例来看,做到了选案精当,剖析深入,确保古为今用、洋为中用。

本书是集体智慧的结晶,由来自华南理工大学、中南财经政法大学、广东财经大学、广东省中国青年旅行社、北京理工大学珠海学院等单位的专家学者和业界精英联袂打造。全书由江金波、舒伯阳领衔编著,并由江金波负责全书的统稿。内容撰写的分工是:第1、3、7、8、11章由江金波完成,第2、4、10章由舒伯阳完成,第5章由黄伟钊、唐金稳合作完成,第6章由张蔚鸽完成,第9章由袁亚忠、廖红姣合作完成,第12章由谢萍完成。

此外,硕士研究生林丽清、张敏协助搜集、整理与分析了本书部分案例。其中林丽清负责第7章"从电影《甲方乙方》看角色旅游策划",第9章"全球第一部全新概念的实景演出——《印象·刘三姐》"等案例;张敏负责第7章"旅游选址策划中现代技术的运用"等案例。

本书近一年的撰写,是业务交流学习的过程,更是见证大家严谨治学、甘于奉献的精神之旅。感谢创新创业的时代为旅游策划人提供了无限广阔的用武之地!愿本书成为旅游策划的教学伴侣,成为旅游"双创"和文旅融合的理论工具,成为旅游学科百花园中的一道亮丽新风景!

本书出版得到国家自然科学基金项目"中国省域旅游业创新能力的空间结构、演化机制及其协调发展研究"(项目编号:41671150)资助,特此致谢!值此国民经济和社会发展"十四五"规划开局之际,仅以此书献给中国共产党建党百年华诞!

教育部高等学校旅游管理类专业教学指导委员会委员
广东省高等学校旅游管理类专业教学指导委员会副主任
华南理工大学旅游与酒店管理学院教授、博士生导师、副院长
江金波
2020 年 12 月

目录

第1编　旅游策划基本原理

第 3 编　旅游发展的要素策划

第1编
旅游策划基本原理

第1章
旅游策划的基础理论

1.1　概念体系

1.1.1　创意

创意，一般是指具有创造性的"主意"或"想法"。日常生活中人们常称为"点子"，来自人的创造性劳动、综合性技能和其他天赋性见解。创意的概念包括互相联系的双重关系，一是创意术语；二是创意观念。前者指创意的字面意思，分为宏观创意、个体创意和应用创意；后者指创意的内在含义，包括文化的创意观念、审美的创意观念以及产业的创意观念等。①可见，创意旨在提出新问题和新构想，是创新的起点，因而也是策划的源头。

20世纪末，英国政府采纳国际创意产业界著名专家、经济学家约翰·霍金斯的建议，开始扶持创意产业。从此，创意经济的概念在全球迅速发展，甚至被美国、日本等发达国家提高到战略发展高度。约翰·霍金斯也被称为"世界创意产业之父"。显然，创意观念是策划的源头，任何策划方案都建立在创意基础之上。

1.1.2　策划

关于策划的定义，学术界并未取得一致看法，常常与"创意""咨询"甚至"规划"混为一谈。现代意义上的策划，越来越从公关需要走向多样化需要。策划被界定为"出主意、想办法、出谋划"②，被认定为"从虚构出发，然后创造事实，加上正当的理由，而且光明正大地做"③。有人认为，"策划"本质上是较佳决定的手段，也是行动的先决条件。④策划专家美籍华人苏珊将策划解释为"是人们事先筹谋、计划、设计的社会活动过程"⑤。

①　徐兆寿.旅游文化创意与策划[M].北京：北京大学出版社,2015：16.
②　周黎明.公关策划[M].武汉：华中理工大学出版社,1997：1-2.
③　王承英.策划为王——中国策划业前沿报告[M].成都：四川大学出版社,1998.
④　Pfiffner J M, Presthus R V. Public administration[M]. P Ronald Press Co.,1975：40-47.
⑤　王衍用,曹诗图.旅游策划理论与实务：第2版[M].北京：中国林业出版社,2016：2.

综上所述,策划蕴含创新思维及其结果的双重含义。从创新思维而言,策划特指根据科学的预判,旨在突破现状限制,对研究对象所开展的前瞻性和创造性思维活动。就策划的结果而言,策划更多的是指为了实现预期目标,根据策划思维和科学的理论方法,并借助艺术表现形式,有针对性地提出解决对象问题的实施方案,也就是"策划方案"。这些问题大小不一。从宏观的国家军事战略层面,到中观的产业发展层面,乃至于企业微观营销层面均大量存在。可见,策划是围绕快速高效解决现实问题需要,以创意为基础所进行的创造性思维活动及其实施方案。换言之,策划以创意为基础,在问题导向下经过广泛系统的论证才得以完成。

策划就其结果似乎与"咨询"存在一致性,但其依然存在本质区别。策划强调创意创新的内涵,而咨询更加注重解决问题的结果,并不刻意强调其采取创意创新手段作为解决问题的艺术,也包括大量采取惯常的理论与方法解决现实问题的结果。从这点上说,策划更多地具有知识生产的内在属性,而咨询多倾向于已有知识的运用。策划与"规划"的联系表现为,规划是通过策划所形成的计划性安排和空间布局,较为务实;策划往往是规划的市场基础性工作,较为务虚。两者之间的突出差异是,前者重点是问题导向的战略或战术性思路对策,后者强调目标实现下周密的战略安排。

1.1.3　旅游策划

作为策划在旅游领域的运用,旅游策划就是着眼解决旅游产业的实际问题而进行的创造性策划活动并据此制订实施方案。常见的旅游策划包括产业战略发展策划、开发策划、旅游企业策划、目的地形象策划、营销策划以及诸多的旅游要素策划,例如项目、节事、商品、景观、线路等。由于旅游业是一个不断创新的产业,因而,旅游策划的内容亦不断拓展。除了上述主体内容之外,随着旅游产业的深入发展,旅游策划的分支也不断壮大。例如旅游新业态策划,也从传统的农业旅游策划、工业旅游策划、商务旅游策划发展到会奖旅游策划、红色旅游策划、自驾车旅游策划等。尽管如此,在丰富多样的旅游策划种类中,旅游资源和旅游市场始终是其策划的依托,而策划的旅游产品与未来旅游市场的适应与匹配则始终是其策划的关键目标。

关于旅游策划的概念,有学者提出通过创新性思维整合旅游资源,实现旅游资源与市场拟合,从而实现旅游业发展目标[①],也有学者认为是"对旅游地或旅游企业整体发展或局部某项工作或事件进行全面构思、设计、制订和选择切实可行的执行方案,使旅游资源的利用与市场需求充分协调,从而形成正确决策和达到高效工作的创新性思维过程"[②]。杨振之认为旅游策划是"通过整合各种资源""通过对变化的市场和各种要素的把握,设计出能解决实际问题的、具有科学的系统分析和论证的可行性方案和计划"[③]。近来,周作明把旅游策划界定为"面向旅游市场需求,用创造性思维整合旅游资源,以新颖的形式获得旅游市场拓

---

① 陈放. 中国旅游策划[M]. 北京:中国物资出版社,2003.
② 肖星. 旅游策划教程[M]. 广州:华南理工大学出版社,2005:3.
③ 杨振之,等. 旅游原创策划[M]. 成都:四川大学出版社,2005.

展,实现旅游产业发展的筹划活动"①。很显然,现有研究较多地、静态地、狭义地理解了旅游策划涉及的资源、市场要素,对旅游策划特质的理解有待深化。同样地,旅游策划与创意既有联系也有区别,是内容与思想、具体与抽象、具象与表象的关系②。

结合理论思考与策划实践,本书认为,旅游策划是立足创新思维和创意,整合各种旅游业相关资源、信息和技术,动态地把握旅游市场规律,并通过科学分析方法和艺术手段,致力于引领和拓展旅游市场发展,实现旅游产品与旅游市场的最优匹配,开展对旅游业整体、要素和专项问题靶向的系列创新策划活动及其所拟定的原创方案或提升方案。本概念首次将涉及旅游的资源、信息和技术同时引入旅游策划中,抓住了旅游策划现代属性的必然趋势。同时,强化了旅游策划致力于引领和拓展旅游市场的根本导向,也明晰地表达了旅游策划所涉及层次的多样性,因而,更加突出了旅游策划的本质特征。

1.2　理论基础

1.2.1　传播学

由于传播是人的一种基本社会功能,所以凡是研究人与人之间关系的科学,如政治学、经济学、人类学、社会学、心理学、哲学、语言学等,都与传播学相关。传播学是研究人类一切传播行为和传播过程发生、发展的规律以及传播与人和社会的关系的学问,是研究社会信息系统及其运行规律的科学。传播学致力于研究传播的本质和概念;传播过程中各基本要素的相互联系与制约;信息的产生与获得、加工与传递、效能与反馈,信息与对象的交互作用;各种符号系统的形成及其在传播中的功能;各种传播媒介的功能与地位;传播制度、结构与社会各领域各系统的关系等。

旅游策划中,传播学的运用十分广泛。旅游资源和产品需要通过传播让市场了解和接受。为此,在旅游策划过程中,为了使旅游产品具有更好的传播力,必须深入研究目标游客的消费行为,必须掌握传统与新媒体传播的不同特征,必须构建适宜于传播的旅游符号,并善于选择适当的时机推出旅游创意产品。

1.2.2　市场营销学

市场营销学是一门系统研究市场营销活动规律性的科学。20世纪50年代,以霍华德和菲利普·科特勒的《营销管理》一书出版为标志,营销管理从经济学母体中分离出来。市场营销是用有限的资源通过仔细分配来满足竞争的需要;涉及谁购买、谁组织,因此,必须了解消费者的需求、动机、态度和行为以及如何组织才能更好地管理其营销活动,以便为顾客、社

---

① 周作明.旅游策划学新论[M].上海:上海文化出版社,2015:15.
② 张祖群,张宏.旅游地策划——文化·创意·空间[M].北京:化学工业出版社,2007:13.

会及自己创造效用。市场营销学于 20 世纪初期产生于美国。随着社会经济及市场经济的发展,市场营销学发生了根本性的变化,从传统市场营销学演变为现代市场营销学,其应用从营利组织扩展到非营利组织,从国内扩展到国外。当今,市场营销学已成为同企业管理相结合,并同经济学、行为科学、人类学、数学等学科相结合的应用边缘管理学科。西方市场营销学的产生与发展同商品经济的发展、企业经营哲学的演变密切相关。

由于旅游策划致力于寻找旅游产品与旅游市场的最佳匹配,因此,对于旅游策划而言,依托市场营销学的理论至关重要。特定游客市场分析、游客的需求及动机分析是科学策划前提,旅游营销策划及其管理更是必须紧密依靠市场营销的相关理论。

1.2.3　文化地理学

文化地理学作为人文地理学和文化学的交叉分支学科,以人类文化空间及其与地理环境关系为研究对象,研究地表各种文化现象的分布、空间组合及发展演化规律,以及有关文化景观、文化的起源和传播、文化与生态环境的关系、环境的文化评价等方面的内容。历经近百年的发展,文化地理学从传统研究的五大主题文化生态学、文化源地、文化扩散、文化区和文化景观等,伴随西方文化与社会研究的文化转向,发展进入以杰克逊(Jackson)与考斯格罗夫(Cosgrove)为代表的新文化地理学阶段,提出要注重文化的内部运作、符号生产与价值内涵,进而基于这些内容来考察空间构成、空间秩序、空间竞争。[1]

文化地理学作为旅游策划的理论基础,主要在于从空间上审视地域文化个性,并将文化地方性运用于旅游战略、形象、项目、营销等策划的实践,突出旅游发展的地方差异以及地方联系,增强区域旅游发展的特色竞争力与创新协作能力。

1.2.4　旅游者行为

由于旅游活动的主体是旅游者,因此,对旅游者的行为研究就显得十分重要。旅游行为是指旅游者对旅游目的地、旅游季节、旅游目的和旅游方式的选择特征,以及与之紧密相关的旅游意识、旅游效应和旅游需求特征。[2]基于旅游者行为的影响因素研究、基于旅游者行为产生的影响研究和基于旅游者行为的专题研究是国外对旅游者行为研究的主要内容,基于定量分析的实证研究和旅游者行为的专题化研究是目前国外旅游者行为研究的主要特征和基本趋势。[3]

旅游策划需要立足旅游者行为理论,将特定游客群体及其行为特征研究成果反映在策划项目、活动、线路等的实际中,做好有的放矢开拓旅游市场,增强开发旅游产品的针对性。

1.2.5　旅游产品生命周期

该理论认为,同其他产品一样,旅游产品也有其发生、发展、衰退和消亡的过程。一个旅

---

① 唐晓峰. 文化转向与地理学[J]. 读书,2005,(6):72-79.
② 周世强. 生态旅游与自然保护、社区发展相协调的旅游行为途径[J]. 旅游学刊,1998,(4):33-35.
③ 郭亚军,曹卓,杜跃平. 国外旅游者行为研究述评[J]. 旅游科学,2009,23(2):38-43.

游产品从其进入市场开始到最后撤出市场的全过程,就是旅游产品的生命周期。一般包括投放期、成长期、成熟期、衰退期四个生命周期阶段。

旅游产品生命周期理论,对旅游策划具有深远的指导意义。不仅是策划师不断重新评估旅游资源和旅游产品的时代价值,而且致力于创新旅游新资源和新产品,始终将满足游客需求放在首位,使旅游产品推陈出新。同时,充分考虑不同阶段旅游产品特征,采取不同策略,延缓衰退期的到来、延长生命周期。

1.2.6 旅游创新

创新是"建立一种新的生产函数,即实现生产要素的一种新组合"[①]。它被越来越多的学者认为是未来知识经济和知识社会的核心,世界各国都已把创新作为经济发展和社会进步的巨大推动力,借以获得国家、产业及企业层次上的竞争优势。旅游业创新(Innvotion of Tourism Industry, ITI)就是旅游企业突破已有结构化产业的约束,运用技术创新(从技术装备、网络技术到低碳技术等)、管理创新、市场创新或组合创新等手段,积极改变现有旅游产业结构或创造旅游全新业态的过程。它是旅游企业群体性创新的系统集成,是旅游企业创新的最高层次和最终归属。重点研究旅游业创新类型与要素创新、旅游企业创新研究、旅游业创新系统研究等。

旅游创新理论在旅游策划学科领域展示强劲的支撑作用。一定程度上,旅游策划也是旅游领域的一种知识生产和创新。从这点而言,两者存在内在特质的一致性——固然,策划更加偏重知识综合创新前提下的直接运用,而旅游创新在本质上虽然也属于运用领域,但毕竟还包括创新理论内容。旅游创新理论对于旅游策划的支撑性,充分表现于对策划思维导向、策划流程再造以及现代技术在策划领域的运用等方面。

1.2.7 社会互动理论

社会互动,也称社会相互作用或社会交往,是个体对他人采取社会行动和对方做出反应性社会行动的过程——即人们不断地意识到自己的行动对别人的效果,反过来,别人的期望影响着自己的大多数行为。群体活动和社会过程是以互为条件和结果的社会行动为基础的。当相关双方互相采取社会行动时就形成了社会互动。它是发生于个体之间、群体之间、个体与群体之间的相互的社会行动过程。其理论主要有符号互动论、本土方法论、角色理论拟剧论和参照群体理论等。现代西方社会学的互动理论,正在从过程理论向结构理论转化。"过程理论"强调的是"自我",是"主客互动",而"结构理论"强调的则是"角色",是"角色互动"。所谓"角色互动",就是由复杂的社会地位所决定的角色之间和角色之内的互动。角色关系所带来的互动,是一种更固定化、更社会化的互动。

旅游策划中社会互动理论的运用,可以为旅游者提供更好的社会角色体验经历。[②] 通过

---

① 约瑟夫·熊彼特.经济发展理论[M].何畏,易家详,等,译.北京:商务印书馆,2000:53-61.
② 周作明.旅游策划学新论[M].上海:上海文化出版社,2015:57.

策划更多样的环境,实施导游与游客、主人与客人乃至于游客之间丰富多样的互动。这在旅游策划的项目活动、线路设计、节事参与、景观空间布局、体验营销等方面得到日益广泛的运用,对于消弭互动隔膜、弥合旅游产品与市场需求差距,提高旅游产品体验质量等方面都有积极意义。

1.2.8　生活方式理论

生活方式一般指人们的物质资料消费方式、精神生活方式以及闲暇生活方式等内容,是在一定社会客观条件制约下,社会中的个人、群体或全体成员为一定的价值观所制导的、满足自身生存和发展需要的全部生活活动的稳定形式和行为特征。它通常反映个人的情趣、爱好和价值取向,具有鲜明的时代性和民族性。可以理解为在一定的历史时期与社会条件下,各个民族、阶级和社会群体的生活模式。影响社会方式的因素主要有宏观的社会环境和微观的社会环境,前者主要是地理环境、文化传统、政治法律、社会心理等,后者主要是经济收入、消费水平、家庭结构、教育程度、闲暇时间等。社会生活方式具有综合性、稳定性、变动性、群体性等特征。

旅游作为全人类日益惯常的生活方式,也成为 21 世纪以来在中国日益得以广泛认同的生活方式。因此,旅游策划使命之一,就是为游客创造全新的旅游生活体验,从而改变和优化人们的生活方式,增进旅游消费的社会意义。为此,旅游策划既需要社会生活方式理论指导其策划的相关调查工作,也需要通过旅游产品策划、旅游地开发与经营管理模式的策划,推动现代生活方式的变化,为人类创造更加多样且健康的生活方式做出贡献。

1.2.9　运筹学与系统论

运筹学是 20 世纪 30 年代初发展起来的一门新兴学科,是近代应用数学的一个分支。其主要目的是在决策时为管理人员提供科学依据,是实现有效管理、正确决策和现代化管理的重要方法之一。该学科利用统计学、数学模型和算法等方法,常用于解决现实中的复杂问题,特别是改善或优化现有系统的效率。如今,运筹学的研究不仅广泛涉及经济和军事活动,而且深入应用到各种管理工程中,在现代化建设中发挥着重要作用。虽然所面对的问题千差万别,但运筹学处理问题的一般步骤包括确定目标、制定方案、建立模型、制定解法等。

系统论认为,开放性、自组织性、复杂性、整体性、关联性、等级结构性、动态平衡性、时序性等是所有系统共同的基本特征。系统论的核心思想是系统的整体观念。其学科鼻祖贝塔朗菲(L. Von. Bertalanffy)强调,任何系统都是一个有机的整体,它不是各个部分的机械组合或简单相加,系统的整体功能是各要素在孤立状态下所没有的性质。同时认为,系统中各要素不是孤立地存在着,每个要素在系统中都处于一定的位置上,起着特定的作用。要素之间相互关联,构成了一个不可分割的整体。研究系统的目的在于调整系统结构,协调各要素关系,使系统达到优化目标。

传统的旅游策划惯于单一、定性研究旅游实际问题,缺乏精准的定量系统依据。显然,任何一项旅游策划都是一个系统工程,加之旅游策划面临多产业、多要素、多层次等问题,需要利用运筹学和系统论强化其理论基础,借此提高旅游策划的理性思维和系统思维,提高旅游策划的严谨性、实践性和科学性。

1.3　旅游策划的类型与属性

1.3.1　旅游策划的类型

1)分类角度

当今旅游产业发展迅速,因而旅游策划的内容也日渐多样化,不断丰富旅游策划的类型,形成日益壮大的旅游策划类型和体系。

旅游策划分类的角度很多,常见的有策划的层次、策划的复杂程度、策划的内容、策划活动的形式、策划对象的形体角度等。

2)类型

(1)层次类型

按照策划的层次,旅游策划可以分为:宏观旅游策划、中观旅游策划和微观旅游策划。其中宏观旅游策划主要是旅游战略层次的策划,例如旅游产业策划、旅游开发策划、旅游企业发展策划等。中观旅游策划主要是旅游具体要素方面的策划,例如旅游产品策划、旅游项目策划、旅游形象策划等。微观旅游策划则是具体项目的策划,例如旅游文化节策划、旅游商品展示策划等。

(2)复杂程度类型

按策划的复杂程度,一般划分为单项旅游策划和综合旅游策划。前者指围绕单一主题和内容所进行的策划,例如旅游营销策划、旅游形象策划、旅游商品策划等。该类型内部十分丰富,几乎每一个旅游要素都有策划问题。后者指涉及多要素综合且内容较为复杂的主题和内容的策划。如旅游区开发策划、旅游产业发展战略策划等。必须指出的是,复杂程度是相对而言的。例如旅游区的形象策划,尽管是一个旅游要素的策划,被划分为单项策划。实际上,其策划的综合性、复杂性也很强。

(3)内容属性类型

旅游策划不同于其他策划,由于产业的交叉融合以及新业态的涌现,其内容不断丰富。因此,按照策划的内容属性划分的类型体系,也就处于动态建构中。就现状而言,一般包括旅游要素策划、旅游发展策划和旅游规划设计策划等,其策划内容和服务对象分别侧重于旅游要素、未来发展和规划技术等。其中旅游要素策划,相当于前述的中、微观层次策划或者单项策划,针对单一要素内容进行策划,例如旅游景观策划、生态旅游策划等。旅游发展策划则相当于宏观层次的策划内容。这种类型中,旅游产业融合策划、旅游新业态的策划地位日益突出。规划设计策划则是偏重于服务规划技术的单一性或综合性策划。

(4)活动特征类型

旅游活动因旅游资源和产品而产生很大差异。按照旅游活动形式和特征,可以将旅游策划分为观光旅游策划、休闲旅游策划、度假旅游策划、体育旅游策划、会展旅游策划、养生旅游策划、生态旅游策划、乡村旅游策划、工业旅游策划等。

(5)形体类型

有学者从点、线、面、体的视角,将旅游策划类型划分为点式旅游策划、线式旅游策划、面式旅游策划和体式旅游策划,它们具有内在联系,构成旅游策划的整体。[1]点式旅游策划是点子式的旅游策划,解决较为简单的旅游实际问题。线式旅游策划是围绕线状旅游要素的策划,是对旅游某一层面所进行的较为综合的策划,需要若干个点子策划系统支持,属于中等难度的旅游策划。例如旅游市场营销策划就包括客源市场开发、旅游营销的组合策划、旅游品牌策划等。面式旅游策划针对旅游产业或企业的全面策划。例如某旅游城市的旅游产业策划或某景区的旅游发展策划均为此类策划。体式旅游策划是在面式旅游策划基础上,加上时间轴而形成的立体旅游策划。一般地,点式、线式和面式旅游策划,其近期实操性特征突出,因此,相比之下,体式旅游策划更具有前瞻性和预见性的特征。

本书以上述分类方法为基础,综合考虑旅游策划分类的交叉性,并有意突出旅游策划的重点类型,将旅游策划分为两大部分(层次),即旅游战略及开发策划、旅游发展要素策划。其中,第一部分涵盖旅游发展战略策划、旅游地开发策划、旅游营销策划、旅游地形象策划等类型;第二部分包括旅游项目策划、旅游节事策划、旅游商品策划、景观景点策划、旅游线路策划等。

1.3.2　旅游策划的属性

固然,旅游策划具有所有策划的共性。例如谋略性、创新性、目标性、系统性、时效性和操作性等,但是,旅游策划毕竟是旅游领域的特殊策划,它深入考虑旅游产业特殊性,是策划的普遍理论与旅游产业相结合的独特产物。因此,其策划的特殊性十分明显。

1)高智力性

任何策划都具有智力性,是对策划师知识及其运用能力的考验。而旅游策划智力性要求更高。这是因为旅游产业是一个多产业交叉的体系,旅游策划涉及的产业要素多,跨界知识面广,信息变化快,对新技术反应敏感。因此,旅游策划除了需要具备更加丰富的知识以及具有普通策划水平能力之外,更需要对市场消息的追踪和捕捉,还特别需要掌握现代高新技术并将之运用于现代旅游策划活动中,创造新产品,领导新体验。

---

① 周作明.旅游策划学新论[M].上海:上海文化出版社,2015:15-16.

2）面向游客的服务性

诚如前述,旅游策划旨在实现旅游产品与旅游市场的最优匹配。旅游策划的过程正是旅游策划组织为各类旅游组织、旅游产品和旅游活动提供服务的过程。[①]旅游策划必须时刻以游客为本,以游客需求的满足为策划的出发点和归宿,始终面向市场对旅游产品的需求,提供最大化契合游客消费的吃、住、行、游、购、娱等六要素的策划产品、服务平台和管理流程,尽最大能力满足游客市场的个性化需求和产品预订服务。因而,旅游策划的最大属性就是面向广大游客的服务性。

3）技术与艺术的融合性

旅游策划绝不仅仅是普通策划的创新性思维活动,其创新性思维建立在对现代技术掌握和运用之上。由于旅游市场永远处于"求新""求奇"的动态中,现代技术与旅游业的高度融合就成为旅游产业发展的常态。这就决定了旅游策划必须借助现代技术和材料、借助现代声、光、电等手段,不断创新旅游产品和旅游服务。同时,由于旅游产品需要得到游客的认可,首先应具备审美的功能,旅游策划就必然对现有资源和产品进行艺术加工和创造,融合传统文化和时尚艺术,赋予其更高的文化内涵,提升其价值和品位。成功的旅游策划一定是现代技术和义化艺术高度融合的杰作。

1.4 旅游策划的基本原则

1.4.1 创新性原则

策划是一种创造性思维活动,旅游策划也不例外,并且旅游策划的创新性要求更高。创新是旅游发展的根本动力,当然也就是旅游策划的灵魂所在。唯有创新,才能打破思维定式和常规,推动旅游产品常新、常变,确保旅游策划超前,进而保证策划方案及其策划的产品永葆竞争力。因此,有学者认为,旅游策划中的创新原则,包括求"新"创新、求"异"创新、求"最"创新和求"需"创新等四个方面的原则。[②]前两个方面的原则容易理解,在此不赘述。但是,求"最"创新,尽管是人们同样熟知的创新原则之一,但是需要充分考虑的是,"最"是特定时间、特定区域的现象,很容易被时间改写,为其他地方刷新。为此,在求"最"创新的路上,不能一味追求"最全""最高""最大"等。而求"需"创新,应该理解为通过策划新的产品,激发潜在消费市场,达到引领市场需求的目标。

在旅游策划中,贯彻创新性原则,一是要求瞄准市场供给不足或空白领域进行策划;二

---

① 蒋三庚.旅游策划[M].北京:首都经济贸易大学出版社,2002:12.
② 沈祖祥,张帆.旅游策划学[M].福州:福建人民出版社,2000:47-51.

是采取最新的理论和技术开展策划;三是嫁接其他产业的策划方法创新旅游特定领域的策划。

1.4.2　特色性原则

个性和特色是旅游开发的生命所在,也自然是旅游策划的关键。旅游策划的对象不同、内容不同、层次不同、地域不同和要求不同决定了每一个旅游策划的不同特征,不能雷同,否则就可能使旅游策划失去个性和特色,难以顺利完成策划任务委托方的要求,不能体现其策划所在地域的文化特征和市场特征,也不能达到策划的高质量标准和要求。

旅游策划的特色表现形式丰富,不仅包括策划构思的独到以及策划方法的独特,而且包括策划内容及其风格的独特,甚至包括技术运用和组织形式的独特。该原则要求旅游策划必须做到"人无我有""人有我特""人特我优",只有这样,才能充分体现旅游策划的特色和个性。

1.4.3　实践性原则

旅游策划是面向产业实践的策划,其最终的策划方案必将在旅游发展的实践中贯彻实施,并以是否有利于贯彻执行以及在实践中产生经济效益、社会效益和环境效益作为判断成功与否的根本原则。因此,实践性原则就成为旅游策划的十分重要的原则之一。为此,旅游策划切忌花里胡哨,好看不能用,好听不能用,切忌文字和图片堆积,大量复制已有素材,徒有其表,缺乏思想,空洞无物。相反,卓越的旅游策划除了思维的创新之外,更表现为易读易懂,便于在实践中运用和落实。该原则的运用主要体现在以下几个方面:一是策划的主题清晰明了。主题不在多而在精,同时主题符合开发定位的要求;二是策划有明细的问题导向,目标切实可行。问题和目标可通过双方协商逐渐界定和清晰化;三是充分考虑委托方、开发者的实际情况,做到实事求是、量力而行。

1.4.4　时效性原则

时效性包含两层含义,首先是单一项目时,应选择策划对象的最佳时机,促成策划效益的最大化。例如温泉旅游项目策划推广选择在秋冬之际推出较为合适,而科普教育旅游策划在暑期效果最佳。其次是整个安排所策划的相关项目的时间段,使得整个策划产生协同共振效应。例如对于特定景区的四季节事活动的策划,就必须打破单一项目策划的时效观念,同步统筹考虑全年各项节事活动的时间错位、功能错位、市场错位等产生的综合效果。

1.4.5　系统性原则

在信息高度发达,事物发展联系普遍增强的今天,系列论在策划中的指导作用不断增强。因而,旅游策划就不能拘泥于固定时间、单一因素、局部地域的策划,而应该充分考虑时间的变动、多因素联系,并且放眼全局,运用系统思维进行策划。对于综合旅游策划固然需要如此,单项旅游策划也应这样。因为即便是单项旅游策划,例如旅游商品策划,也不仅仅只是重新策划旅游商品本身,往往涉及传统旅游商品继承以及现代旅游商品的创新发展等问题,涉及旅游消费的时尚,还应该考虑材料和工艺、成本大小、作为地域文化展示载体功能等众多问题。因此,贯彻系统性原则,需要运用系统思维,从整体上制订旅游策划可行性方案;需要立足现在放眼未来,立足当地放眼全球,寻求策划要素的多点联系,做到在动态的发展中审视和解决策划对象的问题。

1.5　旅游策划的主要方法

良好的方法是旅游策划成功的重要保障。纵观旅游策划的实践,一方面策划的本质属性规定了策划方法的无限创新,旅游策划在实践中不断积累多样化的方法;另一方面,面对不断涌现的旅游策划新领域,旅游策划方法在借鉴其他策划方法基础上,逐渐形成其方法体系。本书整理的策划方法,不是具体每一次策划的具体方法(例如移植策划、逆向策划等),而是较为综合的宏观层面的重要方法,每一种方法包含若干具体的方法。现将常见的旅游策划方法介绍如下。

1.5.1　头脑风暴

头脑风暴是一种以专家会议形式组织的,由专家针对具体问题发表各自独立见解的策划方法。由于其倡导的轻松氛围以及鼓励个性化发表自由见解,最有利于专家通过自由联想、互相激发而获得集体性的创新性思维,故谓之为"头脑风暴"。该方法打破了个体单一思维的封闭性和局限性,拓展了各自的思维空间和知识分享,极大激发了逆向思维的发展,因而大大推动了点子和创意的产生。头脑风暴是旅游策划最为常用的方法之一,其关键是根据现场专家的各类意见、想法和建议等进行梳理、甄别、提炼和总结,以增强对旅游策划实际的针对性和实操性。

1.5.2　因势策划

旅游策划需要随时捕捉形势带来的机会,努力利用自己的优势、回避自己的劣势,抓住转瞬即逝的机会,防止突如其来的危难,因此,旅游策划中,要学会顺势、造势、导势和借势的方法。[①] 本书将此四"势"策划方法合称为"因势策划"方法。

顾名思义,顺势就是顺应时代潮流和形势,将其主动运用于旅游策划的实践中。其一般做法是,深入分析国内外旅游发展的大政策与大趋势,全面聚焦旅游产业的热点和难点问题,因势利导地开展旅游策划。例如中国老龄化加速背景下养生旅游的策划就是因势策划的典型案例。造势则是通过种种途径,营造有利于解决策划问题的态势。例如大兴安岭地委宣传部策划了通过最具有特色的极光主题自驾游,进行漠河冬季冰雪主题自驾游目的地的推广。活动由文化名人以及资深自驾人士全程带队,以"极致体验+实时分享"提升传统

---

① 周作明.旅游策划学新论[M].上海:上海文化出版社,2015:106.

自驾游的品质,利用独特的围炉夜话形式,首创旅游营销论坛新模式,达到话题阅读量 1.85 亿、互动量 8.6 万的良好造势结果。

导势方法则是面对不利形势,设法改变并引导形势向有利于自身方向发展的方法。例如针对大堡礁长期以来的传统旅游产品和项目的审美疲劳,并因为缺乏新颖活动而引发的市场疲软状态,昆士兰州旅游局曾于 2009 年年初发布招聘哈密尔顿看护员的职位。工作内容为清洁鱼池、喂鱼,收发信件,每周发表文章及上传照片、影片,不定期接受媒体采访,巡游大堡礁水域内其他岛屿等;半年薪为 15 万澳元。其他待遇为提供豪华住宿,来回工作地及申请人居住城市的机票、合约期间内的保险、工作期间往来大堡礁水域其他群岛的交通等费用。当时被称之为"世界最理想的工作",引发了全球对昆士兰的热切关注。从全球 3 万名申请者中进行海选,招聘耗时半年,澳大利亚昆士兰州旅游局如此"兴师动众",醉翁之意不在"聘"。最大的赢家是这次招聘活动的主办方昆士兰州旅游局。他们以 170 万澳元的低成本,却收获价值 1.1 亿美元的全球宣传效应,成功进行了一次超值的旅游营销,实在是一次极为成功的导势策划实践。

借势方法是借助现有成功事件、现象和独特事件,达到提高自身知名度和美誉度的方法。一般分为借事件之势、借决策之势、借时间之势、借人物之势、借山水之势、借建筑之势、借民俗之势等。①例如几乎每一次的奥运会都成为举办城市旅游策划的借事件之势的佳作。而知名人物的到访则成为该地旅游策划借人物之势的重要机会。

1.5.3 时空贯通

时间和空间是存在的基本属性。哲学上,空间和时间的依存关系表达着事物的演化秩序。在旅游策划领域,时空交叉贯通的方法十分重要。该方法的内涵要求是,纵览时间上旅游发展的规律,把握未来旅游发展的方向。"时"与"势"均被认为是策划的重要技巧。②而对"时"来说,时点的运用更加关键。旅游策划关键的时点包括重要的社会节事活动、公众的热点焦点。例如中国旅游日的策划活动即属于此类方法的运用。需要注意的是,策划实践表明,一味强调前瞻性,有可能降低策划实操性。远离现实的跨越阶段的所谓前瞻性策划,因短期不具备开发与发展条件或机会,策划就会给人"假、大、空"的印象,这是策划所要规避的。

与此同时,要将所策划的对象置身于国际旅游发展的大舞台和场景中,分析其环境、条件和问题,做到清晰把脉、精准定位。但在空间分析中,要避免无限扩大化。应该把握"缩放自如""归于地域"的根本路径。就是说,旅游策划的空间方法,不要要求过于沉浸于国际市场和世界全局的分析,而是以此分析为背景,最终归位为解决本土问题,时刻将世界格局与地域问题紧密联系,并运用于指导地域策划的实践,从全球中来到地方中去,再从地方到全球,如此反复,"缩放自如",不断演绎策划的科学判断,最终"归于地域",在全球旅游网络连接中,定格策划的地方个性和活力。

---

① 欧阳斌. 旅游策划借势八法[N]. 中国旅游报,2005-09-12(14).

② 沈祖祥,张帆. 旅游策划学[M]. 福州:福建人民出版社,2000:87-97.

1.5.4 三脉协整

就是借助人脉、地脉和文脉及其协调整合进行旅游策划。有学者提出在旅游策划中,要充分认识和理解旅游主题与旅游资源的地脉、文脉和人脉三要素的内在联系①,是极富远见的。此三脉从其形成时间看,存在地脉—文脉—人脉的前后次序;从其综合性看,后者包括前者,具有更大的包容性和综合性。例如文脉就是在地脉基础上形成的将文化、经济社会等人文要素综合的更高层次的地域特征,而人脉则是地脉、文脉以及现代文明的整合结果。

对于特定的旅游策划而言,存在着三脉各自侧重点的取舍差异。例如对于主要依托自然旅游资源类的旅游策划,更加侧重地脉的运用。传统历史文化旅游策划则重点考虑文脉延续问题,而现代主题公园的开发策划、现代营销策划更多研究人脉及其在其中的运用。这里必须强调的是,三脉在旅游策划中不能孤立运用,而必须进行三者运用的协调整合。这既是旅游策划系统性原则的要求,也是旅游策划内在的本质特征的要求。这是因为旅游策划总是解决特定地域的旅游要素或旅游整体的问题,多数旅游策划既牵涉地脉问题,也牵涉文脉以及人脉问题,而且在旅游快速发展的今天,多样化、个性化的需求也呼吁旅游发展的差异化。这都从现实上强化了三脉协整运用的重要性。

基于地脉的旅游策划,就是根据旅游目的地区域地理优势,具体包括区域地理优势、局部地理优势、特殊地理优势进行旅游内容和形式的策划。② 基于文脉的旅游策划,是通过深度发掘地域文化,延续地域文化精神而达到展示地域文化特色目标,进行的旅游主题策划、形象策划或活动策划等。基于人脉的旅游策划,则是将人类现代文明、人们的爱心、互助、团结、友善和忠诚等内涵融入旅游策划理念及其方案中,以达到增进旅游策划的现代感、人本化和新奇性,借此实现拓展人脉、扩大人气市场的目标。强调三脉的协整,不是简单地将三脉进行合并累加,而是旨在通过三脉的各自分析与处理,形成组织般的合力,将之集合嵌入旅游策划中,在呈现三脉综合整体优势的同时,积极发挥具体一脉的优势功效。

1.5.5 虚实结合

虚实结合的基本依据是游客旅游需求既有其现实方面,也有其理想方面。在虚拟世界里,在游客的情感世界里,与真实世界一样,游客也有"求新、求奇、求乐、求知"的具体旅游需要。因此,在虚拟经济、情感经济的当下,迎接旅游虚拟体验时代的到来,虚实结合的方法日益广泛孕育于旅游策划中。

虚实结合的策划方法,有下述三种情况:一是实虚相生。即借助现有的旅游实景,例如自然山水和古建筑,策划一些传统文化知识与历史人物故事,使之融入景观文化中,丰富现场旅游体验要素,达到情景交融的体验效果。这在很多景区景点中得到广泛运用。二是以虚带实。策划新颖的娱乐主题和艺术表现形式,展示目的地或景区文化历史与文化特色,打

---

① 周作明.旅游策划学新论[M].上海:上海文化出版社,2015:115.
② 郭康,张聪,邸明慧,等.区域旅游地理层次与人造景点之创意策划——回顾陈传康教授地段地理学思想[J].地理学与国土研究,2000,16(2):57-60.

通真实世界与虚拟世界的联系,借此唤醒游客的历史记忆,营造"双时空体验"①。例如杭州宋城景区借助大型歌舞剧目《宋城千古情》,出色地将宋城仿造景观与真实的历史事件相连接,极具视觉体验和心灵震撼,达到了良好的以虚带实的策划效果。三是虚拟促动。即策划虚拟旅游,采用4R技术,增强虚拟旅游产品,补充线下静态和单一体验的不足,激发旅游动机,并配合线下旅游进行全方位的策划宣传。

1.5.6　换位变通

游客需求永远处于不断增长中,为了使旅游策划紧跟时代并引领潮流,就需要站在不同视角、不同位置上或面对不同对象,进行必要的思路和方法变通。这种方法称之为"换位变通"。现实生活和理论研究都已揭示,思维的定式和路径依赖普遍存在,策划也不例外。要想保持旅游策划的创新性,必须大力破除这种思维定式和路径依赖。因此,换位变通思维至为关键。

作为旅游策划的一种(准确说是一类)方法,换位变通可以分为很多种具体做法。要素加减法,是指通过增加或减少相关要素,达到更好的旅游策划效果。例如农业加旅游、地产加旅游等就是典型的此类方法中要素"加"的运用;而有的策划着力将原有多样化旅游活动聚焦为地方民俗特色旅游,则是一种要素"减"的做法。上下变通法,就是将不同等级的旅游要素进行升级或降级变通处理的方法。例如将观光旅游提升策划为度假旅游、为了旅游的发展将黄山县提升为地级市、泛珠三角旅游区的确立等就是升级的做法。

大小变通法,是通过高度、体量等要素进行放缩处理的置换变通方法。荷兰的小人国、深圳世界之窗都以微缩景观取得成功,是变小的典型案例;而世界最高的关帝塑像,以61米身高、80米通高矗立在山西故里常平村中条山上,则是变大方法的运用。古今中外变通法,着眼古为今用、洋为中用而进行的变通处理的策划方法。前者如仿古建筑在很多旅游目的地的再造,后者如欧洲小镇、巴厘风情等在一些旅游地开发的运用等。

其他换位变通的方法还有动静变通、材质变通、颜色变通、移植变通等。

1.6　旅游策划的程序

虽然旅游策划涉及面很广,而且其策划鼓励打破思维定式,但是依然具有一定的规律性。决策程序和创造程序的规律性就是旅游策划程序的科学来源。旅游策划活动以策划程序和创造程序为指导,遵循旅游策划活动自身的内在规律,形成科学的旅游策划程序。②科学的旅游策划遵循一定的程序和步骤展开。策划需求方(委托方或委托主体)主动寻找策划受托方(技术方),双方商定策划任务和计划,到策划方案拟订,再到策划论证完成,形成一个

---

① 雷万里.大型旅游项目策划[M].北京:化学工业出版社,2016:148-149.
② 岳兴录.策划程序与策划组织——岳兴录教授在第八届全国策划理论研讨会暨第一次全国策划组织联席会议上的主题学术报告[J].辽宁经济,1998,10(12).

策划的全过程。一般地,将旅游策划分为以下五大步骤(不包括策划的实施)。

1.6.1 旅游策划的准备阶段

旅游策划的准备包括确立策划组织、界定策划问题、拟订策划计划。

1)策划组织

明确旅游策划由谁负责进行,这是旅游策划启动的首要步骤。旅游策划委托主体即旅游企业、旅游行政管理部门或其他涉足旅游产业的企事业单位,根据旅游决策、管理、营销、产品、品牌等问题的需要,提出旅游策划的初步需要,确定由谁承担该项旅游策划工作。承担旅游策划工作的组织既可以是本部门的策划部门,也可以采取任务外包方式寻求专业的技术部门合作。对于后一种组织形式,旅游策划组织是一个既包括委托方相关人员,又包括策划技术人员在内的临时性集体,共同承担旅游策划组织领导与编制任务。对于旅游策划专门的受托方也就是旅游策划的承担者,应该选择具有旅游策划工作经验的高校、科研部门或专门的策划企业。受托方在接受旅游策划的动议后,应该成立与策划内容高度相关的专业人员的技术组织,围绕策划主攻方向,积极与委托方商议旅游策划的具体问题与任务。

2)界定策划问题

界定策划问题是指委托方和受托方在旅游策划方向的基础上,通过商议协调,共同界定策划的具体问题的过程。界定策划问题是旅游策划十分重要而又时常被忽略的环节。包括策划意图问题化—策划问题目标化—策划内容与时间科学化等步骤。

策划意图问题化,是指完全领悟委托方对于旅游策划的大致意图及其所希望达到的目的,并据此将策划意图用明晰的问题表达出来,以突出策划的重点和难点所在。在双向沟通中,要围绕策划意图的实现达成共识,增进双方互相理解,避免因为意图不清而产生的一厢情愿,并由此可能引发的策划进展不利甚至合同纠纷。策划问题目标化,是指在策划意图问题明晰化的基础上,将所有策划问题提炼到策划目标的层次。旅游策划的问题是指通过策划所要寻找的困难症结或矛盾困境,例如游客人次近年来加速下滑的问题。而策划的目标则是策划最终希望实现的理想,例如游客人次实现翻番。显然,策划目标高于策划问题。解决策划面临的问题并不等同于实现了策划目标。策划目标的实现除了需要策划问题的导向之外,更有赖于系统的策划方案支撑。策划内容是所要完成的具体工作范围和工作任务,由策划问题和目标所决定并由双方协商确认。低于所需解决的问题和策划期望目标固然是策划质量所不允许并为委托方所不接受,而超出问题和目标的工作内容也是策划项目经费或时间所不允许的。策划完成时间,取决于策划的问题难度与策划目标的大小,也取决于策划受托方的技术水平与技术投入。为此,策划受托方需要深入论证策划问题的难易程度,综合评估策划目标的大小,参照同类项目经验,确定科学的策划内容与所需时间。

3)拟订策划计划

旅游策划计划是统领旅游策划的全局性工作,是旅游策划工作的进展依据和完成保障。

旅游策划计划的制订根据委托方对质量和时间要求,并与策划问题和目标的实现并行关联。策划计划的主要内容包括策划进度的安排、每个环节的策划工作内容及其时间安排、策划团队的组织以及策划人员的工作分工、策划的调查方法和路线、经费使用的安排等。

1.6.2　策划调查阶段

调查阶段是旅游策划关键性的基础工作,此项工作的成效直接影响旅游策划的质量高低。其主要的工作内容包括确定调查对象和调查内容、搜集相关资料、开展田野调查、撰写调查报告等。

调查对象和调查内容取决于旅游策划的对象及其工作内容,其工作量差别往往很大。例如单项的旅游策划一般较综合性的旅游策划要少很多。产业发展的背景、国家和地方经济、社会政治环境、相关的政策措施等基本调查内容,其他专项的调查内容则由旅游策划的具体内容决定。例如旅游形象的调查,需调查该地(景区)美誉度、知名度和认可度等、游客获得其形象信息的途径等。

搜集相关资料是调查工作必需的环节。要始终围绕调查对象和内容进行资料搜集和整理。按其来源,资料分为第一手资料和第二手资料。第一手资料也称为原始资料,是调查者自身通过调查获取的信息数据。第二手资料则是间接获得相关信息数据。旅游策划的资料按其表现形式,主要有文字资料、图片图像资料和统计报表资料等。

开展田野调查是指针对实际问题采取科学的方法所进行的实地调查。调查方法一般在策划计划中拟订,主要有现场观察法、问卷调查法、逐一访谈法和集体会议法等。田野调查工作是获取策划相关资料尤其是第一手资料的重要途径。田野调查是调查阶段最为重要的工作环节,直接影响调查报告内容的科学性乃至旅游策划方案的质量。

撰写调查报告是调查阶段的最后一个环节。旅游策划的调查报告不同于一般调查报告,除了对相关资料的梳理和运用之外,更应服务于策划的工作任务,突出策划的重点和难点问题。

1.6.3　策划创意阶段

经过资料搜集和策划调查阶段之后,受到大量资料和实地调查影响,策划者的创造性思维不断被激发出来,旅游策划便进入创意阶段。这一阶段是整个策划工作程序中的中心工作和关键所在。其具体工作内容包括确定策划立意、设计策划主题和构思策划创意等三个方面。[1]策划立意就是确定策划活动或策划对象的作用层次和品位,回答创新活动或策划对象所反映的文化品位,达到什么效果的问题。策划立意是制作策划方案的总体指导思想和立足点,决定着策划的实施效果。策划立意必须具有时代高度,反映产业前沿,并突出策划主题。策划主题是策划活动理念、内容及策划对象特色的高度提炼,是策划对象发展方向、功能和形象的统一体,是策划的灵魂,并贯穿于整个策划活动之中。策划主题要集中突出,切忌分散,也要特色鲜明,切忌平庸平淡,深刻反映策划活动的内容。构思策划创意是创造

---

① 周作明.旅游策划学新论[M].上海:上海文化出版社,2015:126.

性思维过程,通过构思策划创意,形成新的思想和方法。创意以点子为基础,但创意并不只是点子的累积,点子只是策划创意的亮点,而策划创意是以点子为基础的系统化的思维体系。策划创意的方法包含在策划方法之中。

1.6.4 策划方案阶段

策划方案阶段是将策划创意拟订为系统的策划方案(策划书)的过程。包括确立策划方案和撰写策划报告书两个环节。

通过创意阶段,旅游策划可以得到若干创意,由此得到不同的策划草案。因此,要对这些不同的创意和方案进行评估,比较各种方案的优劣,筛选最有优势的方案,以此作为策划报告书撰写的参照依据。优势方案的标准需符合以下三个方面的条件:一是策划方案的创新性。二是策划方案的可行性,过于理想化的创新,而投资或策划实施周期严重超过预期,都属于可行性较差的方案。三是委托策划项目领导的肯定。显然,最优方案应该是具有最大创新性,最具有实践操作性并且得到领导信任的方案。尤其是第三个条件,表面看似没有科学性,但实际上旅游策划委托方领导,常常能够从更高的层面审视方案的内外部条件,考虑更多政策及策划项目实施需要的条件,因而也是科学且十分重要的。

策划报告书作为策划的最终成果,是策划质量和水平的载体,历来深受策划受托方的重视。撰写策划报告书应依据上述最优方案,集体确定策划报告书格式和相关内容,由策划团队的骨干分模块撰写,而后互相校对文稿,最后由专人统稿完成。旅游策划书的一般内容主要包括八大部分:策划项目的名称、策划委托单位、策划机构、完成时间;策划问题、目标、依据与基本原则;策划对象的经济、社会、文化环境分析;策划的资源条件和市场基础分析;策划方案及其详细说明;策划实施的措施保障;策划相关项目的实施概算;策划的效果分析与风险预防。

1.6.5 方案评审阶段

方案评审阶段是指策划报告书完成后,为了更好地完善策划,策划委托方通过组织专家征求意见而开展的深化论证工作,常以会议组织形式进行,故称为方案的专家评审阶段。方案评审阶段一般分为三个工作环节:一是针对策划报告书广泛征求意见。这是策划评审会议之前的重要环节。征求意见的对象包括评审专家,也包括策划涉及的相关工作部门人员以及策划委托方认为适合的相关领导。二是评审答辩环节。由答辩主席主持,包括听取策划团队汇报、专家进行评议和提问以及策划团队代表回答问题、专家组商议评审意见、宣布评审结论等环节。三是修改完善策划报告书。对于通过评审的策划报告书,策划团队应根据专家评审意见,对策划报告书进行有针对性的修改补充和完善提高。对于没有通过评审的策划报告书,则需要敦促策划团队重新进行策划工作,甚至改由其他策划团队进行新一轮的策划。

【综合案例分析】

案例1　中国旅游日的策划案例

1983年，中国成为世界旅游组织的成员；1985年，中国确定每年都有一个省（区、市）作为世界旅游日庆祝活动的主会场。自那以来，旅游学界和业界就有了是不是我国也应该有个"中国旅游日"的讨论。在1987年的《旅游天地》中就有文章提出设立"中国旅游节"；1999年也有人提议设立"中国旅游日"。

2001年5月19日，浙江省宁海人麻绍勤以宁海徐霞客旅游俱乐部的名义，向社会发出设立"中国旅游日"的倡议："作为由旅游资源大国向世界旅游强国迈进的中国，理应有自己的旅游纪念日"，并倡议"把《徐霞客游记》的首篇《游天台山日记》的开篇日（5月19日）定为'中国旅游日'，以对徐霞客作永恒的缅怀和纪念，激励全国人民阔步迈向世界旅游强国。"事实上，早在2000年，宁海县就提议把《徐霞客游记》的开篇日5月19日确定为"中国旅游日"。宁海县于2002年5月19日至2010年1月，连续举办了7届"中国徐霞客开游节"，为其将5月19日作为候选日期向国家旅游局提出申请奠定了良好的群众基础。

2009年12月1日，国务院下发了《关于加快发展旅游业的意见》，提出了设立"中国旅游日"的要求。2009年12月4日，国家旅游局正式启动了设立"中国旅游日"的相关工作。国家旅游局中国旅游日征集策划专项工作委员会授权新浪网就"中国旅游日"设立日期开展专题调查。

2011年3月30日，国务院常务会议通过决议，中国正式设立国家旅游日，时间确定为5月19日。这个日子，就是《徐霞客游记》的开篇日，也是宁海县每年举行"中国宁海徐霞客开游节"的日子。2011年3月30日上午，国务院常务会议通过决议，将《徐霞客游记》开篇日5月19日定为"中国旅游日"。

中国旅游日的设立，是中国旅游业发展影响深远的一件大事。不仅彰显了政府顺应休闲时代生活潮流的积极响应，而且使世界更好地认识中国旅游文化历史，打造了一个让人们集中感知中国旅游形象的窗口。该节庆日的成功策划，是各级政府、民间热心人士、专家学者共同呼吁的结果。但其包含的旅游策划内涵、学科依据、策划类型、策划原则和方法等相关理论信息却是十分丰富的。首先，作为节庆日的策划，是一个典型的节庆专项问题靶向的创新策划活动及其所拟订的原创方案或提升方案，在旅游策划类型上，属于宏观旅游策划、旅游活动线状要素策划，在理论上充分体现了传播学、市场营销学、文化地理学、生活方式等理论。遵循特色性、实践性、系统性等旅游策划原则，也充分体现了顺势、时空贯通、三脉协整等旅游策划的方法。

案例2　宋城千古情

大型歌舞《宋城千古情》是杭州宋城景区的一个旅游剧场，采用先进的声、光、电科技手段和舞台机械，以出其不意的呈现方式依次演绎了良渚古人的艰辛、宋皇宫的辉煌、岳家军的惨烈、梁祝和白蛇许仙的千古绝唱，把丝绸、茶叶和烟雨江南表现得淋漓尽致，极具视觉体验和心灵震撼。该剧场创造了世界演艺史上的奇迹:年演出2 000余场,旺季经常每天演出9场,推出十余年来已累计演出20 000余场,接待观众6 000余万人次。

《宋城千古情》在国内外游客眼里已经不仅仅是一场演出,它已经名副其实地成为杭州的一个标志,历史文化的一个符号,就像巴黎有红磨坊、纽约有百老汇,到了杭州这座城市就必须先看《宋城千古情》,因为它传承了一座城市的历史文脉,播种了一座城市的历史文化,诠释了一座城市的文化底蕴,它与这座城市完美地融合在一起并成为这座城市的文化之魂,它为这座城市留下了难忘的历史记忆。

这个经典的旅游剧场深刻体现了旅游策划的文化灵魂以及旅游策划市场导向的精彩结合。正如该剧场自身总结的那样,文化赋予了《宋城千古情》持久的生命力。《宋城千古情》的整台演出牢牢抓住了杭州文化最精髓的根和魂,《良渚之光》劳作生息的古越先民,《宋宫宴舞》繁华如烟的南宋王朝,《金戈铁马》慷慨激昂的岳飞抗金,《西子传说》感人至深的爱情传说,众多的杭州历史典故、民间传说和西湖人文景观融入了《宋城千古情》,它的每一个篇章都以多种表演艺术元素诠释了杭州的人文历史,再现了一个缠绵迷离的美丽传说,一段气贯长虹的悲壮故事,一场盛况空前的皇宫庆典,一派欢天喜地的繁荣景象。市场需求如何去满足?如何借助产品的品质提升带动市场需求,是旅游策划永远要思考的问题。对此,"千古情"剧组有自己的认识。"一场成功的演出,需要市场反复打磨,以市场为演出导向。但不是说为了迎合市场,可以放弃文化,没有文化核心,最终也会失去市场。表现手段可以变,但文化核心不能变。"在迎合市场需要的同时,"千古情"系列演出总导演黄巧灵时刻提醒创作团队,"《宋城千古情》的灵魂是文化。有文化内涵才有灵魂,才能吸引观众,才能触动心灵"。

如今,"千古情"已经作为一个文化品牌符号,以商业化的形式对外输出,后来依次出现了《三亚千古情》《丽江千古情》《九寨千古情》《泰山千古情》等千古情系列。这种输出固然是对《宋城千古情》的流程式复制和地方性嫁接,但对于旅游策划的唯一性——创新内质而言,却又是一种挑战。

第 2 章
旅游策划的战略与战术

旅游策划是用超常规思路和方法,对旅游产业进行策划,实现旅游业发展的创新行为。因此,旅游策划要具有战略视野,善于把控各种有利的资源,以灵活的方式来实现目标。同时,旅游策划想要在思想上、计划上和行动上先发制人、胜人一筹,就必须熟练掌握和运用旅游策划的各种手段和技巧。[①]

2.1 旅游策划的战略

"战略"一词来自希腊语,主要用于军事上对战争全局的筹划和指导。后来,"战略"一词逐渐超出军事范围,被广泛应用于比赛之类的竞技场合。到了现代,战略的使用扩大到了社会、经济、政治、文化、教育、科技等各个领域。旅游策划具有创造性、综合性、谋略性、智力性等特点,这就要求在旅游策划过程中要从宏观角度出发,对旅游策划进行综合的战略思考。[②]

2.1.1 宏观层面:战略思维

战略思想是旅游策划过程中最有力的中枢武器。战略决定全局,战略决定成败;而思路决定战略,思路决定出路。旅游战略策划的关键不在于有多少点子和策略,而在于看问题的方法、角度和思路。战略思维一般要具有长远性和前瞻性、全局性和整体性、重点性和关键性、复杂性和自觉性、创造性和开放性。中国战略思想的起源和发展源远流长,古代名著《孙子兵法》《吕氏春秋》《资治通鉴》等都是经典的战略名著,蕴含着丰富的战略思想,至今仍具有指导意义。因此,在旅游策划活动中,结合现代战略管理理论,运用中国传统战略管理思想,做到古为今用,洋为中用。

---

① 沈祖祥,张帆.旅游策划学[M].福州:福建人民出版社,2000:86-91.
② 王衍用,曹诗图.旅游策划理论与实务:第 2 版[M].北京:中国林业出版社,2016:15-16.

2.1.2 中观层面:战略控制

旅游策划是依托创造性思维整合旅游资源,促进资源、环境、交通与市场的优化拟合,实现旅游业发展目标的创造过程。旅游策划过程中既要把握大势,又要整合资源和要素。《孙子兵法》里讲到,"故善战者,求之于势,不责于人,故能择人而任势",因此,在旅游策划中要做到识势、顺势、造势和维势。要认清旅游发展趋势,顺应宏观政策,打造比较优势,并适时地进行改造、更新和提升,保持自身的竞争优势。战略控制贯穿旅游策划的整个过程,包括战略选择、战略评估和战略调整,比如对资源开发的策划,要实施整合一体、分步实施战略;对产品开发的策划,要实施品牌创新战略;对市场开发的策划,要有针对性地进行市场定位和市场选择。

2.1.3 微观层面:战略执行

战略管理既是科学,也是艺术。从科学的角度看,战略管理的很多知识、方法和规律可以准确界定,特别是可以数量化、公式化、程序化,并可以进行高精度的重复验证。同时,战略管理也是一种艺术。这就是说,战略管理的很多知识、经验、方法、理论,不能进行具体的量化,特别是不能进行公式化、程式化、配方化,不存在简单的 $1+1=2$ 的逻辑。战略管理的艺术性与战略管理实践的创造性是紧密联系在一起的。

旅游策划是旅游战略的创造性实践,战略在具体的执行过程中,要创造性地应用,而这种创造性本身就应该是艺术性的创新。战略的科学性要求进行旅游策划具有比较精确的可重复性,战略的艺术性要求旅游策划具有独特的创造性。

【案例分析】

"风花雪月"让大理游客翻倍

大理被称为"东方的瑞士"和"亚洲文化的十字路口"。2002 年,大理借天龙八部影视城及影视剧的拍摄,以之为契机,整合、创新大理旅游品牌形象,让大理旅游发展再上新台阶。于是,大理将"风花雪月 自在大理"定位为新的旅游形象。下关的风大,上关的花好,苍山的雪美,洱海的月圆。"风花雪月"四个字绝美概括了大理的自然山水! 最关键的是"风花雪月"四字连在一起,讲出了大理的历史文化、民族风情、山水格调,讲出了人们在大理旅游的共同心理感受! 拥有更厚重的文化的中原大地缺乏这种浪漫情调! 拥有更神奇的山水的桂林缺乏这种文艺气息! 大理最重要、最悠久、最有价值的品牌资产是"风花雪月"。

"风花雪月"代表着大理最独特、最具价值的景观,具有丰富的文化内涵和诗情画意的情调,既突出了四大自然奇景,又彰显了武侠背景和浪漫气息,给人无穷的联想。"风花雪月 自在大理"的旅游形象定位满足了三个条件:一是讲出消费者内心深层的需求;二是精准概括了大理的旅游特点并且独一无二;三是借势电视剧《天龙八部》,三位一体,完美融合。

"风花雪月"从此成为大理正式的旅游形象标志和口号,旅游形象口号从沿用了几十年的"五朵金花的故乡"和"东方威尼斯"成功转型到"风花雪月"。2003 年以前,大理每年的游客总数固定在300万左右,2003年游客总数变成了500多万,差不多翻了2倍! 2003年也成为旅游界公认的大理旅游业发展的分水岭。2007年大理旅游策划方案获中国策划金奖。下关风、上关花、苍山雪、洱海月——"风花雪月"被媒体评价为"中国最美的旅游形象口号"。

(节选自熊大寻.谁在策划旅游:熊大寻旅游策划全案[M].广州:广东经济出版社,2011:300-324.)

2.2　旅游策划的战术

战术是指旅游策划过程中所采用的招数、套路或手段,旅游策划者根据不同的形势和时机,采用不同的招数或手段,可以使形势和时机符合自身的发展方向。旅游策划中战术的运用可谓五花八门,下面集中介绍较为常见和实用的技法。[①]

2.2.1　出奇制胜

创意是旅游策划的第一要素,创意的根本在于创新出奇。有创意的旅游策划绝不循规蹈矩,而是另辟蹊径以鲜明的个性特色和巧妙的构思吸引游客。只有具有新奇创意的旅游策划,才能触动游客,从而产生"引起注意、提起兴趣、激发欲望、加深印象、引起激动"的心理功效。也只有具备新奇创意的旅游策划,才能在激烈的旅游策划中出奇制胜。菲律宾国家旅游公司曾实施过一个绝妙的旅游策划。他们印制了一批警告观光游客来菲律宾旅游有"十大危险"的小册子,并到处免费派发。游客刚拿到手都觉得很吃惊,怎么到菲律宾旅游还有"十大危险"? 仔细一看,原来这"十大危险"是这样的:一是小心买太多的东西,因为这里物价便宜;二是小心吃得过饱,因为这里的一切食物物美价廉;三是小心被晒黑,因为这里的阳光很充足;四是小心潜在海底太久,要记住上来换气,因为海底美景使人流连忘返;五是小心胶卷不够用,因为名胜古迹数不清;六是小心上山,因为这里山水云影常使人止不住脚步;七是小心爱上友善、好客的菲律宾人;八是小心坠入爱河,因为菲律宾姑娘热情而美丽;九是小心被亚洲最好的菲律宾酒店和餐厅宠坏;十是小心对菲律宾着了迷而舍不得离去。这虚贬实褒的"十个小心",淋漓尽致地展现了菲律宾作为旅游胜地的巨大魅力。这则策划以新奇的创意,抓住了公众的心理,吸引了无数游客,尤其是好奇的青年,都恨不得立即去菲律宾领略一下种种"危险"。

2.2.2　合理定位

定位是旅游策划的重要内容。游客年龄、身份、工作和生活习惯等不同,决定着他们的旅游需求、旅游动机以及旅游心理的不同。旅游策划者应该根据游客的不同需求,对不同的

---

① 李庆雷.旅游策划论[M].天津:南开大学出版社,2009:105-106.

旅游产品进行定位策划,使各种产品都能对应相应的消费群体。旅游策划者不仅可以针对消费者的需求进行定位,还可以针对产品的个性特点进行定位,或者针对游客的旅游观念进行定位。上海市各条市级专业商业特色街就是旅游定位策划的成果。原本默默无闻的多伦路自全面改建之后,成了一条令人神往的文化名人街;短短的雁荡路和独特优雅的衡山路凭着一派欧陆风情成了青年人钟爱的休闲情调街;传统的南京路商业街,经改造为全天候步行街之后,重新定位于多功能休闲文化街;依托上海老城厢700年的历史底蕴和传统建筑的上海老街则以其独特的历史定位赢得了众多中外游客的青睐。各条特色商业街交错定位,既填补了上海都市旅游市场的空缺,又细分了市场,实现了整个旅游市场的合理化分工。

2.2.3　以人为本

情感需要是人的本质需要之一,旅游策划者如果能在策划过程中,针对游客的情感心理,以人的情感为本,抓住一个"情"字,做足、做够、做大文章,设计出具有感染力的旅游产品或旅游活动,那么就可以使游客产生相应的情感心绪,产生情感幻觉。在旅游策划过程中要做到以人为本,以情感人,首先必须做到把游客的利益放在第一位,处处为游客着想。只有这样,才能吸引游客,打动游客。全球闻名的假日集团创始人威尔逊的旅游策划带给我们许多启示。1952年,第一个假日旅馆在进入孟菲斯主干道之一的夏日大道上落成,它与以往的汽车旅馆不同,假日旅馆里的所有服务和设施都体现了人性化的设计。传统旅馆里的标准房间冷冷清清,大厅的气氛令人生畏。而威尔逊策划开设的旅馆房间,光线明亮,空气流通,色调柔和,充满了亲切感。威尔逊还在假日旅馆的每间客房内安放了一台电视机,以便游客在饱览了沿途风光之后,晚上能像在家里一样享受到有趣的节目。此外,假日旅馆内还有一个专供儿童嬉水玩耍的游泳池,并安排了照顾孩子的服务,甚至还设计了给旅客的小狗居住的免费狗舍……假日旅馆里的每一件设施,每一项服务,甚至连最小的细节都体现出了创办者处处为游客着想的理念,为游客营造了一个人性化的空间。假日品牌因为威尔逊的人性化构想赢得了数十亿的财富,假日集团如今已经发展成为在世界各地拥有1 700多家酒店的大型酒店集团。

2.2.4　文化为魂

旅游,从文化学角度来讲,是一种文化的走出和超越。游客离开常住地,到别的地区去观光游览,实际上是在寻找一种文化的认同,是从一个文化圈流向另一个文化圈,是一种文化交流的行为。未来的旅游文化将是民族性与世界性相统一的旅游文化,正所谓"民族的,就是世界的"。凡是具有民族特色与地方色彩的旅游文化,一定是吸引人的旅游文化。旅游策划者应该抓住这一点,在旅游策划中加入具有文化色彩的内容,策划出颇具地方特色和民族风格的旅游文化产品,以浓厚的文化气息引起游客的注意,吸引游客参与和投入。南京的"金陵灯会",就是一个以鲜明的地方民俗文化特色吸引游客的成功旅游策划,类似的还有无锡"灵山大佛"、常州"中华恐龙日"等旅游策划。旅游策划者想要开发真正具有文化特色的旅游资源和旅游项目,要做的工作很多,目前策划者首先应该考虑的是如何进一步开发民族优秀文化遗产,把传统文化和现代手法巧妙地结合在一起,创造出兼具时代特色和民族特色的旅游策划。

【案例分析】

棋行大地,天下凤凰

湖南省凤凰县自古以来一直是苗族和土家族的聚居地。明始设五寨长官司,清置凤凰厅,以境内的凤凰山而得名。1913 年改为凤凰县。2001 年获国务院特批,成为国家历史文化名城之一。同年,叶文智与凤凰县政府签订合同,以 9.36 亿元获得凤凰县八大景点 50 年的经营权,成为首开国内旅游景区"委托经营"之先河的"凤凰模式"。自 2001 年以来,旅游年接待人数成倍增长。

围棋盘设在南方长城东门城楼青石坪内,棋盘边长为 31.8 米,总面积 1 011.24 平方米,全部用凤凰当地山中开采的青石板铺砌,棋盘分格线条采用 0.1 米宽的红石板,每个小格边长 1.6 米,是目前世界上最大的永久性的围棋盘。镌刻在坚实墙体上的"棋行大地,天下凤凰"8 个道劲有力的大字,是中国棋院原院长、第一个战胜日本九段的围棋高手陈祖德所书。棋盘的北向山体边建挡土墙一座,利用挡土墙正面嵌入石碑,刻名人题词于其上,形成一道文化墙;棋盘西边还修建了休闲长廊一座,长廊内设木栏靠椅,便于游客休闲小憩。自 2003 年以来,凤凰古城国际围棋赛事连连。赛事将棋文化与建筑文化、武术文化、民俗文化、旅游文化完美融合。

"异"中求新奇。围棋赛并不算什么新鲜的活动,但别开生面的以蓝天为幕、大地为盘、武童为棋,使一场普通的围棋赛出现了许多亮点。棋盘上书写了 324 种字体的"和",用青石板和红石砂岩铺成的 1 000 平方米的世界上最大的、永久性的围棋盘。活动迎合了大众对中国传统文化的推崇和喜爱,以及人们对不同文化的旅游需求。围棋活动的策划极大地提高了凤凰古城的名声,助推凤凰旅游业快速发展。

(邢爱婷.凤凰"涅槃"　古城能否重生?〔N〕.中华建筑报,2013-04-23.)

2.3　旅游策划的三大引爆技巧

2.3.1　热点的顺应

热点通常是指比较受广大群众关注或者欢迎的新闻或者信息,或指某时期引人注目的地方或问题。在国民消费升级、旅游基础设施建设不断完善、政策支持、信息技术发展等因素推动下,中国旅游业正进入前景广阔的黄金发展时代。旅游本身具有求新、求异的特点,因此要善于营造热点和把握热点,利用热点促销,让游客关注度聚焦于目的地或旅游产品,引爆旅游需求。

自 2016 年 9 月世界最大的 500 米口径射电望远镜(英文简称 FAST)全面建成竣工后,越来越多的游客都想到贵州省平塘县一窥天眼之貌。FAST 坐落在贵州省平塘县克度镇,包含天文体验馆和大射电望远镜观景台等,台址相当于 30 个标准足球场面积,是中国科学院和贵州省人民政府共建的国家重大科技基础设施建设项目。在对外开放以后,吸引大量游客蜂拥而至,很多游客从凌晨开始排队等候游览。为保证 500 米口径球面射电望远镜安全运转、精准接收射电波信号,减少人流密集对望远镜的干扰,景区规定每天接待游客限量 2 000 人,而 2016 年黄金周期间"天眼"景区的游客量日均就达 10 000 人以上。2017 年第 12 届贵州旅游产业发展大会主会场设在平塘,平塘县趁势加大发展旅游业,加快建设了一系列旅游重点项目。凭借国家地质公园和"天眼、天坑、天书"三大奇观的绝对优势,尤其是大射电望远镜这种唯一性和奇特性的世界级资源,平塘县努力将自身打造成为天文科学旅游和地质探秘旅游目的地。

2.3.2 痛点的响应

痛点指旅游者通过旅游活动,其期望没有得到满足而造成的心理落差或不满,最终形成的负面情绪或心理痛楚。旅游活动实质上是一个体验愉悦的过程,旅游发展的落脚点是将旅游业培育成人民群众更加满意的现代服务业。旅游发展过程中遭遇了许多痛点,这些痛点正是旅游改革与创新的着力点。面对民宿租房难题,爱彼迎(Airbnb)开创共享经济时代;面对打车难的难题,出现了滴滴出行;面对出行导航难,出现了高德地图;面对消费选择难,出现了大众点评网。

近年来随着互联网平台的快速发展,在线旅游 B2B 也纷纷崛起,在巨额融资的背后,出现了许多诸如预订好的飞机被取消、因为旅行社单方面原因违约解除合同却得不到赔偿、服务无保障、虚假低价、预订酒店到店无房等痛点。各个在线旅游平台纷纷为行业痛点支着儿,去哪儿网提供直营机票实时自动出票、标准航司退改签、等额报销凭证等服务;携程旅游调整了旅行社和消费者之间的违约金赔付比例:如果消费者在出发前 3 天解除合同取消订单,需要按照订单金额的 90% 赔付违约金,如果是携程公司或者旅行社在出发前 3 天违约解除合同,则需要向客户支付不低于订单费用 60% 的违约金。按此前的规定,如果游客违约需付 100% 订单费用为违约买单,旅行社违约只付 5%,相差高达 20 倍。

2.3.3 卖点的呼应

所谓的"卖点",就是能够吸引消费者眼球的独特利益点,即产品具有的前所未有、别出心裁或与众不同的特点,也是消费诉求点和独特的营销主张,如 USP(Unique Selling Proposition)。这些卖点,一方面是产品与生俱来的,另一方面更多的是靠营销策划者的想象力和创造力来产生的。旅游策划的本质亦是如此。旅游产品的 USP 应该包括三个含义:一是旅游产品应该向游客传播一种主张、一种忠告、一种承诺,告诉游客购买产品会得到什么样的利益;二是这种主张应该是竞争对手无法提出或未曾提出的,应该独具特色;三是这种主张应该以游客为核心,并且卖点所针对的需求点的主体并不是盲目的,应该是目标受众,易于理解和传播,具有极大的吸引力。旅游卖点提炼的途径主要包括,从产品自身角度提炼核心卖点以及从品牌攻略角度提炼核心卖点。

"空气罐头",顾名思义,就是用罐头装着各地的空气。美国一位叫诺克的富商,首次将空气罐头变成了商品。他在日本富士山观光旅游时,发现当地空气特别好,令人心旷神怡。他脑中闪过一个念头——为什么不把这里的空气拿到市场上去卖呢? 于是,经广泛宣传,他把富士山的空气装进罐头里,命名为"富士山空气罐头",推广到日本各地。这受到日本民众的喜爱,也受到世界各地观光客的青睐。这也是空气罐头被第一次真正地作为商品售卖。直到今天,富士山依然在出售"空气罐头"。

"空气罐头"真正进入国内公众视野,始于 2010 年上海世博会。据《南方都市报》报道,在世博会的张家界城市日,时任张家界市市长的赵小明将灌入了张家界核心景区纯净空气的"空气罐头",作为纪念品赠送给了中国国家馆和五大洲的代表性国家展馆。2014 年两会上,习近平总书记在参加贵州代表团审议时曾说,将来可以把贵州的空气做成"空气罐头"。于是,贵州拟在梵净山、荔波、雷公山、赤水、宽阔水、百里杜鹃等景区采集空气制作"贵州空气罐头"。同时,福建旅游局利用武夷山等空气资源推出"清新福建空气罐头"。浙江省临安区旅游局也在推广贴着"临安好空气"标签的"空气罐头"。稍早些时候,河南栾川县旅游部门也专门去了当地老君山景区寻找最美空气,用于制作"空气罐头"。"空气罐头"的推出,一方面迎合了当前环境下顾客对高品质空气资源的需求,另一方面更是成为当地旅游业发展的营销口号和宣传名片。

【综合案例分析】

少林寺旅游的涅槃重生

少林寺位于河南省登封市嵩山,现为国家 AAAAA 级旅游景区、全国重点文物保护单位、世界文化遗产。在释永信的主持下,少林寺从 20 世纪 80 年代只会卖大碗茶的残破古寺,变成了当今充分开发的旅游胜地。

1982 年上映并在全世界引起轰动的电影《少林寺》成为少林寺旅游发展的重大转折点。少林寺的旅游人数从 1974 年到 1978 年总共才 20 万人左右,而 1982 年一年就暴增到 70 万人,1984 年更是到了 260 万人。1988 年,少林寺首次公开对外表演功夫,开辟了演出市场产业化发展的路子。随后,释永信带领武僧团到国内外交流访问,通过广泛的社会活动提高少林寺的知名度和影响力。1998 年,成立了少林寺实业发展有限公司,先后注册了 45 个类别200 多个"少林寺"商标,并向一些社会企业特许授权使用少林商标,包括授权《少林传奇》的网络游戏。2005 年,少林寺成立少林文化传播有限公司。通过影视剧、演出剧的形式,《禅宗少林·音乐大典》《风中少林》《少林武魂》等相继亮相,影视剧《少林僧兵》《新少林寺》等陆续播出,不断推广少林寺旅游品牌。少林寺较早涉足互联网科技和电子商务,1996 年少林寺官方网站申请域名,2001 年少林寺官方网站重新改版上线,2008 年网店"少林欢喜地"开业,2010 年少林寺官方网站英文版上线,2013 年年底少林寺官方网站开设了在线皈依的服务。另外,少林寺先后在纽约、洛杉矶、休斯敦、柏林、维也纳、布达佩斯等地建有分寺。

从 20 世纪 80 年代的废墟到如今再现宏伟盛景,凭借少林寺的兴起,少林寺景区和嵩山景区游客络绎不绝,2015 年河南省登封市接待游客突破千万人次,实现旅游总收入 72 亿元,占 GDP 比重高达15％。少林寺带动的旅游业成为登封市的支柱产业,助推登封市经济快速发展和河南省旅游形象提升。尽管人们对于少林寺的商业化经营褒贬不一,但从旅游开发的角度来说,少林寺已扬名海内外。

（搜狐财经.少林寺的旅游产业是怎么"成功"的［EB/OL］.［2016-08-31］.搜狐网.）

第3章
旅游策划的知识体系与情感取向

　　旅游策划的创新性决定了其知识体系的广泛性。旅游策划的知识体系是指旅游策划所涉猎的知识范围,包括相关的旅游政策知识、运用于旅游策划中的科技与信息知识以及地方知识,当然还有很多,例如消费行为知识、心理学知识、美学知识等。但限于篇幅,且为了突出重点,本书侧重介绍政策知识、科技与信息知识以及地方知识。与此同时,成功的旅游策划也寄托了策划委托单位和策划者对旅游发展的独特情感。因此,旅游策划还具有特定的情感态度和价值观要求。本章重点分析旅游策划涉猎的知识体系与情感取向。

3.1　政策知识

　　旅游策划所涉猎的政策知识包含的内容十分丰富。为便于分析问题,可将之分为法律法规、国家宏观政策、旅游产业政策等。

3.1.1　法律法规

　　旅游策划涉猎的法律法规体系庞大。就层次而言,涉及法律、法规和地方性法规、条例3个层次;涵盖7大法律部门,但主要是民商法、行政法、经济法、社会法等5大部门。其中民商法中主要的是知识产权、市场经济主体等,行政法主要包括公安、司法、民族事务和宗教、港澳台事务、文化、体育、城乡建设、旅游、地震与地质灾害等方面。可见,在行政法体系中,旅游法占据一席之地。随着2013年10月1日起《中华人民共和国旅游法》实施,中国旅游法更加完整系统。《中华人民共和国文物保护法》也属于行政法范畴。经济法主要涉及财政、税收、金融、标准化、质量管理、统计、资源与资源利用、工商管理等。社会法主要是劳动和社会保障等,环境保护法主要是《中华人民共和国环境保护法》《中华人民共和国水污染防治法》《中华人民共和国海洋环境保护法》《中华人民共和国野生动物保护法》等。2016年7月2日,新修订的《中华人民共和国野生动物保护法》发布,自2017年1月1日起施行。申报遗产的旅游地,则需要遵守《保护世界文化与自然遗产公约》。中国的自然保护区和风景名胜区应分别遵守《中华人民共和国自然保护区条例》和《风景名胜区条例》。

3.1.2 　国家宏观政策

在旅游策划中,国家宏观政策涉及经济社会、文化教育、食品卫生、公安消防、交通通信、海洋航空、福利保障等各个方面。随着旅游业的深入融合发展,国家宏观政策不仅提供了旅游策划的政策背景和政策指引,而且提供了很多旅游策划的融合领域,拓展了旅游策划的思维路径。例如自 2008 年 1 月 1 日起施行的《职工带薪年休假条例》,明确规定"职工累计工作已满 1 年不满 10 年的,年休假 5 天;已满 10 年不满 20 年的,年休假 10 天;已满 20 年的,年休假 15 天。国家法定休假日、休息日不计入年休假的假期。"同时,"年休假在 1 个年度内可以集中安排,也可以分段安排,一般不跨年度安排。单位因生产、工作特点确有必要跨年度安排职工年休假的,可以跨 1 个年度安排。"这一福利措施为国民休闲年度计划的实施提供了重要的制度保障,也势必不断推动国民休闲的普及和深入。

3.1.3 　旅游产业政策

21 世纪以来,尤其是近年来,国家层面的旅游产业政策频频颁布实施。较为重要的产业政策有 2009 年 12 月《国务院关于加快发展旅游业的意见》、2012 年 2 月《关于金融支持旅游业加快发展的若干意见》、2012 年 6 月《关于鼓励和引导民间资本投资旅游业的实施意见》、2013 年《国民旅游休闲纲要(2013—2020 年)》、2014 年《国务院关于促进旅游业改革发展的若干意见》、2015 年 8 月《国务院办公厅关于进一步促进旅游投资和消费的若干意见》等。结合实际情况,各地方政府分别出台了相关的实施措施,推动了上述旅游产业政策的落地实施。旅游策划的前期工作之一,就是要根据策划对象及策划目标,梳理相关的产业政策,并深刻领会这些产业政策的具体内容与要求,以便做到策划符合政策要求,代表产业提倡的方向,并充分利用政策优势和鼓励措施,达到顺势策划的目的,也为策划的后续实施创造良好的政策依据和条件。

3.2　科技与信息知识

3.2.1 　科技与信息知识概述

科技知识是科学技术知识的简称。科技知识不仅是旅游发展的有力工具,而且科技产品往往也成为旅游吸引物。历史上的科技工程,小至传统的纺织机械,大至引水工程,尤其是一些现代高新技术产品。例如智能机器人,都成了旅游吸引物。不仅对自然景观而且对文化景观,科技知识都显示出其极其重要的旅游创新价值。研究表明,科技创新在形成异质性文化旅游资源方面起着重要的作用,同时,科技创新与异质性文化旅游资源对旅游经济竞争优势的获取有着重要的影响。[①]科技与旅游资源、游客、旅游服务等"旅游三要素"、科技与

---

① 单纬东,许秋红,李想,等.科技创新、异质性文化旅游资源与旅游竞争优势[J].科技管理研究,2014,(24):182-187.

传统"旅游六要素"以及旅游发展与科技进步呈现相互影响态势。[①]

控制论创始人、美国数学家维纳认为,信息是人们在适应客观世界,并且使这种适应反作用于客观世界的过程中,同客观世界进行交换的内容和名称。信息日益成为生产管理和运行等经济活动必不可少的重要依据,也日益成为创新灵感获取的不可或缺的手段。信息作为事物存在方式和运动状态的表征,包括信号、情报、指令等。在旅游策划的知识体系中,科技和信息知识扮演着特别重要的角色,具有不可替代的作用。

3.2.2　旅游策划中的科技知识范畴

旅游策划中涉猎的科技知识十分广泛。从旅游无限化、休闲全域化的现代观念看,所有科技知识都可以进入旅游策划领域。在此有必要将旅游策划中的科技知识,依据它们与旅游知识以及旅游策划学科的紧密程度,划分为紧密型科技知识和松散型科技知识两大范畴。

1)紧密型科技知识

紧密型科技知识是指与旅游知识及旅游策划学科具有紧密关联的科技知识。这个范畴的科技知识根据各自在旅游业中的运用,又可以划分为如下三大类型。

(1)旅游装备制造类科技知识

旅游装备制造类科技知识是指广泛运用于旅游装备设施上的科技知识。主要有房车、游轮游艇、直升机、旅游户外装备、卫星定位系统、缆车等,是现代科技设施设备与旅游产业融合发展的产物,也是科技知识运用于旅游业装备制造的结果。为了使旅游策划紧跟时代步伐,对此类科技知识的了解及其创新运用必不可少。

(2)旅游项目包装类科技知识

旅游项目包装类科技知识较多运用于大型旅游活动类项目中,为旅游项目渲染气氛,同时增强旅游项目吸引力和宣传效果。主要包括光、电、色、影、信息化技术等的控制和应用。如今旅游活动项目,尤其是旅游剧场中此类现代化多媒体包装十分广泛,取得了突出的寓教于乐、现场情感共鸣的体验。与此同时,虚拟旅游项目的策划更多地借助计算机技术和网络技术,具有巨大的发展前景。采用在旅游项目策划的实践中,充分掌握此类科技知识往往能够使创造新项目或使项目推陈出新,进而保持旅游企业或目的地的活力形象。

(3)旅游工程建设类科技知识

旅游工程建设类科技知识广泛存在于景区的索道、天梯、栈道、人造景观、造园技术等之中。正如所有进入旅游策划领域的科技知识一样,此类科技知识除了人造景观之外,绝大部分也并非旅游业专门的科技知识,而是工程建设类科技知识在旅游领域中的独特运用。但这种独特运用,只有适应旅游环境和游客需要才能显示其生命力和持续性。例如索道的修建,必须选择次要风景线,谨防对主要风景线的整体性破坏;而山地陡坡天梯的修建,其目的是为了获得"无限风光在险峰"的体验;栈道的设立兼顾了地面生态环境保护和游客步行赏

[①] 向延平.科技与旅游关系:一个分析框架[J].怀化学院学报,2015,34(1):43-45.

景的双向需要,充分体现了尊重自然的发展观。

2)松散型科技知识

松散型科技知识是指与旅游策划联系度不够紧密,处于外围的相关科技知识。是除了上述三大类型之外的其他的、与旅游策划相关的科技知识,在旅游六大要素和具体景区中运用十分广泛。例如休闲食品中的营养科学知识、电瓶车的环保知识、文物保护中的材料技术、旅游商品中的工艺技术等。再如农业旅游景区中的现代科技农业技术、水利工程枢纽风景区中的水利工程科技知识等。

3.2.3 旅游策划中的信息知识范畴

最新研究表明,面向旅游的信息科学研究几乎涉及信息科学研究范畴的各个方面,而许多研究领域更是体现了信息科学领域较新及较前沿的研究方向与热点,其中最受关注的研究主题是应用系统、人工智能、地理信息系统、移动应用、推荐系统以及语义网与本体等;而Web服务、虚拟现实、普适计算、计算机仿真也受到了一定程度的关注。[①]

旅游业生产与消费的同步性以及旅游活动的异地性决定了游客对旅游信息的依赖性。故较多学者根据游客需求界定旅游信息分类。旅游策划虽然最终服务于游客需求,但为了更好地提高旅游产品供给质量,完善旅游产品供给的个性化数量,策划所依据的信息来源则要广泛得多,类型也要多得多。因此,从旅游策划视角,尤其是针对信息来源及其对策划的影响程度,可以将相关的信息知识分类如下。

1)旅游要素领域的信息知识

旅游要素领域的信息知识主要是旅游活动过程中,除了吃、住、行、游、购、娱六大要素所涉及的相关信息知识,这是最为基础的信息知识量,与现有旅游市场有着密切关系,也是旅游策划的基础性信息知识来源。在解决旅游资源信息与市场需求匹配方面发挥着重要作用,此类信息知识属于旅游策划中的内层纵向性信息知识范畴。

2)旅游业横向相关部门的信息知识

旅游业横向相关部门的信息知识主要涉及气象、地质、交通、海关、水利、海事、公安等部门的相关信息知识。此类信息知识是旅游发展的重要保障性来源,也是旅游策划能否成功及其效果如何的重要信息知识。此类信息知识处于旅游策划中信息知识范畴的中层。在旅游信息大数据下,这些信息知识应该与上述纵向的信息知识,在各自管理部门的基础上互为打通,以旅游大数据交换平台的形式进行数据互换与共享。

3)其他产业的信息知识

其他产业的信息知识是指部分已经进入旅游领域或未来可能进入旅游领域的产业的信

---

① 黎巎,Dimitrios Buhalis,张凌云.信息科学与旅游的交叉研究:系统综述[J].旅游学刊,2013,28(1):114-128.

息知识范畴。例如大学校园旅游对该大学优势学科、专业信息和游客群体特殊性信息的获取①，未来太空旅游对航天游客素质的要求等。

需要特别指出的是，狭义的旅游信息一般是指以游客为服务对象的信息，其价值一般由功能价值和体验价值两个一级维度，享乐价值、风险规避价值、实用价值、社交价值和自我实现价值 5 个基本构面组成。②显然，旅游策划者需要面对的信息知识更加海量，其价值更多地体现为服务于策划对象的科学价值、文化价值和使用价值。

3.2.4　科技与信息知识在旅游策划中的运用

作为独特的知识体系，运用科技与信息知识在旅游策划中具有十分重要的意义。此类知识对于旅游策划者不可或缺，更为关键的是，借助此类知识，旅游策划者才能不断开拓旅游业态与旅游项目。对科技创新前沿的跟踪及其成果的借用，是旅游策划者创新品质的高度体现。从中外成功的旅游项目看，科技和信息知识在旅游策划中的运用要掌握如下要点。

一是旅游项目与节事策划的科技信息化。科技信息化武装旅游项目和节事活动已经成为现代旅游策划的重要手段之一，即便是一些传统旅游项目和节事活动，也借鉴现代科技信息知识，实施创新发展。有的旅游企业甚至成立了专门的科技公司进行项目的策划与发展。例如，2011 年深圳华侨城成立华侨城文化旅游科技公司，成为华侨城集团旗下文化与科技融合的重要载体，基于集团强大的文化旅游平台，打造内涵丰富且具有前瞻性的华侨城智慧旅游系统，形成"文化+智慧+旅游"的全新模式，并且成功与市场接轨，取得了良好的市场效益。③

二是游客管理与服务策划的科技信息化。科技信息化是旅游管理与服务现代化的必然趋势与必经之路。在此类策划实践中，需要从游客的需求心理出发，从方便游客着眼，以快捷高效为宗旨，提升游客管理与服务的绩效。例如海南旅游信息综合管理系统就是依托互联网，集旅游行业管理、办公、监管、交易功能于一体的综合管理平台，是实现海南全省旅游行业管理、监督、资质审核全部网络化、信息化的旅游信息服务平台。它以旅游企业和旅游从业人员档案信息库为基础，以旅游团队电子行程单为链接，建立旅游行政管理机关与旅游企业互动的网络化、信息化、品牌化和标准化，从而实现旅游企业和旅游市场良性互动的快捷性、准确性、高效性和安全性。④

三是旅游商品与营销策划的科技信息化。高科技高文化信息含量的旅游商品往往能够成为现代旅游商品的翘楚，成为游客抢购甚至收藏的礼品。因此，旅游策划者必须思考如何将科技文化知识植入旅游商品中，使之成为高性能和高附加值的产品。例如，清乾隆《西湖行宫图》的苹果手机壳，上面刻印有英文版清乾隆《西湖行宫图卷》字样，以及精心设计的英文版乾隆御用品鉴章印。富有传统文化色彩，寓地域传统文化于时尚科技产品之中。同样

① 江金波，姜超.高校旅游的深度开发[J].经营与管理，2009，(12):72-73.
② 邓昭明，王甫园，王开泳.旅游信息价值维度及模型研究[J].旅游学刊，2017，32(2):75-88.
③ 张弛.科技驱动让文化旅游更"智慧"[N].中国文化报，2014-05-15(005).
④ 王赵洵.发挥科技支撑引领作用　服务海南国际旅游岛建设[N].中国旅游报，2014-01-22(027).

地,现代旅游营销策划不应只依靠传统媒体,而应该与时俱进,借助公众号、微信朋友圈、App的开发,全面实施营销策划的科技信息化,增强营销的即时性和亲近感。

3.3 地方知识

3.3.1 地方知识概述

众所周知,现代化发展带来了全球化的趋同,进而在推进现代文明的同时,也引发了世界文明多样性的衰退。由此,倡导个性和差异化的后现代性得以发展。后现代性的特征之一就是"地方性",被认为是矫正现代化和全球化弊端的手段之一。

地方知识,也称为地方性知识。作为阐释人类学的标志性概念,地方知识的本质是一种文化信念,理解为组织和表述地方文化的一种知识体系,与研究"普世知识"求"同"的本质不同,研究"地方知识"的本质是求"异"。在乡村社区里,地方知识由类官方知识、大众知识和传统知识三部分组成,其中"大众知识"是最主要的形态和组成部分,而大众知识的鲜明特点就是传统与现代的杂糅和交融①,即社会大众和草根阶层的日常生活所体现和传承的文化传统形成了地方知识重要的形态和组成部分。②

固然,地方知识系统反映了地方的经济水平、科技成就、价值观念、宗教信仰、文化修养、艺术水平、社会风俗、生活方式、社会行为准则等诸多方面的特征,表现出地域性、原生性、实践性等特点。但地方知识并不排斥现代性知识。只是地方知识的分类体系较多隐藏于地方文化的根基之中。同时,地方知识也并非等同于传统知识,因为它是传统与现代的混合物。传统知识只是其中的一部分。无论是地方知识中的类官方知识还是大众知识,都具有很多现代性知识成分。

3.3.2 地方知识与旅游策划

诚然,如今的地方知识,不仅是具有后现代意味的一个学术术语,而且已经成为一个多学科关注的对象。那么,为什么旅游策划需要地方知识呢?在旅游策划的实践中,这个问题似乎不再是一个问题,因为多数旅游策划实际上应当深入理解当地知识及其文化传统,将之作为理解旅游目的地的一种手段和方式。但是,在理论上,很少有学者包括旅游策划师思考地方知识与旅游策划的关系,关心如何借助地方知识增强旅游策划的可行性和针对性。难得的是,彭兆荣曾极有远见地指出,"参与式旅游"与"地方知识系统"将成为旅游行为中根本的内涵及关键。③

---

① 巴战龙.地方知识的本质与构造——基于乡村社区民族志研究的阐释[J].西北民族研究,2009,(1):160-165.
② 张昌山.地方知识与文化重构[J].思想战线,2011,37(4):58-60.
③ 彭兆荣."参与观察"旅游与地方知识系统[J].广西民族研究,1999,(4):35-39.

事实上,旅游策划应充分尊重和利用地方知识,这也是旅游策划内容的一部分。例如对传统民族技艺的恢复就可能成为策划的一项内容或一项主题活动。更重要的是,地方知识应用于社区旅游开发中,借以唤醒大众参与。旅游策划师熟悉当地的风俗习惯和生计模式,尽可能地将其融入现代旅游开发中综合考虑,往往能够促使社区居民的经济增权。同时,旅游策划尊重和利用地方知识,也是延续地方文脉、突出文化旅游的地方性、提升文化旅游品牌的有效途径。"民族的,就是世界的""地方的,就是特色的"。深入发掘和整理地方知识,并将之嵌入旅游策划的产品、营销和品牌发展中,无疑能够更好地延续旅游目的地的文脉,突出其文化旅游的地方性,并成为提升其文化旅游品牌的有效途径。

3.4　情感态度与价值观

3.4.1　关于情感态度与价值观

1)情感态度

旅游策划是一种基于客观知识与个人主观判断的高度综合的艺术。因此,必须要有正确的情感态度和价值观指导。根据社会心理学的基本理论,情感是人对客观事物刺激所产生的是否符合自己需要的心理反应,它分为积极情感和消极情感;态度是指在一定情境下,个体对人、物或事件,以特定方式进行反应的一种心理倾向。其中情感决定并形成态度,而态度体现情感,积极的情感往往形成正确的态度,消极的情感形成错误的态度。情感态度作为一个概念,一般是指特定情境下,人们对客观事物的心理反应及其倾向。情感态度一般具有调控行为(促进和干扰作用)、传递信息、适应环境和影响身心等作用。

2)价值观及其与情感态度的关系

价值观就是对某一知识、事物的价值判断,是对该知识、事物有用无用,有多大用处等认识的价值取向。

情感和态度是价值观形成的基础,没有积极的情感和正确的态度就不会有科学的价值观,价值观是情感和态度的升华,并决定人们的情感态度。价值观一旦形成,就会影响人对事物的态度和情感。

情感态度与价值观不仅有着密切的内在联系,而且对旅游策划的质量和实践产生重要的制约作用。旅游策划师要善于引导、调动开发者和游客唤起积极的情感,剔除消极的情感,从而使游客形成正确的科学态度,升华为科学旅游、科学生活的价值观。为此,旅游策划师应充分认识到情感态度和价值观对旅游策划的巨大作用,在旅游策划的过程中始终饱含激情,投入积极的情感态度,融入科学的价值追求,使旅游策划呈现科学理性的同时,保持人性光辉、人文感染力以及艺术魅力。

3.4.2　旅游策划的情感态度取向及运用

策划作为一种知识创新活动,是高度情感化和对象化的过程。现代旅游已经进入情感化时代,情感作为一种重要资源已经被纳入旅游产品的生产过程。显然,缺乏情感的旅游策划是苍白的,也是从根本上达不到游客诉求的。在旅游策划中,既不能给人留下感情空白,形成纯理性的冰冷印象,也不可过于煽情,给人以滥用感情之嫌。因此,恰当的情感态度取向及其运用十分关键。

1)旅游策划的情感态度取向

旅游策划致力于引领和拓展旅游市场发展,致力于实现旅游产品与旅游市场的最优匹配。当代旅游者更多地注重在旅游过程中对本身情感的释放。[①] 而且旅游者在旅游过程中会随着时空转移,产生愉悦、兴奋、惊奇、疑惑、忧愁、恐惧、愤怒等多种情感,这些情感会在旅游过程中呈现多样化和易变性特点。[②]同时,情感是影响旅游者行为的重要因素。[③]因此,旅游策划需要充分理解游客的情感需求,并据此作为策划的情感态度取向的出发点和归宿。

人的情感复杂多样,可以从不同的观察角度进行分类。由于情感的核心内容是价值,人的情感应该根据它所反映的价值关系的运动与变化的不同特点进行分类。根据价值层次的不同,情感可分为温饱类、安全与健康类、人尊与自尊类和自我实现类情感四大类。[④]其中与旅游情感需求最为相关的是后三种。尤其是其中的安全与健康类情感中的舒适感、安逸感、快活感,人尊与自尊类情感中的自信感、自爱感、自豪感、尊佩感、友善感、思念感等,自我实现类情感中的抱负感、使命感、成就感、超越感等。为此,有识之士莫不高度重视情感因素在旅游策划与规划中的运用。

2015 年浙江舟山国际旅游度假目的地创新发展论坛期间,北京巅峰智业旅游文化创意股份有限公司首席顾问刘锋博士就结合其主持的丰富案例,以《用情怀、情感、情境来做好文创旅游》为题发表主旨演讲,明确提出"情怀为先、情感为本,情境为体"的鲜明观点,充分展示了中国一流旅游文化创意公司的人文情怀,博得中外与会者高度赞赏与强烈共鸣。

对游客来说,上述情感的获得和释放也就是这些情感需求的满足。为此,旅游策划者应该深入研究旅游者情感体验的特点,采取适当的情感态度,设法通过策划满足游客对这些情感的需求。也就是说,所策划的旅游景观、产品和活动项目,要最大限度地让游客提升舒适感、安逸感、快活感,让游客更加自信、自爱、自豪,让游客更加懂得尊重自然、感恩社会、崇尚文明,主客之间更加友善,更加珍惜现在,思念先辈,感怀英烈,并在旅游中激发人生的理想,

---

① 曹杨,李勤勤.从体验经济视野看旅游文化的特点[J].商品与质量,2011,(1):27.

② 刘丹萍,金程.旅游中的情感研究综述[J].旅游科学,2015,29(2):74-85.

③ White C J. Culture, emotions and behavioural intentions:implications for tourism research and practice[J]. Current Issues in Tourism,2005,8(6):510-531.

④ 仇德辉.统一价值论[M].北京:中国科学技术出版社,2008.

增强自身的使命感、成就感和超越感。例如,现代攀岩、漂流等运动休闲与其说是一种健身旅游和娱乐旅游,不如说是游客内在成就感获得的根本动力使然。

2)旅游策划中情感元素的运用

一是旅游项目命名中的运用。旅游项目的名称可以说是其第一吸引要素,此外,具有深远意境和深厚情感的名称也有利于传播,促进其营销效果。在旅游项目的命名中,情感因素的运用十分常见,成功的案例也不少见。例如江苏同里古镇的"三桥",也就是太平桥、吉利桥和长庆桥,分别跨越两条河道,紧密组成形似一鼎三足的空间态势。走"三桥"又称"走平安路""走百病",早已被百姓赋予吉祥的象征意义,走进游客神圣的情感空间。

情感因素在旅游项目命名策划中的运用可以从情感认同、情感激发和情感超越三大途径进行。其中,情感认同的命名就是借助策划,将原有项目名称策划为目标游客所认同的情感称谓,如美国旧金山唐人街的街道命名。情感激发的命名,是通过策划命名激发游客特殊的地方好感。如笔者曾将广东英德菜花峪旅游区的"凹背山"改为"鳌背山",一字之差,传达出高远的意境,完成了从自然意境到人文意境的过渡,激发了游客崇高追求的情感。① 而情感超越命名则是借助已有策划的命名,使游客超越阶层、民族、地域和国家等的狭隘情感,获得情感的共鸣。在很多战争类、亲子类、爱情类景区得到大量运用。此外,专题旅游,包括其线路策划,情感型、情景式命名也常采取这种情感超越式命名方法。例如丽江古城以酒吧街为主要载体的"艳遇之旅"就是典型案例。

二是旅游营销策划、形象策划中的运用。情感营销就是把消费者个人情感差异和需求作为企业品牌营销战略的核心,借助情感包装、情感促销、情感广告、情感口碑、情感设计等策略来实现企业的经营目标。② 旅游营销策划中,懂得情感营销十分重要,并时常与旅游形象策划相联系。为此,需要做到因地制宜地策划情感营销事件,借助情感广告,配合旅游形象策划,促成情感口碑的传播,以触动消费者的心灵,推动情感消费。20 世纪 80 年代,一首《无锡旅情》将太湖之滨的美丽传遍东瀛,推动了无锡与日本各界的广泛交流,为无锡拓展日本旅游市场做出了重要贡献。可以说,《无锡旅情》是国内早期旅游创意营销的典范,也是情感营销的代表。③

三是旅游产品、纪念品策划的运用。尽管婚恋、朝拜、祈福等上述情感要素广泛体现在大众观光、休闲度假及其他旅游产品类型中,但是作为一种产品,情感旅游主要包括婚恋浪漫游、情感漫步游、爱情文化游、亲子敬老游、探亲访友游、祭祖寻根游、祈福感恩游、慈善公益游、缅怀纪念游、圣地朝拜游等十大类型。④ 因此,旅游产品策划中,情感因素的运用,需要更多关注上述十大情感旅游产品。要结合策划对象的实际,深化对上述任何一种产品的目标游客的情感分析,注入情感内涵,进而策划出最能打动游客内心的相关产品,提高产品的

① 江金波,赵莹雪,等.英德菜花峪旅游区旅游发展总体规划(2006—2020),2006.
② 王立勇.情感营销成就 Nike 第一品牌[N].中国商报,2005-03-04.
③ 李庆雷,李芳.情感旅游的理论研究及启示:下[N].中国旅游报,2016-03-07(B6).
④ 李庆雷,李芳.情感旅游的理论研究及启示:上[N].中国旅游报,2016-02-29(C2).

附加值。

消费者购物价值三维结构由功能性、享乐性和社会性购物价值组成。①对游客消费心理的研究越来越多地表明,游客的购买行为更多地取决于其情感上的满足,新鲜的刺激,回忆的保留,文化的熏陶,愉快的体验构成旅客购买旅游纪念品的关键因素。②因而,旅游策划完全可以针对旅游纪念品购买者的情感需求,指导旅游纪念品策划设计,使之适应时代的发展要求,改善中国旅游商品市场的供给现状,取得市场主动权,并积极引导游客的消费行为。例如广东省潮州市可以制作西湖风光的刺绣、广济桥景色的麦秆画等,把当地的手工艺与具体景点结合,让其纪念价值与文化价值融合起来,提高纪念品的文化含量和纪念意义,进而满足游客留念的心理需求。③

3)情感策划

一如情感设计具有双重含义一样③,本书所提出的情感策划也具有如下双重含义:一是策划过程是一项情感性活动过程,即情感化策划;二是策划方案是情感表达和情感认知的双向活动,即策划的情感化。鉴于学者明确提出"情感旅游"的概念,认为是为了表达、维护、增进、修复、见证、纪念、寻找与特定对象的情感关系而进行的旅游消费行为。④ 因此,情感旅游策划就是为了实现情感旅游目标而进行的情感化策划以及策划的情感化。如果说,情感化策划只是策划者的个体和群体的单项创意活动,那么,策划的情感化则是策划者(策划受托方)与策划委托方,甚至包括开发者在内的多方情感交互的过程。明确后者,对于旅游策划尤为关键。因此,旅游策划的情感策划说到底,就是尽一切可能调动游客眼、耳、鼻、舌、身等多项感官,从视觉、听觉、嗅觉、味觉、触觉等多角度增强游客的综合体验,增进游客对于策划对象包括旅游吸引物、目的地情感的表达、维护、增进、修复、见证、纪念、寻找等的特定情感关系而实施的特定策划,作为策划师不仅要在策划过程中体现这些情感,更要让游客感知、理解和接受这些情感。四川一些旅游公司安排九寨沟的藏族姑娘作当地导游,这些藏族姑娘穿着民族服装,一路上展示藏族天生的好嗓子、满腹的故事传说,不时邀请游人加入她们的行列,在这种气氛渲染下,许多旅游者也忘乎所以,载歌载舞,乐不思蜀。⑤这就是典型的情感融入性策划。

必须强调的是,情感策划应该遵循国家法律法规,符合目的地传统风俗习惯。决不可迎合少数人的低级趣味,决不可为了旅游地的单一的利益驱动,制造类似游客体验"假新郎""假洞房"等伤害感情的项目。

---

①③吴小旭,江金波.旅游购物市场的影响因子及其发展对策——基于潮州市旅游纪念品市场的调查分析[J].消费经济,2009,25(5):39-41.

② 李俊彤,谢亚华.旅游纪念品设计中的情感需求[J].中国包装工业,2014,(14):40-40.

③ 赵册.选题策划《情感设计与情感研究》序言[J].包装工程,2016,(20):1.

④ 李庆雷,李芳.情感旅游的理论研究及启示:上[N].中国旅游报,2016-02-29(C02).

⑤ 李长秋.旅游者的情感体验与旅游营销[J].北方经贸,2008,(3):122-123.

3.4.3　旅游策划的价值观及其运用

1）旅游策划的价值观

任何策划都贯穿着策划者的情感和观念,策划本质是一种价值观取向。很大程度上说,导致"短命策划""弃用策划"大量出现的深层原因,正是策划的价值取向问题。

旅游策划的价值观涉及策划者的社会价值、市场价值、生态价值和审美价值等。社会价值是指旅游策划遵循和维护的社会效益,例如公平正义、和谐团结、共享合作、文化发掘等,市场价值无疑是指旅游策划遵循和达到的经济利益,通过策划引导策划对象实现旅游经济利益的最大化,生态价值是旅游策划所体现的维护生态平衡,致力环境保护以及旅游发展可持续性的目标,审美价值则是使得策划对象更具有审美高度,实现审美享受的最大化。

以上四大价值观共同作用于旅游策划,构成旅游策划的价值坐标系,对策划产生重大影响。诚然,最佳的旅游策划应该是四大价值观的协调最大化。例如笔者参与规划设计的梅州客天下旅游区,在原有传承客家文化教育的社会价值基础上,同时强调了其生态价值、经济价值和审美价值的和谐统一[①],成为目前"世界客都"——梅州市最具发展潜力的特色文化旅游品牌。

然而,遗憾的是,目前大量的旅游策划要么顾此失彼,片面强调经济价值而忽视社会或生态价值,要么充斥大量价值的缺失或异位。如合作观的缺失,导致旅游目的地公众经常处在"被告知"的地位;忽视传统文化价值,一味借用西方文化景观,片面追求策划的"新、奇、特""大、洋、怪",导致景观景区"失色";宏观策划存在泛公共利益化倾向,引发对私有资产和利益的淡漠等。因此,个性化旅游消费的今天,必须重新审视并大力提升价值观在旅游策划中的价值。

2）价值观在旅游策划中的正确运用

根据现有旅游策划中价值观的种种乱象,结合今后旅游发展中市场配置资源决定性作用的增强,价值观在旅游策划中的运用,应该重点注意以下三个方面,借此引导旅游策划的转型升级。

（1）公平导向的价值观

旅游策划者要有博大的爱心,在旅游大地上,书写动人情怀,让社会各阶层分享旅游发展带来的福利,弘扬旅游业的社会责任,尤其是保障残疾人、低收入阶层、孤寡老人等群体的旅游权利。为此,策划的旅游设施、活动项目、产品以及服务等要切忌对特殊群体的歧视,相反,应该为他们提供最大化的便利。

（2）旅游可持续发展的价值观

旅游策划是促使旅游加速发展的重要智力活动,却要避免因不当策划带来的旅游发展

---

① 江金波.广东客天下旅游度假区总体规划(2006—2020)。

泡沫,旅游策划中贯彻可持续发展的价值观十分重要。这既是旅游产业长期经济价值和社会价值的内在规定,也是旅游策划价值观体系中的核心所在。其关键是,旅游策划者必须充分尊重自然规律和社会规律,深刻理解人的休闲权利建立在生态平衡的自然权利基础之上这个道理。决不能以"人的休闲权利大于一切"而"剥夺自然的休养生息权",因为"资源的权利是大于人权的。如果没有资源的可持续,恒久的观光权利也不存在"。《中华人民共和国旅游法》颁布当年的国庆期间,在游客最小容量尚未明确执行情况下,笔者曾就广州白云山游客严重超载问题提出上述观点,并建议采取经济措施予以调节,引发极大争议,就是其中一个案例。①诚然,除了管理的创新策划之外,高新技术的运用也是确保旅游可持续发展的措施之一,例如低碳环保材料的使用。

(3)公私利益协调的价值观

旅游策划,存在鲜明的价值取向,其科技、政策和地方知识的运用均深深烙下策划者特定的价值观印痕。有城市规划学者指出,目前中国政府的规划价值观在很大程度上仍然是计划经济时期的延续,存在泛公共利益化的严重缺陷,这直接影响到城市规划体制的转型。②旅游策划现状也存在类似情况,在政府主导型旅游发展的背景下,甚至有过之而无不及。因此,旅游策划亟待强化私人利益及其保护的价值观,强化业主在开发过程中的经济补偿,将之与公共利益进行协调构建,以便调动旅游开发各方的积极性,优化市场资源配置,并推动社区旅游发展。

总之,旅游策划中的价值观无处不在。优秀的旅游策划,要在实现委托方理想价值的同时,承载策划者自身的价值观念,以实现社会价值、经济价值、生态价值和审美价值的综合最大化为己任,并推动现代旅游产业发掘自身的价值。

【综合案例分析】

于栖么村彝族生态文化旅游策划

于栖么村是云南省楚雄州南华县天申堂镇的一个彝族聚居村,位于楚大公路旁。立足现存的原生态彝族文化考察,为了满足游客对彝族文化旅游需求,从村寨建筑类,宗教文化、节庆庆典、民俗活动类,歌舞娱乐类,饮食文化类,手工艺制作类,彝医彝药类等方面展示该彝族村落的文化内涵,为其生态文化旅游建构了良好的地方知识来源。

以村寨建筑中的遗址遗迹为例,古代中国通往世界的最早通道南方丝绸之路就从于栖么村经过。村中现还留下一百多米石头铺砌的石板马帮道,石板上留下深深的马蹄印。民国初年,自光富老人的父亲负责管理村中的这段马路,其报酬是种一块山地,不交租。这块地村民称之为"哨地"。哨地旁边曾有过烽火台。策划认为,关于这一段故事要请自光富老人整理并担任讲解。再如红军桥。红军当年曾路过于栖么村,遗下一匹马给村民收养,村中曾建过红军桥。据此,策划恢复建设此桥,增加一处景点,并请老人们回忆,讲述完整的红军

① 刘军,徐艳,刘倩,等.重阳登高　白云山可能违法了[N].南方都市报,2013-10-14(A7).
② 郑卫,李王鸣,张红虎.我国政府规划价值观的历史考察[J].浙江大学学报(理学版),2013,40(2):235-244.

故事。于栖么村有 400 多年历史,在此居住的村民已有 17 代了。其传统的重要庆典有春节、二月八、火把节、祭天节、婚礼等。其中以祭天节最为隆重,最有民族特色。因此,策划提出围绕祭天活动,设立祭祀场所,按照传统,该祭祀场所神坛由主客神位组成,其间相距 3 米,中间为毕摩的位置。客坛神位以一棵高约二丈(1 丈 =3.333 3 米,下同。)的松树为主,其根部用粟树枝搭神台,上供一升米、一块腊肉及几张纸币,米上插一束香。主神坛分神门、神位,神门是神祇进出的通道,用 2 棵高约丈余的松树做门框,并在每棵松树边插一根青竹、一束香,2 棵松树的丫口搭牛伽担,上用墨炭画耕绳;神位由 27 簇神枝组成,按横三竖九的形式排列。每簇神枝又分三棵,均用粟树枝制成,分别代表"西颇"(阳神)、"西摩"(阴神)、"查"(神剑)。粟树枝四方去皮刻三道为"西摩"脸谱、三方去皮刻三道为"查"。"查"附有神的威力,是祖先神灵的利器,"西颇""西摩"代表 27 对祖先夫妇。祭拜物、祭祀过程、祭天时间……均按地方传统要求逐一回复,务求保持原生态文化形态与内容实质。

（杨寿川.云南民族文化旅游资源开发研究[M].北京:中国社会科学出版社,2003: 275-282.）

上面这个案例是将地方知识运用于旅游策划的案例。从上述案例来看,于栖么村的地方文化十分丰富。于栖么村生态文化旅游策划充分利用了这些地方文化,既发掘和丰富了生态文化旅游资源,也增强了其生态文化旅游的地方感,既成为主客游憩互动体验的重要文化空间,又成为其生态文化旅游发展的重要途径。

第2编
旅游战略及开发策划

第4章
旅游发展战略策划

旅游发展战略策划,是在对基本现状分析的基础上,从宏观角度对旅游发展战略的策划,即在对旅游发展的机会、必要性以及可能出现的问题进行分析的基础上,对旅游发展战略思想、战略环境、战略目标、战略重点、战略的影响因素、战略实施等步骤的谋划。

4.1 旅游战略环境分析

旅游发展战略策划是一个宏观政策,在启动策划工作之前,需要对旅游发展战略的环境进行分析,主要包括社会和文化分析、经济和技术分析、政治和法律分析、资源和环境分析、产业和市场分析等五个方面。[①]

4.1.1 社会和文化分析

社会文化环境是指社会道德观、价值观、人口变动趋势、文化传统、文化教育、社会结构等因素对旅游产业的影响以及所带来的机会和威胁。在社会文化环境中,各种因素对旅游发展战略影响各不相同。其中,人口规模和分布状况、社会成员的价值观念、生活方式等因素,影响着产业发展领域的选择和发展规模的确定。不同国家和地区社会成员的信仰、行为规范等因素,影响着旅游业开发和管理过程中的管理模式。社会文化环境是由长期历史因素形成的,它也是随着时间而发生变化的。这种变化的过程是渐进的,往往不易被观测到。因此,在进行发展战略环境分析时,决不能忽视社会文化环境变化对旅游发展的影响。

在社会文化环境中,人口因素是一个极为重要的因素,它包括种族、人口数量、人口结构、人口分布、受教育水平等方面。我国许多少数民族聚居地区蕴含着丰富和独特的旅游资源,因此,在旅游发展过程中要充分尊重当地居民的风俗习惯,做好旅游管理者、游客与居民的融合共生。人口的数量制约着旅游市场的规模和劳动力成本的高低。人口的结构决定着市场的需求结构和市场结构的形成,从而影响着产业结构和产品结构。人口分布决定着游客的地区分布和游客群体密度大小。人口的受教育程度影响旅游满意度,一般而言,受教育

---

① 宝贡敏.战略管理:新视野、新思维、新进展[M].北京:中国经济出版社,2013:160-164.

程度越高,消费观念和消费方式越能适应环境变化的需要,就越容易接受新产品、产生新的需求,同时也为旅游业发展提供了人力资源和客源市场的保障。

4.1.2　经济和技术分析

经济环境是指一个国家或地区的经济发展状况、经济结构、经济体制、宏观经济政策等要素所构成的环境系统。具体包括 GDP 的发展趋势、收入水平、利率水平的变化、货币政策、财政政策、税收政策、汇率变动、就业情况、消费支出、保障机制等。GDP 代表一个国家和地区的经济实力,经济结构转型为旅游产业迅速发展提供契机。就业状况和收入水平是影响旅游动机和旅游消费决策的关键因素。财税金融政策着重调整产业结构和社会分配,是推动旅游业稳定发展的必要手段。建立健全市场保障机制是对旅游业发展战略的有力补充。

技术环境是指由于科学技术发展而引起的各种要素变化进而形成的环境系统。它包括科技体制、科技政策、科技水平、科技发展趋势等。随着云计算、物联网、智能移动等新技术的进步,智慧旅游得以迅速发展。游客可以借助便携的终端上网设备,主动感知旅游相关信息,并及时安排和调整旅游计划。智慧旅游实现导航、导游、导览和导购的功能,将推动传统旅游消费方式向现代旅游消费方式转变,传统旅游管理方式也会相应地向现代管理方式转变。

在旅游发展战略制定过程中,必须要预见经济和技术变化带来的机遇和挑战。经济因素往往对旅游供给与旅游需求之间的关系产生变化,无论对宏观产业战略选择还是微观旅游行为决策都有不同程度的影响。技术因素则会改变人们的价值观、生活方式、行为规范等,从而使旅游战略环境出现前所未有的变化。

4.1.3　政治和法律分析

一个国家或地区的政治和法律环境的差异性和变化,对旅游发展战略制定具有十分重要的影响。在不同的政治制度和法律制度的制约下,旅游业经营活动和所采取的策略是不同的。

我国是世界第一大出境旅游客源国和全球第四大入境旅游接待国,旅游业已经全面融入国家战略体系,旅游业成为社会投资热点和国民经济战略性支柱产业。近年来我国相继出台了《中华人民共和国旅游法》《国民旅游休闲纲要(2013—2020 年)》《国务院关于促进旅游业改革发展的若干意见》等文件,各地方政府也相应出台了旅游条例等法规制度,形成了以《旅游法》为核心、政策法规和地方条例为支撑的法律政策体系。

在策划旅游发展战略时,要综合分析所处的政治和法律环境,剖析各级政府政策法律法规,找准策划依据,抓住政策热点,严格把握法律、政策的界限;同时,遵循政策法规,充分利用政策推动文旅产业融合,做到标准化与个性化相结合。

4.1.4　资源和环境分析

旅游资源是旅游业发展的前提和基础。自然界和人类社会凡是能对旅游者产生吸引力,可以为旅游业开发利用,并可产生经济效益、社会效益和环境效益的各种事物和因素,都可以称作是旅游资源。旅游资源主要包括自然风景旅游资源和人文景观旅游资源。其中，自然风景旅游资源分为地貌、水文、气候、生物四大类，人文景观旅游资源分为人文景物、文化传统、风情民俗、体育娱乐四大类。旅游景区作为主要的旅游吸引物，是旅游资源的空间载体。根据《旅游景区质量等级的划分与评定》（GB/T 17775—2003），旅游景区质量等级划分为五级，从高到低依次为 AAAAA、AAAA、AAA、AA、A 级旅游景区。旅游景区质量评价标准包括旅游交通、游览、安全、卫生、邮电服务、旅游购物、经营管理、资源和环境保护、旅游资源吸引力、市场吸引力。

自然环境是旅游活动的基础环境，对当地旅游业生存、发展起着至关重要的承载作用。旅游自然环境决定旅游目的地的分布，对旅游目的地的可进入性、交通路线、市场布局等有重要影响。在进行战略环境分析时，应充分考虑旅游环境的特征，即内容的广泛性、要素的脆弱性、形式的地域性、项目的休憩性、质量的优越性、数量的稀缺性，全面评估旅游环境的承载力，确保旅游业可持续发展。

4.1.5　产业和市场分析

我国旅游业将迎来新一轮黄金发展期。城乡居民收入稳步增长，消费结构加速升级，人民群众健康水平大幅提升，带薪休假制度逐步落实，假日制度不断完善，基础设施条件不断改善，航空、高铁、高速公路等快速发展，旅游消费得到快速释放，为旅游业发展奠定良好基础。

产业（市场）分析主要分为两部分，即产业发展前景分析和产业内部结构化分析。产业发展前景主要是指产业市场需求总量及其成长性、产业结构及其变化。产业发展前景分析主要包括：市场容量、市场动态（价格走势，市场需求变化，产业成长、停滞、衰退）、产品分类及其需求、替代品（性能、价格、平均利润率）、产业平均利润率及其变化趋势、竞争倾向、技术创新与管理创新周期与特点等方面。产业内部结构主要是指产业内部影响市场主体的行为、竞争、发展的因素及其结构。产业内部结构分析的战略目的主要是透视产业特点，识别市场主体的可靠可行战略方向。迈克尔·波特将大量不同的因素汇集在一个简便的五力模型中，以此分析一个行业的基本竞争态势。五力竞争模型的分析框架主要有供应商和购买者的讨价还价能力、潜在进入者的威胁、替代品的威胁以及同业竞争者的竞争程度。

【案例分析】

成都——中国休闲之都的旅游发展战略环境分析

一、社会和文化分析

第六次全国人口普查结果显示，成都市常住人口达 1 404.76 万人，其中城镇人口占65.51%；农村人口占 34.49%。除了汉族以外，还居住着 50 多个少数民族。成都的社会文化较为丰富，川菜、川酒、川茶、川戏、蜀锦、蜀绣等名扬四海。成都拥有数量众多的小吃店、农家乐、茶馆、KTV、麻将馆、书店等，这些截然不同又各有联系的吃喝玩乐项目，构成了成都最独特的城市性格，也因此给成都打上了"慢生活"和"闲适"的鲜明标签。

二、经济和技术分析

2015 年,成都市 GDP 总量突破万亿元,达 10 801.2 亿元,占四川省的 35.88%,在全国大城市经济实力排名中挤进前十。成都的第三产业比重较高,2015 年占比达 52.8%。凭借经济、文化、人才和科技等方面的优势,成都以建设国家中心城市为目标,将成为西部经济中心、西部科技中心、西部文创中心、西部对外交往中心和西部综合交通枢纽。

三、政治和法律分析

国家从各层面对成都市发展给予大量支持,各方正在重点推动"一带一路"建设、长江经济带建设、成渝城市群发展规划、"重造一个成都"的天府新区建设、国家生态文明先行示范区建设。同时在对外开放、创新和创业等方面也有大量的政策扶持。另外,在贯彻落实上级法律法规的同时,《成都市旅游业促进条例》较好地推进成都市依法兴旅和依法治旅。

四、资源和环境分析

成都地处成都平原,土壤肥沃,气候适宜,物产富饶。属于亚热带湿润季风气候,气候条件较好,降雨充沛,河网密度大,水质优良。背靠山地,地形地貌复杂,自然生态环境多样,生物资源十分丰富。旅游资源较为丰富,人文景观多,共有人文景观 172 处,分布在全市 19 个区(市)县,尤以二王庙、文君井、武侯祠、杜甫草堂、文殊院、宝光寺、观音寺、花置寺、都江堰水利工程、王建墓、蜀僖王陵以及古蜀文化——金沙遗址等最具特色。自然景观复杂多样,山景、洞景、水景、生景、气景俱全。

五、产业和市场分析

2015 年成都市旅游总收入、入境游客人数指标同比增速均居西部重点旅游城市第一位,接待游客在 15 个副省级城市中居第二位。成都市旅游业对国民经济和现代服务业的发展贡献突出,对全市 GDP 的直接贡献率达到 13.61%,旅游业作为经济新引擎的作用日益凸显。成都定位为城市商务休闲与乡村休闲度假并举的中国休闲之都。成都独特的休闲气质比中国任何一座城市都更深刻,也拥有更加丰富的休闲形式和休闲创新的能力。休闲作为成都最大的资源优势、最独特的魅力和个性,深入成都的都市和乡村,使得成都能够成为一座中国唯一的双料型休闲度假城市——最具休闲特色的城市度假地和最具特色的乡村旅游度假地。

4.2　战略定位与目标策划

4.2.1　旅游战略定位

旅游发展战略定位是旅游产业发展的重要战略决策,准确的旅游发展战略定位将有助于旅游产业发展。在旅游发展战略体系中,旅游发展战略定位处于制定旅游发展战略的最前端,一个好的旅游发展战略定位是旅游产业战略获得成功的基础和前提。旅游发展战略定位是为旅游目的地和旅游企业构建一个独一无二的旅游发展格局战略,对旅游目的地和旅游企业具有持久的指导意义。

旅游发展战略定位的方法有许多,我们可以归纳为定位的"三部曲":找位(市场定位)、选位(价值主张)、到位(价值链定位)。找位就是市场定位,即市场细分并选择目标市场。旅游发展战略的市场细分标准包括地理区位(国际、国内、区域、城镇、乡村等)、人口特征(年龄、性别、种族、收入、职业、受教育程度等)、心理因素(社会阶层、生活方式、个性特征)、行业因素(季节性、出游状况、出游方式)等多个维度。确定目标市场,找准目标市场是战略机会分析的关键,是战略定位的前提和基础。

选位是游客价值主张,即根据所选择的目标市场,分析游客的偏好或价值主张,并选择一个或几个来作为旅游产品或服务的价值主张。大多数旅游资源是已经存在的,在旅游产品同质化和旅游需求个性化的今天,应该把游客的需求放在首位,围绕游客的需求价值来挖掘旅游资源和策划相应的旅游产品及服务。游客的需求价值可以分为理性需求(价格、质量、服务、时间效率、科技等)和感性需求(新颖、自由、刺激、亲和、舒适等)。游客价值主张(选位)是找位和到位的桥梁,是影响游客决策行为的关键环节。

到位即价值链定位,是以游客需求为导向,选择盈利模式,进行重构价值链,建立差别化战略,力争利润最大化。在吃、住、行、游、购、娱等各个旅游要素中,识别各个环节的价值活动,确定主要活动和辅助活动,找准差异化的价值链定位。[①]

4.2.2 旅游战略目标

旅游发展战略目标是对旅游业战略经营活动预期取得的主要成果的期望值。战略目标的设定,同时也是旅游业宗旨的展开和具体化,是旅游业宗旨中确认的旅游业经营目的、社会使命的进一步阐明和界定,也是旅游业在既定的战略经营领域展开战略经营活动所要达到的水平的具体规定。旅游发展战略目标是旅游发展战略的核心,根据旅游发展战略目标确定旅游发展战略指标,围绕旅游发展战略目标,进行旅游资源开发策划、旅游产品策划、旅游市场营销策划等。

由于旅游发展战略目标是旅游业发展使命的具体化,旅游业各有关部门都需要有发展战略目标作统领。旅游发展战略目标是多元化和多层次的,既包括战略策划总目标,又包括战略策划子目标;既包括经济目标,又包括非经济目标;既包括定性目标,又包括定量指标。

旅游战略目标策划包括调查研究、拟定目标、评价论证、目标决断四个步骤。首先,调查研究。旅游调查研究侧重于旅游内部发展状况与外部发展环境的关系,以及对未来旅游业发展的预测。通过调研来评估当前旅游发展的优势和劣势、所面临的机会与威胁、资源环境与市场、当前竞争形势和潜在竞争关系等。其次,拟定目标。根据调研情况和评估结果,拟定旅游发展战略的目标方向与目标水平,理清各个目标的层次与顺序。再次,分析论证。旅游发展战略目标拟定以后,需要对其正确性、可行性、完整性进行多次分析和论证,对多个目标方案进行比较和筛选。最后,目标确定。在进行目标确定时,需要进一步确认目标方向的正确性、目标的可操作性以及目标预期收益的大小。

---

① 江积海.战略管理定位与路径[M].北京:北京大学出版社,2011:35-40.

【案例分析】

西安市旅游业发展战略定位与目标策划

一、战略思路

坚持科学发展观,按照大旅游发展理念,围绕建设国际一流旅游目的地发展目标,推进转型升级、集聚区带动、产业融合、市场瓶颈突破、城市(旅游)大提升的五大战略,构建符合现代旅游发展的产业体系与空间格局;以十三大旅游集聚区建设为突破口……创建享誉国际国内市场的产品品牌……强力拓展入境与国内两大市场,推广与彰显西安"华夏故都,山水之城"城市形象……到 2020 年,把旅游业发展成为西安国民经济中的战略性支柱产业和人民群众更加满意的现代服务业,推动旅游业的跨越式发展,实现"国际一流旅游目的地"的宏伟战略目标。

二、战略定位

(一)西安市旅游形象为:华夏故都,山水之城。西安旅游形象可与城市形象叠加重合,有利于整体对外推介。

(二)国内旅游市场

空间定位:基础市场——省内及周边省区市场;高潜力市场——东部沿海经济发达省区市场;机会市场——国内其他省区市场。

功能定位:基础市场——观光游览、游憩休闲、会议旅游;高潜力市场——文化体验游、商务会展游、休闲度假游、时尚专题游。

(三)入境旅游市场

1.空间定位:基础市场——美国、日本、韩国及欧洲国家客源市场;高潜力市场——中国港澳台地区、澳大利亚、俄罗斯、东南亚国家及巴西、南非等客源市场;机会市场——南亚(印度等)、西亚及其他国家和地区客源市场。

2.功能定位:基础市场——文物遗产观光游、节庆会议游、历史文化体验游;高潜力市场——商务会展游、文化休学游、休闲度假游、宗教朝拜游。

三、战略目标

(一)总体目标

1.国际一流旅游目的地。

2.世界东方文化旅游之都。

3.华夏文化旅游圣城。

(二)产业目标

1.西安经济社会发展的第一大产业。

2.旅游产业与文化、文物、会展、商务、动漫、农林、地产、现代装备制造等关联产业实现有机融合,促进旅游新业态形成。

(三)产品目标

加快旅游产品结构调整,打造以观光体验为基础,以文化、遗产旅游为特色,休闲度假、都市旅游、商务会展旅游协调发展的多元化旅游产品体系。

（四）市场目标

1.西安国际国内旅游市场吸引力显著提高。

2."华夏故都,山水之城"旅游形象产生巨大的国际市场影响力与震撼力。

3.商务会展客源比例大幅度提高。

（五）口岸目标

1.西安成为中国中西部最大旅游口岸城市。

2.西安成为中国中西部最大旅游集散中心。

3.西安成为中国入境旅游首选城市之一。

（六）城市目标

1.西安成为"世界大遗址之城""中国博物馆之城""华夏文明复兴之城""中国最佳历史文化旅游城市"。

2.西安成为"中国（西部）会展之城""中国宜居之城""全国散客旅游最方便城市"。

3.西安成为国际一流旅游目的地城市。

（七）阶段性发展指标

1.第一阶段（2013—2016 年）

国内旅游者:实现较快增长,接待人次年均增长约15%。海外旅游者:保持平稳增长,接待人次年均增长约12%。旅游总收入:年均增长约为16%。

2.第二阶段（2017—2020 年）

国内旅游者:保持平稳增长,接待人次年均增长约13%。海外旅游者:保持稳定增长,接待人次年均增长约12%。旅游总收入:年均增长约为14%。

（西安市旅游局.西安市旅游发展总体规划（修编）（2013—2020）［EB/OL］.（2013-09-17）.西安市人民政府网.）

4.3 旅游产业体系策划

旅游产业体系策划主要包括旅游发展方向、旅游核心竞争力、旅游增长点、旅游竞争对手、旅游目的地形象、旅游市场、旅游文化、旅游资源、旅游环境、智慧旅游、旅游战略等十个方面。[①]

4.3.1 确定发展方向

发展战略可以帮助旅游目的地或旅游企业长远发展,正确选择和确定发展方向是保障旅游业持续发展和基业长青的基础。寻找与确定发展方向就是根据市场内外环境的变化,

---

① 周作明.旅游策划新论［M］.上海:上海文艺出版社,2015:176-183.

结合自身能力水平,整合资源,选择合适的战略发展方向。科学把握正确的发展方向,必须对市场吸引力、自身竞争力和管理者精神与抱负三大维度进行平衡。充分研究市场吸引力是正确把握发展方向的重要基础。研究市场吸引力就是研究旅游产品的价值。市场吸引力研究对象包括两大方面:一是现有的旅游产品;二是可能进入的旅游产品。研究旅游产品是否有发展前景,是否值得去做。明确在某一个特定区域范围内,旅游产品的市场规模有多大。市场规模越大,市场机会就越多,企业发展的可能性就越大。

旅游发展方向策划不仅要研究市场吸引力,同时要客观评价自身的竞争力。评价自身竞争力必须注意,不同的旅游产品市场,评价侧重点可能不一样。因为不同的行业,由于行业特点的不同,行业关键成功要素不同,要想获得发展必须掌握的资源和能力也不同。管理者抱负和企业家精神对旅游发展方向的选择具有重要影响。一个谋求把旅游发展规模做到百亿元以上的管理者,不会专注于只有几个亿的旅游发展规模,因为小规模发展,无论怎么做也达不成期望的旅游发展目标。他会更加关注几千亿元甚至上万亿元旅游的发展规模,因为只有朝着这样的旅游发展规模努力,才有可能做到百亿以上规模。因此,在确定旅游发展方向时,必须明确管理者(团队)的精神与抱负。

4.3.2　培育核心竞争力

核心竞争力是在整合各项资源的基础上,提炼形成的具有竞争力的能力。核心竞争力具有社会认定价值、卓越性、难以复制和不可替代的特征。培育核心竞争力,需要进行核心竞争能力辨识。判定核心竞争力的标准是价值性、卓越性、难以复制和不可替代性。旅游业是着重体验性的服务性产业,核心竞争力主要取决于核心旅游产品(服务),核心旅游产品(服务)创造比较竞争优势。核心竞争力是一种存在于旅游管理团队内部的集体学习能力,来源于战略选择的能力、战略资源控制能力、战略实施能力。在旅游策划过程中,要利用核心价值观,整合具有比较优势的旅游资源,充分挖掘文化内涵和创新服务方式,创造持续核心竞争力。

4.3.3　选取正确增长点

旅游发展策划需要判断和选取正确增长点。可以将旅游产品分为种子产品、增长产品、核心产品,分别进行成功率和增长绩效评估,培育有增长前途的旅游产品,开拓迅速增长的旅游产品,将在市场上站稳脚跟,以稳健盈利的旅游产品,确立为旅游发展增长点,建立具有强执行力的和善于精耕细作的管理团队,形成在行业领先的核心旅游产品。

4.3.4　分析竞争对手

旅游发展策划需要分析市场上面临的主要竞争对手。分析竞争对手的近年业绩、近期目标、长远目标、现行战略和可能在未来几年采用的战略举措;分析竞争对手目标与战略举措可能存在的对旅游发展战略潜在的威胁;分析竞争对手优劣势、竞争假设及分析、相关的客户价值;分析核心竞争力的培育和规划竞争力,较有远见地制订击败现有及潜在竞争者的计划。

4.3.5　塑造形象

旅游目的地形象是由旅游地的旅游资源、旅游产品、旅游设施、旅游服务等多种因素交织而成的总体印象,是人们对旅游地总体的、抽象的、概括的认识和评价。旅游发展战略策划是塑造旅游地形象的重要手段,可以增强旅游目的地的旅游吸引力。设计和塑造旅游目的地形象需要重视几个方面:其一,合理有效地开发旅游资源,打造旅游产品特色,形成旅游目的地吸引力;其二,提供完备的旅游设施及优质的旅游服务,影响游客对旅游地的选择;其三,准确的形象定位,多途径传播旅游形象,在游客心中形成生动、鲜明、独特的感知印象。

4.3.6　拓展市场

旅游市场始终是旅游发展战略的重点,旅游发展需要从旅游市场获得发展的经济动力。旅游发展战略中的旅游市场拓展策划,需要在旅游营销理念、渠道、方式、手段上实现创新突破,多举措开拓国内外市场,扩大旅游目的地的旅游影响力;根据区位和资源条件确定主要客源市场,根据旅游市场形势变化,调整优化旅游产品结构,创建精品旅游市场;巩固提升传统旅游市场,对准发达地区旅游市场;立足国内市场,面向国际市场,重点拓宽本省和周边旅游市场;以观光市场与休闲市场为主体,逐步发展商务旅游市场和会议旅游市场;以品牌营销推动旅游市场,以营销网络提升旅游市场,以多渠道营销扩大旅游市场。

4.3.7　传承文化

文化是旅游业发展的根基,是旅游目的地的灵魂,是旅游活动吸引游客的魅力所在,需要在旅游发展战略策划中得到突出,得到传承。旅游目的地的文化遗产具有永恒的魅力,为其他旅游地所无法取代。旅游发展的根本是文化,随着旅游业的不断发展,人们已不再满足于游山玩水,而是更多地向往体验异地的别样文化风情。传承文化是对文化的根本性保护。一方文化铸就一方人,也需要一方人在现代旅游业发展中,传承文化,保护、开发和利用好文化资源,给旅游目的地增添魅力,增强旅游发展竞争力。

4.3.8　保护资源与环境

旅游资源和环境保护是构建旅游核心竞争力的前提条件。在旅游发展战略策划中,保护性开发旅游资源,重点优先开发最具垄断性、竞争力的旅游资源,打造拳头旅游产品。在旅游发展中,需要对已建、在建和拟建旅游项目进行环境评估,对造成环境严重污染或破坏景观的旅游项目,采取关、停、并、转、拆的整改措施,保护和提高旅游生态环境质量。为适应休闲社会生活的发展趋向,需要以良好的生态环境资源,发展生态旅游、低碳旅游,以优质的旅游资源和优美的生态环境,赢得旅游业发展的未来。

4.3.9　发展智慧旅游

智慧旅游是随着云计算、物联网、互联网等新技术的旅游业应用而出现的旅游发展新模式。智慧旅游以云计算为基础,以移动终端应用为核心,提供主动感知旅游资源、旅游经济、旅游活动、游客等高效信息服务,让人们能够及时安排和调整工作与旅游计划,达到对旅游信息的智能感知、方便利用的效果。

在旅游发展战略策划中,需要开发和发展智慧旅游,借助物联网、互联网、虚拟现实等技术,通过软件系统的应用和数字化网络的部署,建设智慧化旅游景区,建立景区智慧管理体系、智慧服务体系、智慧营销体系、智慧体验体系,实现旅游景区经营资源和服务设施相统一的作业体系,展现旅游景区"智慧"的能力和"舒适"的形象,促进旅游景区的效益化经营和可持续发展。以智慧景区创新发展机制,借助智慧旅游营销商业新模式发展景区经济;以旅游目的地或城市的智慧化建设,形成产业集聚合力,推动区域经济结构转型升级,实现旅游产业服务模式的创新驱动,实现旅游业的跨越式发展。

通过发展智慧旅游,为游客提供更便捷、智能化的旅游体验,为政府管理部门提供更高效、智能化的信息平台和管理手段,为旅游企业提供更高效的营销平台和广阔的客源市场。

4.3.10　确定战略类型

筛选旅游发展战略是一个总体性、指导性的战略谋划。旅游发展战略的种类较多,根据发展导向的不同,可以分为资源导向型旅游发展战略、市场导向型旅游发展战略、形象导向型旅游发展战略、产业融合导向型旅游发展战略;从旅游企业战略运营来看,常见的发展战略包括一体化战略、多元化战略、密集型成长战略、稳定型战略、收缩型战略、并购战略、成本领先战略、差异化战略和集中化战略等类型。在旅游策划过程中,具体选择哪些发展策略,需要做好当前环境的全面评估和未来局势的准确预判。

【案例分析】

中国旅游的"焦作现象"

云台山玻璃栈道前长队如龙,老家莫沟青石路上人头攒动,青天河上游船来回穿梭。曾经因煤而兴,焦作给人留下"黑色印象";如今旅游崛起,焦作致力发展"绿色主题"。焦作作为联合国世界旅游组织在中国设立的第一个以旅游引导的资源枯竭型城市转型为监测对象的观测点,焦作模式成为旅游发展促进资源枯竭型城市转型的典范。

焦作市以经济转型、科学发展、绿色发展、可持续发展为愿景。以建设中原城市群重要增长极、中西部地区优势明显的经济强市和国际旅游名城为发展目标。从政府的战略部署到基层社区的积极响应,发展旅游业成为城市各阶层的共识,发展旅游业逐渐成为一种"全民运动"。焦作模式还是一种政府主导、企业积极参与、行业精英创新发展的模式,在此过程中将云台山等不知名景区打造成为全国家喻户晓的 AAAAA 级景区,并由此形成了具有地方特色的地方景区体系和品牌。

焦作市在 1999 年做出了大力发展旅游业的决定,总体构想是将城市由"煤城"改造成"旅游"城市,摆脱一直以来的"黑色"形象;2000 年,焦作市进一步确立"山水"为主体、以

"绿色"为基调的旅游定位;为了更进一步促进城市景区的发展,2001年焦作市政府确定以云台山风景区为龙头切入市场,创造性地出台了由政府直接奖励旅游企业的接待专列政策。这是中国旅游史上第一次由政府推出奖励专列的政策,也由此创造了一种政府和企业市场联动合作的全新模式;2002年,掀起全市创优高潮;2003年3月,"焦作山水""云台山"被评为中国旅游知名品牌;2003年年底通过国家旅游局创优验收;2003年6月,正式申报云台山世界地质公园;2004年2月,联合国教科文组织正式命名云台山世界地质公园为世界首批地质公园。焦作在较短时期内实现了旅游从零起步,发展成为年游客接待量超过3 000万人次的城市。游客接待量从2004年的693万人次增加到2015年的3 679.19万人次,旅游综合收入294.31亿元,其中门票收入10.08亿元,这在全国乃至全世界资源枯竭型城市旅游发展案例中都是非常罕见的。

山水养眼,文化养心;山水为表,文化为根。在山水游大获成功后,近年来,焦作市重点对文化游大做文章,努力打造"世界太极城、中原养生地"。焦作拥有中华武术瑰宝太极拳的发源地——陈家沟,早在2005年,焦作市就被中国武术协会授予"太极圣地"称号。近年来,焦作市将太极拳发展纳入经济社会发展规划,每年列入政府工作报告,并专门建立了专项基金,支持太极拳传承普及。

旅游业推动焦作城市影响力持续攀升,旅游发展的愿景逐步走向现实。依托"太极圣地、山水焦作"两张名片,坚持绿色、开放、共享的理念,加快旅游业转型升级,努力建设成国际旅游名城,打造成国际旅游目的地。

(张晓兵,孙彤.中国旅游"焦作现象"解析[EB/OL].(2008-03-21).中国营销传播网.)

4.4　战略路径设计

旅游发展战略就是一定时期内对旅游发展方向、发展速度与质量、发展点及发展能力的重大选择的策略。发展战略目的就是要解决旅游业的发展问题,可以指引旅游业长远发展方向,明确发展目标,指明发展方向,选择战略类型。旅游发展战略路径包括发展愿景、战略目标、业务战略和职能战略四大部分组成。[①]

4.4.1　发展愿景

发展愿景是旅游业未来发展要实现的愿望。发展愿景概括了旅游业的未来目标、使命及核心价值,是旅游业最终希望实现的图景。发展愿景反映了旅游业对长远未来的追求、理想、梦想、憧憬和渴望,对旅游业发展起着重大的指引作用。发展愿景描绘了旅游业发展令人向往的未来,是旅游业长期恪守的奋斗目标,是战略的方向舵,指明了旅游业的发展方向。

有志向的旅游城市和旅游企业都会制定远大的发展愿景,作为特别有力的机制来刺激

---

① 唐东方.战略选择:框架·方法·案例[M].北京:中国经济出版社,2011.

旅游业进步。武夷山市的发展愿景设计为"国际旅游度假城市",南宁市的发展愿景是"国际都市休闲旅游区",桂林市的发展愿景是"国际旅游胜地",港中旅将努力实现"中国第一、亚洲第一、世界前五"作为企业愿景,安徽省旅游集团发展愿景是"成为深受信赖、国内领先的综合性旅游企业集团"。远大的愿景可以激发所有人的力量,团结一致,集中于伟大的目标之下。

4.4.2 战略目标

战略目标的设定,是旅游业发展愿景的展开和具体化,是旅游业所要达到的水平的具体规定。战略目标是旅游业经营管理的起点,是旅游目的地和旅游企业配置资源的依据,根据战略目标、各层级及各业务单元目标的大小,制订实现目标的计划,配置相匹配的资源支持。

战略目标与发展愿景不同,发展愿景是对旅游业长远发展方向和发展景象的高度概括表述,一般没有具体的数量特征及时间限定,而战略目标则不同,是对旅游业在一段时间内所需实现的主要成果的界定。战略目标可以是定性的,也可以是定量的,如旅游业营业收入目标、获利能力目标、生产量目标或竞争地位目标等。战略目标必须是具体的、明确的和可衡量的,以便对目标是否最终实现进行比较客观的评价考核。

4.4.3 业务战略

业务战略确定旅游业发展点,是对旅游业未来业务发展方面的重大选择、规划与策略。旅游业务战略主要包括产业战略、区域战略、客户战略、产品战略。

1)产业战略

产业战略是旅游业在一定时期内对产业发展方面的重大选择、规划及策略。产业战略时限比较长,可能是五至十年,甚至数十年。要结合本地或本企业实际情况,具体涉及旅游细分产业的发展战略以及与相关产业发展的相互关系。

2)区域战略

区域战略是旅游目的地和旅游企业在一定时期内对区域发展方面的重大选择、规划及策略。地方政府和旅游部门可以对本地旅游开发进行内部空间上的战略布局,在旅游营销时可进行客源市场的区域策划。旅游企业从小到大会经历一个区域经营范围的变化,初创时期可能在一个城市经营,到一定规模可能会成为一个省或跨省经营,再发展可能成为全国甚至全球性的企业。

3)客户战略

客户战略是旅游业在一定时期内对客户发展方面的重大选择、规划及策略。旅游目的地和旅游企业针对客户进行经营管理,涉及确定客户、客户分类、客户定位、客户管理等环节,需要客户战略来解决。

4)产品战略

产品战略是旅游业在一定时期内对旅游产品发展方面的重大选择、规划及策略。旅游产品战略相对产业战略来说,时限要短一些,长的3~5年,短的可能是1~3年。旅游产品战略包括产品质量战略、新产品开发战略、市场定位战略、品牌策略、包装策略、产品组合策略和服务策略等多方面内容。旅游产品战略在业务战略中处于核心地位,产业战略、区域战略、客户战略都需要通过产品战略进行落实。

产业战略、区域战略、客户战略、产品战略不是孤立的,是紧密联系、相互影响、相互作用、不可分离的系统。产业战略、区域战略、客户战略、产品战略在不同的发展阶段起的作用可能不同,在某一发展阶段,可能是区域战略起主导作用,其他业务战略起辅助作用,而在另一发展阶段,可能是产品战略和客户战略起主要作用,也有可能只有通过产业战略调整,旅游业才可能持续发展。因此,旅游目的地和旅游企业不能将资源与力量均分到每个业务战略中,而应有所侧重,某个阶段重点突出某个业务战略,真正起到战略发展的作用。

4.4.4 职能战略

职能战略是旅游业为实现发展愿景、战略目标和业务战略,各职能部门制定的指导职能活动的战略。在职能战略策划中,需要注意核心发展能力与核心竞争能力的区别。核心竞争能力是企业相对于竞争对手现在的核心竞争能力,核心发展能力是企业相对于企业未来战略目标、业务战略所要求的支撑能力。核心竞争力是基于过去和现在的核心能力,核心发展能力是基于企业未来发展所需要的发展能力。职能战略一般可分为技术研发战略、市场营销战略、生产制造战略、人力资源战略、财务投资战略等。

1)技术研发战略

技术研发战略是在技术研发方面的技术、研发、标准等采取的重大战略选择、规划及策略。

2)市场营销战略

市场营销战略是在市场营销方面的品牌、渠道、推广、销售、促销等采取的重大战略选择、规划及策略。

3)生产制造战略

生产制造战略是在生产制造方面的生产布局、品质、存货、采购、成本、交货等采取的重大战略选择、规划及策略。

4)人力资源战略

人力资源战略是在人力资源方面的人力资源规划、招聘配置、培训开发、考核激励等采取的重大战略选择、规划及策略。

5）财务投资战略

财务投资战略是在财务预算、会计核算、现金管理、投资、产权管理等方面采取的重大战略选择、规划及策略。

当然，除五大职能战略之外，旅游目的地和旅游企业可能把一些他们认为非常重要的职能纳入职能战略范畴，如供应战略、攻关战略、信息化战略等。各种职能战略不是孤立存在的，而是一个有机的整体。

旅游发展战略的本质是要解决旅游产业的发展问题。在发展战略框架中，所有构成部分都是围绕旅游产业发展来进行的，发展愿景指引旅游产业发展方向；战略目标提出旅游产业发展的要求，明确发展速度和发展质量；业务战略是旅游产业发展的手段，指明了旅游产业的发展点；职能战略是旅游产业发展的能力支撑。发展愿景、战略目标、业务战略和职能战略构成旅游战略路径的四个层面。上一层面为下一层面提供方向与思路，下一层面对上一层面提供有力支撑，相互影响，构成有机的发展战略系统。旅游发展战略系统是一种战略方法论体系，通过明确旅游业发展方向、发展速度与质量、发展点和发展能力等战略问题。帮助旅游业系统解决发展问题和实现快速、健康、持续发展。

旅游发展战略策划是有条件的科学策划，需要把握策划的各种客观条件，明确和熟悉策划内容，依据策划原则，构建旅游发展战略框架，使旅游发展战略策划方案真正成为旅游产业建设和发展的科学指南。

【综合案例分析】

案例 1　浙江旅游发展战略路径设计（2014—2017）

一、发展愿景

成为更加发达的旅游经济区和全国一流、全球知名的旅游目的地，率先全面建成旅游经济强省。

二、发展目标

实力更强、结构更优、贡献更大、品质更好。到 2017 年，接待游客总量 6.5 亿人次，旅游总收入超过 1 万亿元；旅游增加值占 GDP 的比重提高到 6.7%；游客满意度达到 90% 以上。

三、业务战略

产业战略：争取创建 10 个国家生态旅游示范区、2 个国家公园，重点发展生态、休闲、度假、健康、养生的旅游新型业态。创建国家休闲区、生态旅游度假实验区和国家乡村旅游度假实验区、国家生态文明先行示范区、国家乡村旅游专项改革试点、生态养生试验区、文化旅游试验区等旅游改革试点。

区域：以"一核两翼五圈多点"为总体构架，着力提升杭州旅游的核心带动作用，大力推进"东扩西进"两翼发展，加快建设浙北、浙东、浙东南、浙中和浙西南五大旅游经济圈。

客户：培育旅游消费热点、释放旅游消费潜力、开拓旅游消费市场。

产品：加强旅游业与经济社会的融合发展，推进旅游业与三次产业的融合发展，积极发展休闲度假旅游。

四、职能战略

技术:推进智慧旅游发展,用信息科技促进全省旅游产业的转型升级。

市场:辐射长三角市场,影响全国市场,走向国际市场。

生产:到2017年,全省重点建设50个研学旅行基地、50个文化旅游示范区、50家特色文化主题酒店、100条特色商业示范街、100个运动休闲基地(线路、项目)、100个中医药养生和养老示范基地、50个非物质文化遗产旅游经典景区、100个生态旅游区。

人力资源:实施"人才强旅、科教兴旅"战略,培养旅游领军人才100名,培养省级旅游青年专家100名,培养旅游职业经理人1 000名,培养旅游新业态人才1 000名,培训旅游从业人员500 000名。

投资:安排专项资金进行旅游扶持,加大金融对旅游业的支持,鼓励企业在多层次资本市场融资。

(浙江省旅游产业发展规划(2014—2017)[EB/OL].(2015-01-13).浙江省发展和改革委员会网.)

案例2　桂林国际旅游胜地建设发展战略

一、发展战略环境分析

(一)社会和文化分析

从甑皮岩石器时代的史前文化、到夏商周时期"百越"人的居住地、再到秦代开始置桂林郡,桂林历史上长期为广西政治、文化中心,生活着苗、瑶、侗、壮、回等5个世居少数民族。桂林成为世界著名的风景游览城市和国家历史文化名城。

(二)经济技术分析

2011年,全市地区生产总值1 336亿元,人均地区生产总值25 675元。城镇居民人均可支配收入19 882元,农村居民人均纯收入6 325元。特色效益农业、工业和以旅游业为龙头的现代服务业快速发展,三次产业结构为18.3∶46.7∶35.0。

(三)政治和法律分析

桂林市是国家第一批对外开放的城市,在国际上拥有较高知名度。《桂林国际旅游胜地发展规划纲要》是国家发展和改革委员会首次为一个地级市批复规划纲要。

(四)资源和环境分析

桂林市拥有世界上发育最典型的岩溶地貌和历史文化、民族文化、红色文化等自然人文旅游资源,休闲度假旅游条件优越,具有旅游资源组合优势。全市森林覆盖率达69.05%,生态环境和空气质量多年来稳居全国内陆城市首位,是国家级生态示范区。

(五)产业和市场分析

桂林市已有4A级以上景区25处,星级酒店69家,大型旅游企业集团2家,旅行社146家,旅游车船企业88家。2011年接待游客2 788万人次,实现旅游总收入218.3亿元。其中入境游客164.4万人次,位居全国前十名。

二、战略定位

成为世界一流的山水观光休闲度假旅游目的地、全国生态文明建设示范区、全国旅游创新发展先行区、区域性文化旅游中心城市和国际交流的重要平台。

三、发展目标

2012年到2015年,国际旅游胜地建设全面推进,城市旅游服务功能进一步提升;交通条件明显提升,发展环境和质量明显改变。2016年到2020年,国际旅游胜地基本建成,成为世界一流山水观光休闲度假旅游目的地、国际旅游合作和文化交流的重要平台。

四、发展布局

产业布局:构建"一轴两带"产业发展格局,即中心经济轴、东部资源经济带、西部生态经济带。

空间布局:构建"一核两极三带多点"空间结构,"一核"即桂林中心城区的旅游核心职能,"两极"即阳朔和兴安增长极,"三带"即漓江黄金旅游产业带、湘桂走廊旅游产业带、西南通道旅游产业带建设;"多点"即其他特色旅游景点。

五、产业体系策划

旅游产品开发:建设八大系列旅游产品——山水观光旅游、休闲度假旅游、历史文化旅游、民族文化旅游、红色旅游、生态乡村旅游、户外运动旅游、浪漫婚典旅游。推进"六个一批"重点工程:打造一批旅游精品、培育一批旅游新产品、建设一批旅游服务基地、建设一批特色旅游小镇、建设一批休闲养生度假基地、建设一批重点旅游基础设施。

旅游市场开发:完善旅游营销体系、加强与国际旅游市场对接、提升目的地品牌影响力。

旅游市场主体建设:提高景区管理水平、提升旅游饭店品质、实施旅游业集团化发展、提升旅行社竞争力、鼓励旅游配套服务企业发展。

旅游公共服务体系建设:完善旅游信息咨询服务体系、旅游安全保障服务体系、旅游应急救助体系、旅游交通便捷服务体系、自助游服务体系、旅游便民惠民服务体系、旅游行政服务体系等旅游公共服务体系。

旅游区域合作:加强国际间旅游交流合作;加强区域间旅游交流合作;加强国内重点区域旅游交流合作。

相关产业发展:现代服务业(会展业、文化体育产业、商贸服务业、金融服务业)、绿色农业、低碳工业。

六、保障体系

保障体系:交通运输体系(民航、铁路、公路、城市交通、旅游交通)、能源、水利、信息网络、公共服务和社会管理体系。

保障措施:改革创新(体制机制创新和对外开放)、政策措施(财税金融政策、产业政策、土地政策)、组织实施(组织领导、职责分工、社会参与、全民监督)。

(桂林国际旅游胜地建设发展规划纲要(2012—2020年)[EB/OL].(2012-11-01).中华人民共和国中央人民政府网.)

第5章
旅游地形象策划

5.1 旅游地形象概述

5.1.1 形象的词义与解析

《现代汉语词典》中"形象"一词,是指"能引起人的思想和情感活动的具体形状或者姿态;在文学作品中创造出来的生动具体的、激发人们思想感情的生活图景,通常指文学作品中人物的神情面貌和性格特征"。①

百度百科根据"汉典"网站整理出"形象"一词的释义有如下七项。

①指具体事物。《吕氏春秋·顺说》:"善说者若巧士,因人之力以自为力,因其来而与来,因其往而与往。不设形象,与生与长,而言之与响;与盛与衰,以之所归。"

②指肖像。《东观汉记·高彪传》:"画彪形象,以劝学者。"宋陆游《驾礼部曾侍郎启》:"纪话言于竹帛,肖形象于丹青,垂之无穷。"

③塑像;偶像。北齐颜之推《颜氏家训·归心》:"县廨被焚,寄寺而住。民将牛酒作礼,县令以牛系刹柱,屏除形象,铺设牀坐,于堂上接宾。"

④象征。晋代干宝《搜神记》卷十:"汉蔡茂字子礼,河内怀人也。初在广汉,梦坐大殿,极上有禾三穗,茂取之,得其中穗,辄复失之。以问主簿郭贺,贺曰:'大殿者,官府之形象也。'"

⑤形状;样子。清代蒲松龄《聊斋志异·公孙夏》:"帝君视之,怒曰:'字讹误不成形象!此市侩耳,何足以任民社!'"《红楼梦》第五十三回:"这会子花得这个形象,你还敢领东西来!"1983 年《袁家山简介》:"忽然眼前出现吕洞宾形象,于是(袁可立)急忙祷告,恳求保佑。"

⑥指文学艺术区别于科学的一种反映现实的特殊方式,即作家从审美理想的立场出发,根据现实生活各种现象加以艺术概括所创造出来的具有一定思想内容和艺术感染力的生活

---

① 中国社会科学院语言研究所词典编辑室. 现代汉语词典:第 5 版[M]. 北京:商务印书馆,2005:1526.

图画。通常亦特指文艺作品中的人物形象。

⑦谓描绘或表达具体、生动。张贤亮《灵与肉》三："这些毫无文采的语言,非常形象地说明了他工作的意义。"

在英文中,一般与汉语"形象"对应的单词是"image",其在英文词典的主要意思包括:①a picture formed in the mind(头脑中的映像、概念);②a picture formed of an object in front of a mirror of LENS, such as the picture formed on film inside a camera or one's REFLECTION in a mirror(镜子或者透镜反映出的镜像、映像、影像、图像);③the general opinion about a person, organization, etc, that has been formed or intentionally created in people's minds(人、社团等在人们心目中的形象,印象)。①

综合汉英双语的释义,分析"形象"的概念内涵主要包括下述三个要点:

①"形象"存在于人们的头脑中,是抽象的,而不是具体的,一个人对某一客观和具体事物所产生的"形象"可能不同于该事物本身。甚至,Boulding(1956)认为,人类形象取决于形象感知而不是客观实际。②

②"形象"来源于客观和具体,由人们选择性感知其中的片段而概括或创造出的主观的整体印象,不同的人对同一客观和具体事物可能产生不同的形象。根据格式塔心理学理论,人在对刺激物进行组织的过程中,对展露于我们面前的各种刺激物,我们总是有选择地将其中少部分作为知觉对象将它们从其他刺激物中突出出来。③社会心理学家也认为当我们第一次遇到别人的时候,并不是对所有关于他的信息给予同等的关注,而是注意某些我们认为最有用的输入信息。④

③"形象"承载着人们的偏好、褒贬、期望、思想或者情感,人们对某一事物或者特殊场景,都戴着自己的眼镜去观察和感知,并形成自己的认知和评价,激发了自己的思想和情感。形象(image)一词在西方旅游学研究中被定义为"一种抽象的概念,它包含着过去存留的印象、声誉以及同事间的评价,形象蕴含着使用者的期望"。

5.1.2　旅游地形象的概念和特征

旅游地形象(tourism destination image, TDI)是旅游业界和学界广泛关注和研究的热点,创造和管理一个良好的形象是旅游地有效定位和营销战略的关键,因为它影响潜在旅游者的主观感知、期望和随后的消费行为,也影响旅游地主人的自信心和对自身服务的定位。

一般认为,旅游地形象的研究始于 Hunt 1971 年的工作。到目前为止,尽管许多旅游业界人士和学者常常使用"旅游地形象"一词,但还没有一个准确和统一的定义。Hunt(1971)则强调旅游目的地形象是纯粹主观的概念,即人们对不在其中居住的地区所持有的印象;某人心中的目的地形象主要受大众媒介对这个目的地的描述、报道影响。Crompton(1977)

① 英国培生教育出版集团. 朗文当代高级英语辞典[M]. 北京:商务印书馆,2000:757.
② Boulding K E. The image:knowledge and life in society[M]. Ann Arbor MI:University of Michigan Press,1956.
③ 符国群. 消费者行为学[M]. 北京:高等教育出版社,2006:155-156.
④ R. A. 巴伦,D. 伯恩. 社会心理学[M]. 上海:华东师范大学出版社,2007:79.

认为目的地形象是一个人对一个目的地的信任、意见及印象的总和。Gartner（1993）从主观侧面对目的地形象内涵进行了更深入的研究,指出目的地形象由认知、情感、意动三部分组成,当进行实地游览时,他会对三部分进行验证和再评估。Alhemoud 和 Amrstorng（1996）的文章中,认为目的地形象是旅游者在实际旅游经历之前对某个目的地的一系列期望,这些期望是自发形成的。一个旅游者的满意程度在很大程度上取决于其先前持有的印象和在目的地实际遭遇的现实之间的差距:这种满意度至少会影响到旅游者在目的地的弹性消费决策。①

李蕾蕾从旅游者认知的角度出发,认为旅游地形象是旅游者和目的地两者的函数,并根据不同旅游阶段把旅游地形象分为三类:本地感知形象、决策感知形象和实地感知形象。吴必虎从区域规划的角度认为,区域旅游形象是由开发者和旅游者共同决定的,即取决于地方性和受众。程金龙、吴国清认为旅游地形象是公众对旅游地总体的、概括的、抽象的认识和评价,反映的是整个旅游地作为旅游产品的特色和综合质量等级。②

下表列出了有关旅游地形象研究中一部分有代表性的定义(见表 5.1)。

表 5.1　旅游地形象的含义

Hunt(1971)	印象(impressions)是一人或多人对不是他们居住地持有的状态。
Assael(1984)	旅游地形象是对目的地的总体感知,它通过在不同时间从各种资源中处理信息而成。
Fakeye & Crompton(1991)	形象是在潜在旅游者对总体印象洪流中一些选定印象的基础上发展起来的一个心理构念。
Gartner(1993,1996)	目的地形象由 3 个内部相关层次的部分组成:认知、情感和意动。
Tasc, et al. (2007)	目的地形象是思考、观念、感觉、视觉和重游目的地倾向的一个相互作用的系统。
粟路军,何学欢(2014)	旅游地形象是旅游者对旅游地持有的感知、信念或印象的总和。

资料来源:作者在粟路军和何学欢的《旅游地形象涵义、构成、特征与形成过程——基于国外文献的梳理》的基础上整理而成。

Gallarza 等(2002)认为,旅游地形象具有复杂性、多重性、主观性和动态性四大特征。

"复杂性"概念是指它允许多于一个组合,或它的含义缺乏唯一性。首先是旅游地形象概念界定是不明确的;其次是旅游地形象是否可以被看作一种集合印象(Hunt,1975)和是否应该被理解为单个的个人印象(Crompton,1979;Hunt,1971)上也没有取得一致性观点。

"多重性"特征表现在两个方面:第一个是对应于它的性质;第二个是它的形成过程。因为任何产品或服务形象都可以理解为一个多题项构念(Crompton,2002),当将形象作为旅游地所有成分的总体和整体感知时,旅游地形象被假定为一种形态。这种对旅游地形象构念的多维度、多层面分析方法,不但有助于支持它的多重性特征,而且加强了旅游地形象的复

---

① 王晞.旅游目的地形象的提升研究——以桂林为例[D].上海:华东师范大学,2006:25.
② 肖星.旅游策划教程[M].广州:华南理工大学出版社,2005:57-59.

杂性特征。旅游地形象作为总体结果,来自几个要素的影响和相互联系的一个阶段序列,旅游地形象的形成过程存在着内部相互联系的多重成分。

旅游地形象的"主观性"特征得到了广泛认同。由于旅游地形象指旅游者在目的地的感知,这些感知对应于不同的旅游服务,如住宿、餐饮、交通等,这些旅游服务的分散性,更加大了旅游者对旅游地形象感知的主观性。

旅游地形象是不断变化的"动态性"状态,这主要取决于两个变量:时间和空间。时间对旅游地形象的影响相对符合逻辑,因为旅游地形象的形成是一个过程;空间变量对旅游地形象形成的影响,涉及它的主观特征(影响游客)和旅游地形象形成过程的环境。例如,旅游者到旅游地的具体距离和他/她的感知水平正相关:距离越远,对事实的扭曲就越多;距离越近,对细节了解越多。

5.1.3　旅游地形象的构成

关于旅游地形象的构成,旅游研究者有多种分解方式,本书列举了如下三种,供读者参考。

1)功能形象和象征形象[①]

旅游地功能形象指旅游地的物理设施和有形成分;旅游地象征形象指旅游地的无形方面,比如氛围、地方情感、旅游地刻板个性等。从内涵和本质上理解,旅游地功能形象似乎与认知形象更相关,而象征形象与情感形象密切相关。

与此类似,Gallarza 等(2002)通过相关文献总结,提出目的地形象的塑造涉及功能性和心理性的 20 类支持要素。

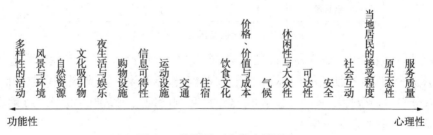

图 5.1　旅游地形象的支持要素

2)原生形象、引致形象、复合形象[②]

原生形象即是原生层面的形象,是报纸报道、杂志文章、电视报道和其他非旅游专门信息资源的结果;引致形象即是引致层面的形象,是旅游地营销和促销努力的函数;旅游地营销人员可以通过旅游促销而产生旅游地引致形象,然而这种旅游地促销很难对旅游地原生

---

① Echtner C M, Ritchie R B. The meaning and measurement destination image[J]. Journal of Tourism Studies, 1991, 2(2):2-12.

② Gunn C A. Vacationscape:Designing tourist regions[M]. New York:Van Nostrum Reinhold, 1972.

形象产生影响,因为原生形象主要基于旅游地的资源属性,这些资源属性难以改变。游客通过实地游览会对旅游地进行重新评估,并将实地游览经验与原有知识结合形成旅游地复合形象。

3)认知形象、情感形象、意动形象[①]

认知成分来自事实和作为对象的信念和态度的综合。情感成分在含义上与动机相关,它是在个人价值观的基础上对对象的认知。在个人旅游动机的内部推力和旅游地属性的外部拉力作用下,旅游者做出旅游决策和旅游地选择。一般而言,旅游者在综合评估内部推力和外部拉力之后,就会做出是否到该地旅游的决定,而这实际上是一个意动成分。

5.1.4 旅游地形象的形成

旅游地形象的形成过程的基础源于旅游活动的构成,旅游地形象形成过程可以划分为静态过程和动态过程。

Baloglu 和 MeCleary(1999)从静态的视角对旅游地形象形成进行了分析(见图 5.2)[②]。

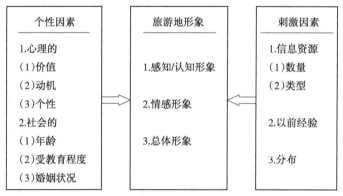

图 5.2 旅游地形象的静态形成过程

旅游地形象的形成包括两大方面的因素:个性因素和刺激因素。个性因素包括心理的(价值、动机、个性等)和社会的(年龄、受教育程度和婚姻状况)等,刺激因素包括信息资源、以前经验、分布等。个性因素(心理的和社会的)和刺激因素(以前经验、分布)均影响旅游地形象(认知、情感和总体形象)。

通过分析旅游地形象的动态形成过程及各阶段形象之间的相互关系,Chon(1990)构建了一个旅游地形象和旅游者购买过程的整合模型(见图 5.3)[③]。

① Gunn C A. Vacationscape:Designing tourist regions[M]. New York:Van Nostrum Reinhold, 1972.

② Baloglu S,MeCleary K W. U. S. International pleasure travelers' image of four Mediterranean destinations:a comparison of visitors and non-visitors[J]. Journal of Travel Research,1999,38(2):144-152.

③ Chon K S. The role of destination image in tourism:a review and discussion[J]. Revuede Tourism,1990,45(2),2-10.

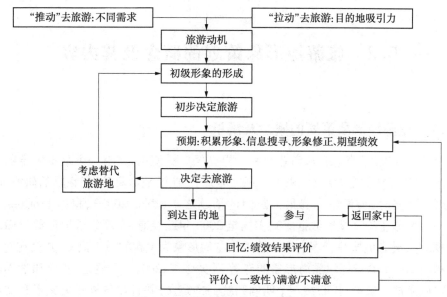

图 5.3　旅游地形象的动态形成过程

Fakeye 和 Crompton(1991)认为,旅游地形象发展经历 3 个阶段:原生阶段、引致阶段和复合阶段(见图 5.4)。[①]

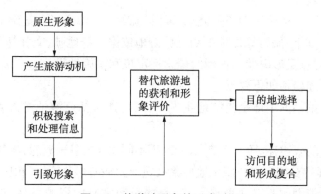

图 5.4　旅游地形象的形成过程

原生形象阶段是在营销缺乏时基于新闻报道或一般历史知识而形成的。引致形象阶段涉及旅游地营销材料的加工。在最后阶段实际访问和形成复合形象。一个潜在的旅游者对潜在旅游地最初形成泛意识集形式的原生形象。一旦旅游需求出现,通过搜索相应信息,激发旅游动机。结果,潜在旅游者提炼替代旅游地的引致形象。在访问选择的旅游目的地后,旅游者通过对目的地的实际体验形成更复杂的形象,且体验将影响下次的替代旅游地选择过程。

① Fakeye P C, Crompton J L. Image differences between prospective, first-time, and repeat tourists to the Lowwer Rio Grande Valley[J]. Journal of Travel Research,1991,30(2):10-16.

5.2 旅游地形象策划的概念及其内容

5.2.1 旅游地形象策划的概念及辨析

"旅游地形象策划"概念在旅游业界和学界已经广泛使用,并有一个基本确定的内涵和模糊不清的边界。根据苗学玲对1994—2003年关于"旅游地形象策划"话题的研究和整理,旅游地形象是(当时)旅游学术界最为热门的话题之一(Pike,2002),根据ProQuest Digital Dissertation(博、硕士论文文摘数据库),美国至2003年已经有18篇旅游地形象方面的博士论文。1998年,吴必虎撰写了国内第一篇以旅游地形象为主题的博士论文,并且在此基础上出版了"国内第一本系统探讨旅游形象的专著"(吴必虎,2001)。[①]但是,业界和学界习惯性地没有给"旅游地形象策划"归纳一个明确和统一的定义;并且在各种相关文章和文本的语境中,常常采用不同的表述,例如采用"旅游""旅游点""景区""旅游目的地"等代替"旅游地",采用"形象定位""形象设计""形象建设""形象塑造"代替"形象策划",不细致区分各种表述之间的细微差别。

本书在分析各种文献使用的相关概念,以及"旅游地形象"概念基础上,总结"旅游地形象策划"概念,表述如下:旅游地形象策划是旅游地依据自身地脉、文脉等资源状况和旅游客源目标市场定位,对自身形象及其管理的理念性定位和实施性设计。

上述定义的表述包括如下要点:

①旅游地形象策划的主体是旅游地主人一方,可能包括旅游地主人委托的经营管理机构、策划机构等。

采用"旅游地"的表述,概括了旅游点、景区等不同规模的各种概念;与"旅游目的地"相比,忽略了游客视角,显得更加中立;"旅游地形象策划"与"旅游形象策划"相比,边界更加清晰。

②旅游地形象策划的基础主要有二,一是旅游地本身的资源条件,包括自然地理因素(地脉)、人文文化因素(文脉)等;二是旅游地主人期望的目标市场的需求。

引导形象策划的,可能还有旅游地自身以外的因素,包括政治环境、文化背景等,但都不是主要的,没有任何因素可以超越旅游地自身条件(旅游产品供给的基础)和目标市场的审美体验(旅游市场需求的基础)因素。

③旅游地形象策划应该包括两个方面的要素:一是理念性定位,主要表现为旅游地提出的口号;二是实施性设计,主要表现为承载理念性定位的物化系统和行动方案(包括旅游地形象传播方案)。

学界对"旅游地形象策划"和"旅游规划"的理解,一般认为前者是"理念性"的,后者则

---

① 苗学玲."旅游地形象策划"的10年:中国期刊全文数据库1994—2003年旅游地形象研究述评[J].旅游科学.2005,19(4):64-70.

更加"具体化"和"精确化",旅游地开发应该先有"策划",后有"规划";也有认为策划和规划正走向融合,如同济大学刘滨谊将其专著定名为《人造生态景观与旅游策划规划设计——安徽南艳湖》①。

④旅游地形象策划是在一个时间、空间二维坐标上对旅游地形象演变过程的管理。旅游地主人需要以生命周期理论考虑旅游地形象在时间上的演变规律,需要以影响力衰变、遮蔽、叠加等理论考虑旅游地形象在空间上的呈现规律。因此,旅游地形象策划不仅仅是"定位""塑造""建设""设计"一个静态的"形象",而是需要空间上"高瞻"和时间上"远瞩",策划一个动态的旅游地形象。

⑤旅游地形象策划的最终目标是让旅游者感知旅游地形象而产生旅游动机,但是,往往一厢情愿地将其目标市场的"旅游者"视为内部匀质的一个群体,而忽视"旅游者"个体的感知、偏好、需求等方面差别。

5.2.2 旅游地形象策划的内容

根据上述概念,本书将旅游地形象策划的内容划分为三部分。②

1)理念形象系统

理念形象系统,是指旅游地的价值观、文化特质、精神内涵、发展目标等,是旅游地形象策划的灵魂和核心。理念形象主要表现为旅游地的宣传口号、标志(Logo)。

2)行为形象系统

行为形象系统,是旅游地理念形象在实践上的具体化,包括旅游地的政府行为、企业行为和职员行为。

3)视觉形象系统

视觉形象系统,是旅游者所能观察到的最直观有形的形象识别系统,包括旅游地的建筑景观、标识系统、职员制服、标准字体、标准色、吉祥物、代言人等。

表5.2主要是为读者提供旅游地形象策划内容的外延列举。

表5.2 旅游地形象策划的内容

分 层	内 涵	外延列举
理念形象系统	是指旅游地的价值观、文化特质、精神内涵、发展目标等	旅游地宣传口号、标志(Logo)、旅游地的企业精神、企业家经营指导思想
行为形象系统	是旅游地理念形象在实践上的具体化	旅游地组织结构、人力资源管理、工作环境、质量管理、旅游景区的服务规范、旅游产品承诺、市场策略

---

① 刘滨谊.人造生态景观与旅游策划规划设计——安徽南艳湖[M].南京:东南大学出版社,2002.
② 吴必虎.区域旅游规划原理[M].北京:中国旅游出版社,2001:221-222.

续表

分层	内涵	外延列举
视听形象系统	是旅游者所能直接观察的最直观有形的形象识别系统	旅游地的建筑景观、设计装潢、标识系统、职员制服、标准字体、标准色、纪念品、旗帜、音像制品、宣传歌曲、宣传文化品、办公系统、吉祥物、代言人

表 5.3 是本书编者主要依据中国各省旅游行政管理部门官方网站整理的省域旅游地宣传口号,少量依据 CCTV 旅游地形象宣传广告,来自权威新闻网站资料的则在脚注中做了说明。

表 5.3 中国部分省(区、市)旅游地宣传口号

旅游地	宣传口号
北京	东方古都 长城故乡
天津	天天乐道 津津有味
河北	京畿福地 乐享河北
山西	晋善晋美
内蒙古	祖国正北方,亮丽内蒙古 北疆风景线,亮丽内蒙古 美丽的草原我的家——全生态内蒙古① 壮美内蒙古,亮丽风景线②
辽宁	乐游辽宁 不虚此行
吉林	魅力山水 活力吉林 纵情白山松水 相约生态吉林 绿色山水 金色粮仓——中国吉林 多元文化 多情山水 多彩吉林 天赐吉山吉水 人共吉祥吉林③
黑龙江	北国风光 自然龙江 冰雪之冠·黑龙江 避暑胜地 畅爽龙江
上海	发现更多 体验更多
江苏	畅游江苏
浙江	诗画浙江

---

① 内蒙古自治区旅游局 2015 年 3 月 27 日公布的关于"内蒙古旅游整体形象宣传口号"评审结果的公告,入围作品前三名,但内蒙古旅游局官方并未采用。

② CCTV1 播出的内蒙古旅游形象广告。

③ 吉林省人民政府新闻办公室组织开展的吉林省形象宣传推广语征集评选活动中,确定一等奖空缺,二等奖 5 名,但是官方并未采用。

续表

旅游地	宣传口号
安徽	美好安徽　迎客天下
福建	清新福建:福往福来　自由自在
江西	江西风景独好
山东	好客山东:文化圣地,度假天堂
河南	心灵故乡　老家河南
湖北	灵秀湖北
湖南	湖南如此多娇:锦绣潇湘　伟人故里
广东	活力广东
广西	天下风景　美在广西①
海南	阳光海南 all the sun, all the fun
重庆	山水之都　美丽重庆
四川	天府四川　熊猫故乡
贵州	山地公园省　多彩贵州风
云南	七彩云南
西藏	人间圣地　天上西藏
甘肃	精品丝路　绚丽甘肃
宁夏	塞上江南　神奇宁夏
青海	大美青海
香港	Best of all, it's in Hongkong.
澳门	感受澳门无限式
台湾	亚洲之心(Heart of Asia)

表 5.4 是美国部分州的旅游宣传口号,英文原文依据吴必虎、俞曦(2010)的收集和整理,汉语试译经本书编者修订。

表 5.4　美国部分州的旅游宣传主题口号②

州　名	主题口号	
	英文原文	汉语试译
纽约	I Love New York	我爱纽约

---

① "天下风景,美在广西"获全国网友最爱旅游宣传口号,但广西旅游发展委员会没有采用。

② 吴必虎,俞曦. 旅游规划原理[M]. 北京:中国旅游出版社,2010:331.

续表

州　名	主题口号	
	英文原文	汉语试译
夏威夷	Visit the Aloha state, The island of Aloha	欢迎来到海岛夏威夷
威斯康星	Stay just a little bit longer	请再多停留一段时光
弗吉尼亚	Virginia is for lovers	弗吉尼亚，情侣的天堂
堪萨斯	Simply Wonderful	奇妙之旅
田纳西	Sounds good to me	听起来就很不错
佐治亚	Georgia on my mind	佐治亚在我心中
艾奥瓦	Come be our guest	请来我们这儿做客吧
马萨诸塞	Massachusetts, take a real vacation	马萨诸塞，真正的度假天堂
北卡罗来纳	A better place to be	一个更好的地方
加利福尼亚	Find yourself here	寻觅自我
密苏里	Where the river runs	大河奔流之地
阿肯色	The natural state	自然之州
得克萨斯	It's like a whole other country	胜似异域
南卡罗来纳	Smiling faces, beautiful places	微笑之地，美丽之地
南达科他	Great Faces, Great Places	总统山所在的圣地
亚利桑那	Grand Canyon State	大峡谷之州
密歇根	Great Lakes Great Times	有大湖，就有美好时光
科罗拉多	Totally Winteractive	冬季胜地
蒙大拿	Big Sky Country	辽阔天空之州
特拉华	The First State	天下第一州
佛罗里达	FLA USA, Visit Florida	佛罗里达即美国
新泽西	New Jersey and You, Perfect Together	新泽西是你完美选择
罗得岛	Ocean Current	洋流之岛

资料来源：英文据 Lee 等，2006；主题口号的汉语试译由本书编者依据参考文献修订。

　　读者还可自行浏览著名旅游地或者旅游景区的网站，收集其 Logo，了解其表达的多层次的丰富内涵，加强对旅游地形象策划的理解。

5.3　旅游地形象策划的理论

5.3.1　旅游地形象策划的研究概述

根据李蕾蕾的研究,从广东太阳神集团成功导入企业形象识别系统(CIS)开始,企业形象设计和导入活动在全国企业界和设计界普遍展开,成为中国 20 世纪 80 年代和 20 世纪 90 年代早期最有影响的社会文化和经济景观。[①] 对于一个地区(旅游地)进行形象策划的实践和学术研究却相对安静得多。陈传康和王新军(1996)发表的《神仙世界与泰山文化旅游城的形象策划(CI)》是旅游规划界第一次关于旅游点的形象策划(李蕾蕾,1999)。这篇文章在借鉴企业识别系统(CIS)的基础上,提出文脉的分析,确立旅游地理念基础、活动行为和视觉形象,并由此构成旅游形象策划体系。[②]

李蕾蕾(1999)认为,"国内研究从一开始就关注旅游形象的策划和设计,较少探讨形象本体的问题",由此出现"过度地移植和套用 CIS(企业识别系统)的模式和方法"。郭英之(2003)回顾了旅游感知形象的国内外研究,指出国内的研究主要是在定性研究基础上的形象策划,"主要为地方政府和社会战略提出建议和对策"。

苗学玲研究了《陈传康旅游文集》《旅游地形象策划:理论与实务》《区域旅游规划原理》3 本关于旅游地形象策划方面的著作,整理陈传康、李蕾蕾、吴必虎三位学者的旅游形象策划技术程序,见表 5.5。

表 5.5　陈传康 CI、李蕾蕾 TDIS、吴必虎的技术程序对比

作　者	陈传康	李蕾蕾	吴必虎
框架名称	旅游形象策划(CI)	旅游地形象系统设计模式(TDIS)	区域旅游形象分析的技术程序
年代	1996	1999	2001
分析	文脉 客源市场分析	地方性 旅游形象调查	地方性 受众调查、替代性分析
定位理念基础 MI	—	定位与口号	理念核心、界面意象和传播口号
本地塑造与对外传播	行为准则 BI 视觉形象 VI 广告行销	人人感知系统 人地感知系统 传播	—
独特处	文脉	节事活动	替代性分析(竞争者分析)

---

① 李蕾蕾.旅游地形象策划:理论与实务[M].广州:广东旅游出版社.1999:27.

② 苗学玲."旅游地形象策划"的 10 年:中国期刊全文数据库 1994—2003 年旅游地形象研究述评[J].旅游科学.
2005,19(4):67.

5.3.2　旅游地形象策划的基本过程

旅游地形象策划是一个旅游地主人(如旅游地开发者和管理者)通过旅游地形象系统与旅游者(包括潜在旅游者)的互动过程。根据吴必虎、俞曦的研究,旅游地形象的形成主体包括两个:一是赋予旅游地以形象的主体(如旅游地开发者和管理者);另一个是对旅游地形象进行评价的主体(如旅游者),即旅游地形象是由上述两个主体共同决定。①

图5.5　旅游地形象策划的主客互动

按照相关文献的语言,旅游地形象策划的互动过程可以表述如下:

a 旅游地主人"定位""设计"旅游地形象系统。b 旅游地形象系统向旅游者"传播",被旅游者"感知"。c 旅游者通过旅游活动等途径"验证",形成自己心目中的旅游地形象(复合);旅游地主人通过某种途径"评价""获知"旅游者心目中的旅游地形象,并修订 a 阶段的定位和设计。

因此,旅游地形象策划的核心包括"设计""传播""评价"三个环节。学界对于上述三个环节,通过心理学、地理学、管理学方面的多学科理论进行研究和解析。

5.3.3　旅游地形象策划的相关理论②—⑤

1)旅游地形象策划的心理学理论

心理学理论主要用于旅游地形象策划传播环节,解析旅游者对旅游地形象的感知,即旅游者心目中旅游地形象的形成。

(1)旅游地形象策划的格式塔认知理论

格式塔知觉组织理论揭示了旅游目的地形象的视觉传达规律:a 相似原则;b 接近(邻近)原则;c 对称律(闭锁原理或闭合原则);d 连续原理;e 背景律(刺激物本身周围的环境影响知觉)。格式塔心理学认为人们的审美观对整体与和谐具有一种基本的要求。当人们观察某一对象时,实为观察一个结构形式——"完形"。人们在观看时眼脑共同作用,并不是在一开始就区分一个形象的各个单一的组成部分,而是将各个部分组合起来,使之成为一个更易于理解的统一体。此外,在一个格式塔(即一个单一视场或单一的参照系)内,眼睛的能力

---

①　吴必虎,俞曦.旅游规划原理[M].北京:中国旅游出版社,2010:328.

②　张岚.目的地形象对旅游者时空重游决策意向影响研究[D].南京:南京师范大学,2012.

③　王晞.旅游目的地形象的提升研究——以桂林为例[D].上海:华东师范大学,2006.

④　王媛,等.旅游地形象的时间演变与演变机制[J].旅游学刊,2014,29(10):20.

⑤　杨振之,等."形象遮蔽"与"形象叠加"的理论与实证研究[J].旅游学刊,2003,18(3):62.

只能接受少数几个不相关联的整体单位。这种能力的强弱取决于这些整体单位的不同与相似以及它们之间的相关位置。如果一个格式塔中包含了太多的互不相关的单位，眼脑就会试图将其简化，把各个单位加以组合，使之成为一个知觉上易于处理的整体。如果达不到这一点，整体形象将继续呈现为无序或混乱状态，从而无法被正确认知，即看不懂或无法接受。总之，眼脑作用是一个不断组织、简化、统一的过程，正是通过这一过程，才产生出易于理解、协调的整体。格式塔一直是旅游目的地视觉形象设计的重要理论基础之一，也为旅游目的地形象的心理知觉模式分析提供了有力的理论工具。

（2）旅游地形象策划的印象形成模式理论

知觉加工整合的信息形成的是一种主观印象，并非事物在人脑中的客观再现，而是人脑主观能动的反映。社会心理学的研究表明，印象形成的基本模式包括四个方面，即中心特性规律、平均法则、加权模式，以及简化、闭合化规律。

在印象形成的过程中，个体所加工的信息有部分对印象形成起到了至关重要的作用，这组信息被称为中心特性。由于中心特性不易被同化，并结合其他信息，制造认知不平衡，促使新图式创建。当目的地同时以多组信息呈现时，个体印象形成模式大多以平均法则或加权模式为主。根据平均法则，当目的地各特征属性对消费者具有较高价值，则其容易对该事物形成较好的印象；当各个特征属性的价值有较大差异时，如有的价值较高，有的较低，则个体对它们进行整合时，会减少特性的平均价值。加权模式则是按特性不同的影响力分别给予不同的权重之后，加以平均而形成印象。由此可见中心特性的主导地位和其他关联信息不可低估的心理影响力。

此外，在一组相互抵触、冲突的特性中，消费者往往不是简单地加减平均，而是更看重抵触冲突的特性，很可能因此掩盖好的特性而形成（极端）否定的印象。这是因为个体在知觉事物形成印象时，总是努力去寻求一致性。认知结构不容许相矛盾的判断存在，因为它会形成个体的认知分离和图式混乱，个体总是倾向于把信息整合起来形成对事物的协调一致、和谐统一的整体印象。而且个体在这一知觉过程中，不会事无巨细地进行理性化的加工与判断，往往依据感知到的事物的个别或少数特性主观、武断、直接、高效地推断出其他特性，进而形成整体主观印象，这也是知觉活动中的简单化规律的体现。同时个体总是力图把知觉到的不完整的事物补充完整而知觉为一个整体，体现了闭合原理。

（3）旅游地形象策划的内隐记忆理论

内隐记忆是指个体所具有的特定经验无意识地影响了当前信息加工处理的绩效，即在不需要意识或不需要有意回忆的情况下，个体凭借已有的经验自动对当前任务产生影响而表现出来的记忆。越来越多的研究表明，个体先前的经验能够在缺乏有意回忆，或缺乏意识回忆的形式中表现出来，而且能与之分离。内隐记忆的研究对认知心理学的相关理论产生了深远影响，成为测量和解释人的过去事件经验对当前心理和行为影响的一场革命。

受众对广告的无意识加工是近年来广告心理研究的热点之一。在市场研究领域，无意识明显地控制着消费者的动机和消费行为，日常的许多决策由我们无法控制和无法觉知的动机控制着。有人通过调查指出,消费者的选择是由许多本人未意识到的因素所决定的。"纯粹接触效应"揭示了一种广告传播现象,即某一外在刺激仅仅因为呈现的次数越频繁,个体对该刺激将越喜欢。市场环境中的"错误声誉效应"表明,如果被试忘记了接触情境,曾经听过的品牌名称会使得该名字看上去更熟悉,该品牌更倾向于被看成是名牌。也就是说,无法回忆起的品牌信息并不排除它可以影响将来行为的可能性。广告的内隐记忆效应表明,受众对先前遇见过的刺激无意识的提取过程。虽然个体在提取时没有有意地参照学习时的情节记忆,但是先前与事件的接触异化了对后来遇到信息的加工,个体对事件的内隐记忆由相关任务上操作水平的提高可以推论出来。这种操作绩效的提高可能是由于刺激进入头脑的容易程度的增加,也可能是由于再次遇见时识别比较容易。在行为层面表现为与目的地信息不断接触使得消费者在众多目的地中对目标目的地产生了更加积极的情感。这些理论对指导目的地营销实践具有十分重要的意义,因为熟悉度在目的地声誉建立和目的地选择中会发生巨大的作用。

(4)地理物象和认知地图理论

根据英国学者格尔德提出的环境认知理论体系,人们在旅游目的地认知过程中,存在着一个"客观环境"和一个"行为环境",行为环境才对旅游决策和行为造成影响。一般情况下,来自同一地区、具有相似经历的个人或群体,容易形成基本相同的地理物象,从而表现出相似的行为方式。

认知地图,也称意境地图、心智地图,是人们主观世界的空间形象。它以地理物象为基础,是大脑中通过环境信息刺激而产生的心理图像。每一个旅游者都会在自己的大脑中形成具有一定方向和距离的、不同空间类型的认知地图,其复杂程度和结构不尽相同,但大都表现为旅游地(景区)的各种道路、独特的地貌水体、明显的区域标志物等物质空间形态要素。旅游者的认知地图能够描绘出某一旅游地的旅游景区(点)等游览空间结构、主要旅游通道等界面空间结构、植被、水体等生态空间结构等特征。人类外在空间行为是以认知地图为基础的,人们所做出的决策行为是人们对地理物象(景观意象)评价产生的结果。林奇式的对城市意象的研究将多人对某一地区的认知地图进行组合,形成这个区域的复杂的地理物象空间图式,并且通过分析认知地图与实际环境空间关系,发现不同背景人群空间图式的结构特征规律的方法,对旅游地景观规划、旅游线路安排、景区标志物的设计,乃至营销形象管理都具有重要意义。

2)旅游地形象策划的地理学理论

地理学理论主要在旅游地形象策划的"设计"环节,指导旅游地主人如何寻找和确定旅游地形象。

(1)旅游目的地空间结构理论

"旅游者对目的地感知的第一个内容和要求就是感知目的地所在的地理空间位置,这种位置(关系)构成了旅游者心中关于该旅游地的最初和最起点性的形象……"。旅游目的地是一个地域空间综合体,与此相对应,旅游目的地形象为一个具有等级层次性的系统。等级层次性规律反映了地域综合体的一种最普遍的结构特性,每一类区域都可以分成若干等级的层次,每一个区域都是上一级区域的局部,同时它又是由若干个下一级区域所组成的。旅游目的地必须落实到一定的地理空间内,因此,它也是作为其所在区域的一个组成部分而存在的,同时,它又是由若干低一级的旅游地所组成的(旅游景点是最低一级的旅游目的地)。

（2）旅游目的地的地方精神

地理学特别关注地方精神,亦称地格、地方性、场所精神、地方风气、地点感等,它是一个地方相对于另一个地方所持有的个性化品质,是当地历史发展长期积淀的结果。保持地方精神,是旅游目的地景观规划及形象设计中一个很重要的概念。这里的"地方"指一种具有某种共同性的局部地域空间,按照不同空间尺度划分,可以包括建筑、园林、景区、街道、城镇,乃至省区、国家等更广大的区域。地方精神是旅游目的地形象的灵魂,它代表了当地历史和现状的突出特色,其独特性与唯一性是对旅游者产生吸引力的源泉。

（3）形象衰减理论

旅游地形象的影响力以旅游地为中心,随着距离增大而减小。这种空间辐射范围和外推趋势的研究,主要运用于旅游流、客源市场调查等方面。

3）旅游地形象策划的管理学理论

（1）形象遮蔽理论

形象遮蔽指在一定区域内分布着若干旅游地(风景区),其中旅游资源级别高、特色突出或者产品品牌效应大或者市场竞争力强的一个旅游地(风景区),在旅游形象方面也会更突出,从而对其他旅游地(景区)的形象形成遮蔽效应。

在旅游地形象遮蔽中会出现下列三种情形:

①同一区域内,不管旅游资源是否具有相似性,级别、品质高的景区一般会对其他景区形成形象遮蔽。

②旅游资源特色相似,两者或更多的旅游地都可以用同一形象,就看谁率先树立起形象,抢先树立起形象者由于品牌效应就会对其他旅游地形成形象遮蔽。

关于这种情形,最引人注目的要数"香格里拉"了。1997 年 9 月,经过紧锣密鼓的组织策划后,云南省迪庆州中甸县(现更名为香格里拉市)召开了新闻发布会,向全世界宣布:香格里拉在迪庆!当天夜里,BBC(英国广播公司)就将这一惊人消息传遍了世界。在当年 9 月之前,迪庆州只接待了 50 多万名游客,到年底,游客达到近百万人次。到 2000 年,迪庆州接待的游客已逾 200 多万人次。这个偏远的藏区小城,以意想不到的速度在发展、扩张。两年后,四川省才想到了"香格里拉"。与迪庆州接壤的四川甘孜州的稻城亚丁,从资源条件和环境来看,更像"香格里拉",资源品位,有过之而无不及。迪庆州的成功,使这边的甘孜州再也沉不住气了。2000 年,甘孜州在谋划推出香格里拉在稻城后,结果是接待人数只有几千人(当然也有基础设施和接待设施不足的原因)。但是,由于云南为促销"香格里拉"已投入了巨额资金,且中甸县已经国务院同意改名为香格里拉市,甘孜州以后的发展如果仍然以"香格里拉"作为旅游的主题形象,无疑处于云南香格里拉市的形象遮蔽之中。两者的资源条件相差无几,就看谁"抢先注册",谁就在形象战略上占上风。近年来云南、四川、西藏开始协同打造"大香格里拉"旅游区,但就香格里拉旅游而言,四川、西藏将长期处于云南的形象遮蔽之中。

③资源特色相近,品牌影响力相差不大,市场竞争力强的景区对其他景区形成遮蔽,黄龙风景名胜区,与九寨沟相邻,同为世界自然遗产。但由于市场运作方面的原因,黄龙在与九寨沟的竞争中处于劣势,有的团队到九寨沟后放弃到黄龙旅游,甚至在团队计划中就已放弃黄龙景区。九寨沟知名度更高,黄龙景区明显处于九寨沟的形象遮蔽之中,因而黄龙导入形象战略已迫在眉睫。

(2)形象叠加理论

形象叠加指在同一区域内不同的旅游地的差异化形象定位,使每一个旅游地具有各自的形象影响力,进而使这一区域产生一种叠加的合力,产生整合性的影响力。

形象叠加需要人为对旅游地形象进行主观整合。形象叠加主要解决区域范围内综合吸引力的问题,关键环节是差异化的形象定位及对这种差异化的形象进行整合,形成形象吸引力的合力。由于形象遮蔽在任何区域内都客观存在,为了使某一区域形成形象叠加效应,在旅游地形象策划中势必要对被遮蔽的风景区进行差异化的形象宣传,使被遮蔽的景区从形象遮蔽中走出来,形成自己的特色,对属于自己的客源市场群体产生吸引力。

对每一个被遮蔽的景区来说,形象叠加就是旅游形象重新定位的过程。但是,这一过程应在形象叠加的理论下进行,因为在形象定位过程中,对每一个景区的重新定位都必须将景区放置到一个大的区域背景下考虑,在突出各个景区形象特色的时候,能形成各个形象的叠加和整合,从而产生形象叠加效应。因而形象叠加理论能有效地解决一个区域内的形象竞争、冲突和形象替代,最大限度地发挥一个区域的旅游吸引力。至于形象叠加中区域范围的大小,则取决于该区域的旅游资源的品位高低、价值大小,区位条件和市场的基本面等因素。即选择的区域背景可大可小,依据实际情况而定。

每个旅游地的形象在定位后也应在形象内部形成叠加。即旅游地的主题形象一经确定,应同时确定对应于不同细分市场的细分形象。

形象叠加的理论提供了这样一种理论模式:不同的差异化的旅游地形象组合必然对应不同的客源市场。在形象策划中必须解决不同市场的形象定位问题。即旅游地在主题形象下,还应形成各种差别化的形象,市场的形象定位根据本区内、区外或海外的客源市场(或不同购买群体),要形成不同的差别化定位。这是使旅游地摆脱形象遮蔽的一个有效出路。

形象叠加往往与线路产品策划有更直接的联系。形象叠加化的不同旅游地可以通过不同的线路组合,构成不同的旅游产品,推向不同的市场。运用形象叠加的理论和方法可以增加旅游地的综合竞争力,通过差异化形象定位便于培养出品牌产品。对于大尺度的形象叠加如北京、西安的形象叠加在一起推向国际市场,可作为中国旅游产品的代表;中尺度的形象叠加如苏州、杭州所代表的江南园林;小尺度的形象叠加如九环线上的重要旅游地,长江三峡沿线的重要旅游地等。通过不同产品叠加、线路叠加,可形成不同的主题线路产品,从而达到了弘扬一个区域的主题形象和品牌产品的目的。

5.4　旅游地形象策划的范式、方法与技术

5.4.1　旅游地形象策划的范式

1）人文主义范式

本书所称的人文主义范式，是指在旅游地形象策划中，以旅游资源的客观真实性为基础，追寻客观存在的资源的地脉和文脉，描绘与策划者的价值观和审美、偏好、期望相一致的旅游地形象的策划整体思路。

首先，人文主义范式坚持旅游地资源的客观真实性，强调旅游客体的真实性，包括旅游地的地脉和人脉，认为真实性是旅游客体固有的特性，可以用一个绝对的标准来衡量；旅游者对旅游地形象的感知也是客观存在和真实的。其次，旅游者的旅游体验过程等同于认知"真实的"旅游客体的过程，因此，人文主义范式认为策划者可以完全控制旅游者对旅游地形象的感知和体验。再次，策划者和旅游者之间，对旅游地形象存在各自的价值观、偏好、期望，而且是可以相统一的。因此，策划者着力挖掘旅游地资源的人文因素，寻找与旅游者相统一的价值观、偏好、期望，能与旅游者共鸣的思想和情感。

旅游地形象策划的主流做法，基本上都遵循人文主义范式进行，包括最早提出"文脉"概念的陈传康先生。

2）建构主义范式

这里所称的建构主义范式是指在旅游地形象策划中，在旅游地资源贫乏的条件下，创造旅游市场需求，着力建构旅游者的价值观，重塑旅游者的审美、偏好、期望、思想和感情的旅游地形象的策划整体思路。

建构主义范式认为，不存在一个独立于人的思想行为和符号语言之外的"先验的""真实的"世界，真实是解说和建构的结果。因此，真实性取决于文化的选择和（或）解说，以及文化市场商人、学者、地方权威人士等的主流声音。旅游的真实性可以由各种旅游企业、营销代理、导游解说、动画片制造者等生产、制造，并且与每个游客对真实性的定义、体验及理解有关。

他们引用美国迪士尼乐园的例子，认为既然根本不存在一个"真实的"的原件作为参照，也就无所谓"真"与"伪"。与人文主义寻求真实性的风格不同，策划者为旅游者营造追求享受、娱乐和表层美，根本不关心"真实性"，甚至追求"不真实"。

5.4.2　旅游地形象策划的方法

李蕾蕾（1998）提出旅游景区形象策划和定位问题，建立了旅游地形象策划的 TDIS 模

式;张安等(1998)指出旅游地形象设计和策划是多学科、多阶段的系统工程;谢朝武和黄远水(2002)归纳了旅游地形象的七个步骤,并提出旅游地策划的参与型组织模式。董亚娟(2004)提出城市旅游形象设计过程的四个环节。沈治乾(2005)提出区域旅游形象的建立包括基础层面、提升层面、外显层面、推广层面,并构成旅游地形象建立的塔形模式。吴必虎、宋治清(2001)提出旅游地形象建立的基本程序包括前期的基础性研究和后期的显示性研究。本书综合各种文献的研究成果,以简洁明了的文字阐述旅游地形象策划的一般程序和常见的方法。

1)旅游地形象策划的一般程序

(1)调查分析

旅游地形象策划的基础,是对旅游地的资源和市场状况,重点是对旅游地形象进行调查。在时间上,调查包括各项内容的过去、现状及未来发展,可称为历史形象调查、现实形象调查、发展形象调查;在空间上,调查则分为内部调查和外部调查,如市场分析中的形象认知调查既要调查旅游地内,也要调查旅游地之外的有关部门和公众,了解他们对旅游地形象的看法和评价。调查的方法可应用定点和随机等方法,可以是现场考察、问卷和座谈等多种形式。

依据调查情况,对旅游地形象进行分析,主要包括三个方面:地方性分析、市场分析及形象替代性分析。

①地方性分析。地方性分析,也可称为地格分析,包括地脉与文脉分析,内容包括五个方面:自然地理特征、历史文化传统、社会心理积淀、旅游地产业现状和经济发展。

②市场分析。市场分析主要是分析旅游者对旅游地形象的认知与偏好,目的在于揭示公众对旅游地的认知、态度和预期。

③形象替代性分析。形象替代性分析是在旅游发展背景和形象现状分析的基础上,分析旅游地所在区域内外的其他旅游地形象的空间格局和联系,以及未来可能发展和创新的方向,为独特性形象的构建提供依据。

(2)提炼总结

根据调查分析的结果,将旅游地的特征和旅游需求描绘出来,分析和总结其独特性和价值,通过与空间、时间上有某种联系的其他旅游地形象和市场的比对,提出本旅游地形象的定位区间,以及一系列的旅游地形象,并以文字或者图案进行表述,包括旅游地形象识别系统设计。其中文字表述,即主要是常见的旅游地形象口号;图案表述则主要是视觉符号设计。

(3)遴选验证

从多个备选的旅游地形象表述中,通过比较、分析、排序,选择最佳的表述。

"选择"分为两个步骤:一是设定目标和标准;二是依据目标和标准对选项进行选择。曲颖、李天元(2008)参照国内外相关研究,提出了旅游地主题口号的评价标准,并运用该标准对中国244个优秀旅游城市的口号进行了分类评价,发现仅有6个城市的旅游口号达到理想的标准,分别是承德的"游承德,皇帝的选择"、无锡的"无锡是个充满温情和水的地方"、深圳的"每天带给你新的希望"、成都的"一座来了就不想离开的城市"、大理的"风花雪月,逍遥天下"、安庆的"游安庆,唱黄梅:每天都是一出戏"。

策划者还需要通过某种方式对选项进行验证,估计选项实现目标的程度。

(4)传播设计

旅游地形象策划者需要设计旅游地形象"表述"的传播,即如何使旅游者感知和接纳。传播的方式,包括投放广告、策划节事、事件营销等。

(5)评估修订

旅游地形象策划者提供对旅游地形象"表述"被旅游者和旅游地主人感知、接纳的情况进行必要的评估,一般包括知名度、美誉度方面。在必要时,对原来的"表述"进行修订。

2)旅游地形象定位的常见方法①

李蕾蕾是中国最早论述旅游形象定位方法的学者,她提出了领先定位法、比附定位法、逆向定位法、空隙定位法、重新定位法等 5 种旅游地形象定位法,奠定了旅游形象定位方法的理论基础。多年来,这套方法在旅游地形象设计实践中发挥了重要作用,沿用至今。

(1)领先定位法

领先定位适用于独一无二或无法替代的旅游资源,如"天下第一瀑","五岳归来不看山,黄山归来不看岳"。

(2)比附定位法

比附定位并不去占据原有形象阶梯的最高阶。实践证明,与原有处于领导地位的第一品牌进行正面竞争往往非常困难,而且失败为多,因此,比附定位避开第一位,但抢占第二位。例如,牙买加的定位形象表述为"加勒比海中的夏威夷",从而使牙买加从加勒比海区众多海滨旅游地中脱颖而出。

(3)逆向定位法

逆向定位强调并宣传定位对象是消费者心中第一位形象的对立面和相反面,同时开辟了一个新的易于接受的心理形象阶梯。

(4)空隙定位法

比附定位和逆向定位都要与游客心中原有的旅游形象阶梯相关联,而空隙定位全然开辟一个新的形象阶梯。与有形商品定位比较,旅游点的形象定位更适于采用空隙定位,空隙定位的核心是树立一个与众不同,从未有过的主题形象。

(5)重新定位法

重新定位法也叫再定位,它不是一种严格意义上的定位方法,仅是对原有旅游区域的形象重新塑造,使新形象替换旧形象,从而占据一个有利的心灵位置。

---

① 李蕾蕾.旅游点形象定位初探——兼析深圳景点旅游形象[J].旅游学刊,1995,(3):29.

5.4.3　旅游地形象策划的技术简述

旅游地形象策划的技术,主要指在旅游地形象策划的实践中使用的技术手段。本书仅简单地描述部分技术手段,有兴趣的读者可参阅相关文献。

陈传康和王新军(1996)在旅游目的地形象设计的实践中,提倡抓住地方文脉(陈传康将其理解为旅游点所在地域的地理背景)进行形象设计导入,并将企业形象识别理念引入旅游目的地形象策划中。

旅游地形象的测量评估方面,国内学者的研究主要集中在结构法测量技术和非结构法测量技术。李蕾蕾等(1998)对深圳宝安、北京等地旅游形象现状的调查分析中采用基本方法、程序等对后来研究影响较大,如用"结构法"具体测量游客对目的地形象总体印象及构成要素评价;用"半结构法"或"非结构法"记录受访者对目的地形象描述,旅游信息获取途径、最有特色的事物等;用游客到访率和必去选择率建立二维散点图分析景区(点)知名度和美誉度;等等。卞显红、张树夫(2005)认为传统方法的基于属性方法在评价作为一种心理模型的目的地形象中有局限性,因为它不能获取目的地形象的整体特征,而他们构建的利用有利形象模式衡量旅游目的地形象的方法,提供了潜在旅游者在旅游目的地决策中所考虑的一些更加有意义的目的地形象属性,并以西安市与上海市为例进行了实证研究。

在旅游地形象口号设计方面,李燕琴、吴必虎(2004)对旅游地形象口号的作用机理与创意模式进行了研究。吴必虎把旅游地形象口号的设计分为三个层面:在旅游业发展的初期,口号往往是对旅游资源现象学的提炼,具体、直观,例如北京的口号是"东方古都,长城故乡";在此基础上提升出抽象印象,既有一定的物质形象,又体现一定的抽象理念,如"山水浙江,诗画江南";最后层面是纯抽象的设计,表面上与当地的物质景象毫不相关,如香港曾经提出的"We Are Hong Kong"。唐礼智(2000)提出城市旅游形象设计应协调好整体形象与局部形象、静态形象与动态形象等几个关系。

在视觉符号设计方面,MacKay等(1997)提出,需要关注吸引力、独特性和结构;成功的视觉符号应该能够体现四个方面的目的地特征:活动、熟悉度、度假性、氛围。黄军(2006)认为旅游视觉符号设计的核心是目的地的地方性元素,即运用图形、文字、色彩等设计元素,将目的地形象的抽象理念转化为具体的视觉符号,抽象而集中地体现旅游地的自然地理特征、历史文化特征、民俗文化特征等地方性要素,强化旅游地形象的视觉传达效果。

【综合案例分析】

案例1　大香格里拉旅游区形象策划

一、项目基本情况

国家旅游局、国家发展计划委员会与国务院西部开发办公室委托中山大学旅游规划与发展研究中心制订大香格里拉民族文化—高原风光旅游区开发策划书。项目组组长为保继刚教授,项目完成时间是2003年3月。

二、旅游地基本情况

大香格里拉民族文化—高原风光旅游区包括西藏昌都市、四川甘孜藏族自治州、云南迪庆藏族自治州，是藏族等少数民族聚居地，总面积 28.7 万平方千米；当时区内有 214、317、318 国道和成雅高速，多个口岸。

昌都地域辽阔，以自然生态景观最为突出，有乌齐长毛岭马鹿自然保护区、芒康盐井滇金丝猴自然保护区；迪庆是世界自然遗产、国家重点风景名胜区"三江并流"的核心区，高原自然风光绮丽，地质地貌、冰雪水域、名胜古迹、宗教文化等资源丰富；甘孜地处青藏高原东部横断山区，自然环境复杂，历史悠久，名寺众多。

具有世界和全国市场意义的典型自然和生态旅游资源有三江峡谷，海拔 6 000 米以上的达美拥雪山、梅里雪山、贡嘎雪山，曲孜卡、然乌等温泉，康巴神秘的藏族历史文化和藏传佛教文化，考古方面的国家级文物保护单位卡若新石器人类居住遗址，天葬等独特的民俗风情，藏式乡村建筑，各类民族手工艺术。

三、旅游地形象口号

项目组提出大香格里拉旅游区的形象定位如下：

①面向海外客源市场：

世界屋脊的门户，永远的香格里拉。

②面向国内远距离客源市场：

无限高原风光，神秘康巴文明。

香格里拉，茶马古道。

③面向国内近距离客源市场：

永远的香格里拉

感受康巴文化，体验藏区风情

④面向周边客源市场：

康巴明珠，萨格故里

四、分析

大香格里拉旅游区开发是国家西部发展战略中旅游业发展的重要课题，涉及藏、青、川三省区，区内自然景观和人文景观独特而丰富，需要以建设世界级旅游目的地的高度和国家级发展战略的高度来设计。但在当时旅游开发的起步阶段，对于客源市场来说，该区是陌生而神秘的，作为出游目的地是令人顾虑而又向往的。因此，项目组对于整个区域，选择"香格里拉"这一与国际名著相同的符号，人们相对比较熟悉和美好的符号加以突出。

该区地域辽阔，资源丰富，难以突出某一个或两个具体景点，也容易以偏概全。因此，项目组没有采用常见的在形象口号中嵌入具体景点名称的方式，而是采用比较抽象的概括，力争把该区的独一无二的特质提炼、凝结出来，例如，"世界屋脊""高原风光"突出其自然特点，"康巴""藏区"突出其最典型的文化特质。

针对旅游市场对该区的认识呈现地理距离上由近至远弱化的特点，项目组设计一个系列的促销形象定位，力争把握市场对形象在"陌生（神秘）感—熟悉（安全感）"之间的一个合适的"度"，构思了自远而近，口号表述由抽象向具体，由宏观向微观的设计。海外市场可能仅仅熟悉中国有"世界屋脊",还不太了解这一"世界屋脊"的具体地方;国内的远距离市场,已经熟悉"世界屋脊"是青藏高原。因此,针对性提出"高原""康巴""茶马古道";对于邻近区域市场,人们已经对其基本情况比较了解,因此项目组选择了"康巴""格萨尔王"的符号,拔高客源对旅游地的神秘感。

（保继刚,等.旅游区规划与策划案例[M],广州:广东旅游出版社,2005:245-267.）

案例 2 北京市旅游视觉形象设计

一、基本情况

北京大学城市与环境学院旅游研究与规划中心等(1999)在编制《北京市旅游发展总体规划》中,较早在中国旅游规划界对城市整体旅游形象和品牌建设进行了研究。

地格分析上,北京是具有悠久历史文化传统的东方古国的首都,在现存的古都中,北京是世界古都群中历史最为悠久的城市之一。北京城市的空间布局本身深受中国古代农业文明和皇权政治模式的影响而与众不同,它以气宇轩昂的宫殿、"左祖右社"和"前朝后市"、雄伟长城,与欧洲古城形成强烈的反差。

认知调查上,通过国内外旅游者的问卷调查,国际游客对北京的印象认知呈现两个方面:一是历史悠久的古老形象;二是比较落后的第三世界城市形象(1999 年)。国内游客的认知分为三类:一是神圣首都;二是整洁城市;三是雄伟古建。

核心理念上,北京旅游的定位是具有首都风貌的国内首位旅游中心城市和具有东方特色的一流国际旅游城市。

二、设计方案

1999 年,课题组为北京市设计了如下旅游标识,见下图。

三、分析

该标识是以天坛和长城为基本元素。其中,天坛图案为"北京"二字上下叠写的艺术形式,其下长城城堞则由"旅游"二字的汉语拼音首字母"LY"组成。标识整体形状呈现正方形,具有首都城市的庄严、端正、正统的风格,但文化设计及文化含义又以简洁、明快的符号传播给旅游者较为清晰的意象,受到北京旅游局的认同。

标识遴选了北京最为突出的标志性特征,"天坛"包含皇家祭祀的古都形象和农业文明形象的双重标识;长城则拥有世界知名度。天安门已经被作为中国国徽的核心元素,带有浓厚的政治意涵,不宜再作为北京旅游的元素。以天坛作为北京旅游的核心元素受到长期的认同,此后北京旅游标识改变,"天坛"也没有被抛弃。

标识的设计,带有早期标识设计的风格特点,即以设计对象目标的文字、字母进行艺术化,创作构建为图案,具有非常明显的时代艺术特征。后来,标识设计①倾向更加灵动,色彩更加丰富,在北京旅游新标识中可以明显感受到。

(吴必虎,俞曦. 旅游规划原理[M]. 北京:中国旅游出版社,2010.)

---

① 本页两个标识来自北京旅游发展委员会官方网站。

第6章
旅游营销策划

6.1 旅游市场营销概述

6.1.1 旅游市场营销的概念与特征

旅游市场营销的概念,国外学者(Sara Dolnicar & Amata Ring,2014)①总结为在组织功能和流程中处处体现以客户为导向来达到以下目的:①向游客做出关于旅游产品和服务的承诺,当游客出于休闲、商业或其他目的,在不常住的地方旅游或逗留不超过一年时间;②激活游客基于承诺的期待;③通过支持游客的价值创造过程满足游客的期待。

国内学者将旅游市场营销简单理解为市场营销学在旅游业态中的运用②,具体是指旅游企业或其他组织通过对旅游产品和服务的构思、定价、促销和分销的计划与执行,以满足旅游消费者需求和实现旅游企业目标为目的的过程。具体又可从以下三个方面来理解:

一是以旅游消费者为导向,以交换为核心,旅游企业通过提供令旅游消费者满意的旅游产品和服务,实现旅游企业的经济和社会目标。

二是旅游市场营销是一个动态管理过程,它包括分析、计划、执行、反馈和控制。

三是旅游市场营销适用范围广泛,一方面体现在主体广泛,包括所有旅游经济个体;另一方面体现在客体多样,包括旅游经济个体的一系列经济活动。

旅游业是一个特殊的服务性行业,旅游产品是一种特殊的商品,因此旅游市场营销也有别于消费品、工业品以及其他产品的特征,具体如下:

一是旅游产品特点的不同。旅游产品具有生产与消费同时性的特点,还具有旅游消费者亲身参与旅游产品生产过程的特点。

二是旅游分销渠道的不同。旅游企业需要依靠一系列中间商来向旅游消费者传递旅游

---

① Sara Dolnicar & Amata Ring, Tourism marketing research:Past, present and future[J]. Annals of Tourism Research, 2014,(47):31-47.

② 郭英之. 旅游市场营销[M]. 大连:东北财经大学出版社,2014:12-13.

产品信息,中间商还实施产品定价、促销等营销策略。

三是旅游消费者角色的不同。由于旅游过程需要旅游消费者全程参与,旅游企业需要对消费者的行为进行管理,体现了更多的双向互动。

四是旅游服务质量控制的不同。旅游服务质量很难用统一的服务标准来衡量,也很难提供保质保修等服务承诺。

6.1.2　旅游市场营销观念的演进历程

旅游市场营销观念是旅游企业进行旅游营销活动的指导思想,不同的营销观念导致不同的营销行为。营销观念演进过程中先后出现了以生产者为核心的生产导向观念、产品导向观念和推销导向观念,也出现了以消费者为核心的市场营销观念、社会营销观念。

1)生产导向与产品导向观念

旅游业刚兴起时,旅游产品与服务供不应求,整个旅游市场就处于生产导向与产品导向观念阶段,旅游企业将主要精力放在提高生产规模与产品质量上,而较少考虑消费者需求的变化。

2)推销导向观念

随着旅游业的发展,当旅游产品开始出现供大于求的情况时,旅游企业开始重视产品的推销,即单向地把自己的产品推广销售出去,很多销售企业成立了专门的销售部来专事产品推销活动。

3)市场营销观念

随着竞争的加剧,单向的推销越来越困难时,旅游企业开始重视在经营活动中去主动了解消费者的需求,然后根据消费者的需求去主动调整或重新设计自己的旅游产品和服务,并制订和实施有针对性的整体营销策略,以提高营销效率。

4)社会营销观念

近年来,许多企业开始认识到,局限于满足旅游者需求和使企业获利是远远不够的,还需同时兼顾整个社会的当前利益和长远利益,旅游企业需协调兼顾这三者的利益,实现所有相关利益者的整体利益最大化。

近年来,以消费者为核心的市场营销观念已经成为主流,社会营销观念也开始为业界所接受,逐渐认识到发展旅游业要兼顾对他方利益的影响,其中本地居民是核心利益方。

学术界关于旅游目的地居民对旅游影响的感知开展了广泛研究,例如张文、何桂培(2008)选择了国内 23 个具有典型特征的旅游目的地作为调研点,进行抽样调查,做了汇总研究。[①]

其研究的主要结论包括:现阶段我国旅游目的地居民对旅游发展总体上持支持态度,对

---

① 张文,何桂培.我国旅游目的地居民对旅游影响感知的实证调查与分析[J].旅游学刊,2008,23(2):72-79.

旅游积极影响的感知要强于消极影响,旅游发展所带来的积极经济效应被普遍认同。但居民已逐渐感知到旅游发展对居住环境产生的消极影响,并开始意识到其成本收益不成正比这一不公平现象。总体而言,目前我国不同旅游目的地居民的旅游影响感知存在一定程度的一致性。

6.1.3 旅游市场营销的具体内容

旅游市场营销活动根据旅游市场营销活动发生的时间顺序,可以分为以下几部分[①]:

1）旅游市场营销环境分析

市场营销环境包括企业所处社会的政治、经济、文化、科技等宏观环境,以及所处行业的旅游者、竞争者、公众、上下游合作商等围观环境,这是旅游企业制订企业营销策略时所需考虑的外部因素。

2）旅游者消费行为分析及市场调研与预测

通过对旅游者的消费行为进行分析研究,并对市场进行调查研究,以获取准确的市场信息,并进行科学预测,为制订切实可行的营销策略奠定基础。

3）旅游目标市场选择与市场定位

在准确了解旅游市场信息的基础上进行市场细分,选择合适的目标细分市场,并进行准确的市场定位。

4）旅游市场营销策略制订与实施

旅游市场营销策略包括产品策略、定价策略、分销渠道策略、促销策略等。

5）旅游市场营销组织与控制

旅游企业为保证市场营销活动的成功,还需要在组织管理与过程控制中采取必要的措施和方法。

在这五个部分的旅游市场营销活动中,旅游者消费行为研究是关键。学者们在这方面进行了很多广泛而深入的研究。例如学者沈雪瑞、李天元和臧德霞（2016）探讨了旅游目的地品牌是否对旅游消费者具有一定的象征性意义,以及此类象征性意义对其目的地选择决策有怎样的影响。[②]

他们的研究结果显示:目的地品牌在旅游者感知中具有的个体自我表达、关系自我巩固和寻求群体归属方面的象征性意义,对旅游者的目的地到访意向有着显著的正向影响。该

---

① 郭英之.旅游市场营销[M].大连:东北财经大学出版社,2014:15.
② 沈雪瑞,李天元,臧德霞.旅游目的地品牌象征性意义对到访意向的影响研究[J].旅游学刊,2016,31(8):102-113.

研究启示旅游目的地设计营销传播信息,可以考虑依据自身的主要客源情况或欲吸引的理想人群,加入与人物角色相关的品牌元素。这种人物元素既可以是代言人形象,也可以是参与目的地体验活动的普通大众形象。一方面,能够突出传达目的地产品的个性特征,强化到访者自身个性特征。另一方面,向旅游消费者传递目的地到访人群特征(即使用者形象),为旅游消费者通过目的地产品的消费来获取群体归属感营造意义氛围。在多数目的地都强调景观特征的背景下,尝试从象征性意义的赋予方面去寻求新的差异化卖点,有可能收获积极的营销效果。

6.2　旅游营销策划的理论基础

6.2.1　旅游营销策划的概念与要求

旅游营销策划是指将市场营销策划的原理与方法运用于旅游经营活动的专项营销策划活动。它是旅游营销策划人员,根据现有旅游资源,在分析和研究旅游目标市场客户需求特点的基础上,对旅游营销活动进行创意构思、设计规划并制订营销行动计划方案的行为。[①]

国外学者(Gunn and Var,2002)把旅游策划过程分为四个步骤。第一阶段,公众方、企业方和非营利机构方共同来协商设定旅游策划目标,该目标要力求达到经济、社会、生态和其他利益的平衡;第二阶段,对当地和所在地区的旅游资源进行深入分析,包括自然和文化资源,旅游设施、旅游市场和目标游客;第三阶段,利用第二阶段所识别的旅游资源,设计若干个策划方案,检查和评估各方案以找出能满足第一阶段所设定目标的最优解决方案;第四阶段,准备具体的旅游开发计划,细化开发策略和实施细则。[②]

旅游营销策划是一个复杂的过程(Cooper & Hall,2008),涉及旅游资源特色挖掘、开发营销策略、创造竞争优势等,还要考虑股东利益、目标市场利益、竞争者、可持续发展的考虑和其他外部的和内部的因素等。[③]

旅游营销策划作为一项策划活动,其成果往往以策划方案的形式来体现。旅游营销策划作为一项营销活动,其质量评判标准,可以有以下三项基本标准:明确的主题目标、独特的创意、可操作性。

1)明确的主题目标

主题目标是策划人员所期望达到的效果,它既是旅游营销策划的出发点又是结果,也是

---

① 熊元斌.旅游营销策划理论与实务[M].武汉大学出版社,2005:3.

② Gunn,C. & Var,T. Tourism Planning:Basics,Concepts,Cases(4th).[M]. London:Routledge,2002.

③ Cooper,C. & Hall,C. M. Contemporary tourism:An international approach[M]. Oxford:Butterworth-Heinemann,2008.

衡量和评价策划效果的标准。所以只有明确的主题目标,才能使得策划有的放矢,容易评价其效果。

2）独特的创意

策划的关键是创意,创意是策划的第一要素。由于旅游产品的同质化,旅游消费者对于营销活动变得麻木,没有创意的营销活动难以吸引旅游消费者,就难以有效果。所以创意要与众不同、新、奇、特,并能为旅游消费者创造独特的价值。

3）可操作性

策划还需要符合企业实际情况,具有可操作性,在企业现有资源条件下能够实施才有意义,否则就是空谈。

6.2.2 旅游营销策划的分类

旅游营销策划的分类标准可以有多种,依据不同的标准可以划分为很多不同的类型。[①]

1）根据主体划分

根据策划的主体,可以分为旅游目的地营销策划和旅游企业营销策划,旅游目的地可以是大到一个国家、一个省,也可小到一座城市、一个乡村,往往是由该目的地的旅游管理部门来主导进行的营销策划活动。

2）根据业务划分

根据所策划的具体业务,又可以分为旅游景区策划、旅行社策划、旅游酒店策划、旅游娱乐活动策划、旅游购物策划、旅游交通策划等。

3）根据功能划分

根据策划所涉及的具体功能,又可以分为旅游形象策划、旅游产品开发策划、旅游客源市场开发策划、旅游定价策划、旅游分销渠道策划、旅游广告策划、旅游公关策划、旅游节事活动策划等。

4）根据类别划分

根据策划所涉及的主题类别,又可以分为生态旅游策划、文化旅游策划、休闲度假策划、体育旅游策划、城市旅游策划、乡村旅游策划等。

5）根据内容划分

根据策划的内容,还可以分为旅游线路策划、旅游项目策划、旅游活动策划等。

---

① 李锋,李萌.旅游策划理论与实务[M].北京:北京大学出版社,2013:182.

6.2.3　旅游营销策划书的结构与内容

旅游营销策划最后落实就是要撰写一份旅游营销策划书,将策划的思路、具体行动计划都以策划书的形式体现出来。

1)旅游营销策划书的结构

旅游营销策划书并没有完全固定的格式,还要依据具体的策划类型和策划要求而定。但一般较正规完整的旅游营销策划书还是有基本的结构与内容规律可循,一般由以下这些部分组成[①]:

(1)封面

策划书封面应提供如下信息:策划书名称、委托方、策划机构或策划人名称、策划完成时间、策划拟实施的时间或时间段,封面设计原则是醒目整洁,切忌花哨。

(2)前言(或梗概)

前言是对策划方案做概要性背景介绍,并介绍本策划书的主要内容与亮点;也可以是梗概的形式,高度概括本策划书的主要内容与亮点,简化对背景的铺垫介绍。前言宜一页以内,字数不宜过多。

(3)目录

目录涵盖了策划书的框架全貌,让人一目了然,方便阅读者查找相关内容。目录宜逻辑条理清晰,文字简洁、概括准确。

(4)正文

2)旅游营销策划书的内容

可包括以下几部分内容:

(1)营销策划目的

对本次营销策划的主题目标进行描述,是策划的出发点和衡量效果的依据,所以需要明确。

(2)市场状况分析

市场状况分析包括宏观环境分析(包括政治、经济、社会和科技等)、产品分析(本旅游产品的优劣势、竞争力等)、竞争者分析(分析主要竞争者的有关情况,包括竞争产品的优劣势、竞争产品的营销状况、竞争企业的整体情况等)、旅游消费者调查分析(包括消费者市场调研设计与过程,数据分析与解读等)。

(3)市场机会与问题分析

市场机会与问题分析是归纳上面市场状况分析,提炼出企业自身的优势和劣势,外部的

---

① 李学芝,宋素红.旅游市场营销与策划——理论、实务、案例、实训:第二版[M].大连:东北财经大学出版社,2015:12-14.

市场机会和面临的问题,才能筹划如何制订具体的策略,如何来化解问题、抓住机会。

(4)确定营销战略

营销战略包括市场细分、选择目标市场和确立市场定位。

(5)确定营销组合策略

营销组合策略包括产品策略、定价策略、渠道策略和促销策略。

(6)制订具体的营销行动方案

营销行动方案包括具体做什么? 谁来做? 怎么做? 何时做? 何地做? 需要哪些资源等问题。

(7)预算

预算是营销行动方案涉及的具体费用投入,还可预测可取得的收入。费用投入条目要具体,金额要相对保守,预测的收入则不要盲目乐观。

(8)进度表

进度表是把策划活动分成若干项目后,再列出时间节点,具体到何时需要完成到什么程度,可方便在实施策划方案时进行控制与检查。

(9)人员分工

把策划活动分成若干项目后,分配相关负责人员,并落实分目标与绩效考核方式。

(10)附录

把具体市场调研资料、具体行动方案资料、具体预算等信息列出,方便阅读。

6.3 旅游客源市场开发策划

旅游客源市场是指对旅游目的地或旅游企业而言,所要吸引的旅游消费者来源市场。对旅游客源市场做开发,可以推动更多的客源地消费者到访旅游目的地或是消费旅游企业所运营的景区或其他旅游产品。旅游客源市场开发需要精心策划,制订合理的且有针对性的开发策略,以提高开发效率。

要开发旅游客源市场,首先需要对客源市场进行市场细分,有多种细分标准可用。灵活运用多种细分标准,容易帮助策划者更好地认识客源市场,找到较为适合的细分客源市场,再制订有针对性的开发策略,会事半功倍。

6.3.1 旅游客源市场的细分标准

1)地理因素

(1)地理位置因素

因为一方面旅游涉及交通,客源市场与旅游目的地的距离远近、交通条件,会影响客源市场消费者的交通成本;另一方面,市场开发推广活动一般总是在一定的地域范围内进行,地理位置是最基本的市场细分标准。

常见的地理因素可细分为:国际市场与国内市场、省外市场与省内市场、远程市场与近程市场、外地市场与本地市场等。

(2)地理反差因素

迥异的地理条件,例如气候、地形、城乡等,都可能让游客产生新奇感,吸引游客。例如:南北气候差异使得冬天时,吸引北方游客到南方避寒,而南方游客则被吸引到北方看冰雪;沿海的游客被吸引到内陆看沙漠,而内地的游客被吸引到沿海看沙滩;大城市雾霾严重,则人们想去空气质量佳的地方旅游;住惯了大城市钢筋水泥森林的人们,向往乡村、亲近大自然。

2)人口因素

旅游客源市场的人口因素可细分标准很多,例如性别、年龄、职业、收入、家庭结构、受教育程度、兴趣爱好等。下面分析对旅游客源市场影响最大的几个因素:

(1)年龄

不同年龄段的游客需求差异较大,大致可分为青少年市场、中年人市场和老年人市场。其中随着老龄化的到来,老年人游客市场近年来增长显著。

数据显示,目前中国老年旅游人数已经占到全国旅游总人数的20%以上。2015年60岁及以上出游人次同比增长252%,老年旅游市场增长迅猛,有望成为旅游市场的主力军。[①]

老年游客更偏好休闲、安稳的旅游方式。观赏风景、享受天气、休闲养生成为老年游客关注的重点。同时,由于老年游客身体机能的下降,以及社交渠道单一,因此老年旅游也成了社交的重要渠道。另外,由于老年游客时间充裕,平均每年的出游天数要比年轻人多出15天以上,慢游成为老年群体的主要理念。

原先由于旅游价格因素以及身体等原因,老年游客更倾向于国内游。但随着签证越发便利和国外游价格下调后,不少老年游客开始倾向于出境游。2015年中国老年游客出境游同比增长217%,老年游客旅游热点正由国内游逐渐转向短途出境游。其中,邮轮旅游的慢节奏、享受型旅行理念与老年游客的旅游习惯较符合。目前中国邮轮旅游客户群体中,老年人占比超过半数,未来中国邮轮旅游市场规模有望快速增长。

(2)职业

职业除了群体基数较大的职业群体,例如:学生、教师、白领、公务员等之外,关注某行业或某些大型组织的奖励旅游需求,也是旅游市场的增长潜力所在。

---

① 张山.老年旅游市场潜力大　邮轮出境游渐受追捧[EB/OL].(2016-09-23).网易网.

（3）家庭结构

按家庭结构，大致可分为情侣或无小孩的家庭、有小孩的家庭，也可包括孩子已自立的中老年夫妇家庭。有孩子的家庭大多会照顾到孩子的需求，与无孩子的家庭相比，对于旅游产品的需求迥异。

3）文化因素

不同文化背景的游客对于旅游产品会有不同的喜恶，面对同样的景观与服务，也常会有不同的感受。文化背景主要造成两类不同的旅游需求：

（1）文化求同

比较显著的是宗教信仰文化，持有某种宗教信仰或是被耳濡目染的人们，会主动寻求到某些宗教圣地或拜访相关宗教景点或是参加相关宗教文化活动。不认同或是对宗教文化没兴趣的人群，是很难被吸引的。

所以在开发旅游客源市场时，要注意本地的宗教与人文资源，利用好此点，开发文化同源的客源市场。

（2）文化求异

在文化民俗、民间艺术、饮食文化等方面，游客普遍具有的是猎奇心理。曾有如此说法："越是民族的，越是世界的"，也可引申说明旅游产品也是：越是独特的，越是会吸引人。

所以，可以利用此点开发新、奇、特的文化旅游商品，吸引文化背景不同的游客。其中要特别注意挖掘推广文化旅游商品背后的文化渊源和内涵，让游客能更好地理解，进而认识到该文化的独特魅力。

6.3.2　旅游客源市场开发策划的类型

客源市场开发往往需要协调整合旅游资源所在地的各种力量一起参与，所以常见到政府主导的、行业协会组织主导的客源市场开发活动，常做的是目的地形象的整体营销，或是目的地所在景区和其他旅游资源的联合营销，面向所选择的客源市场细分人群。

除此之外，单个旅游企业也常需要进行单独的客源市场开发，往往需要调动旅游企业上下游产业链的合作伙伴一起参与。依照旅游企业性质的不同，又可分为景区客源市场开发、旅行社客源市场开发、酒店客源市场开发等。

下面分别阐述政府主导、行业协会主导和企业主导这三种市场开发策划方式的特征与优缺点[①]：

1）政府主导型

政府主导的旅游客源市场开发活动，常常针对的是远程客源市场开发或是重点客源市

---

① 熊元斌.旅游营销策划理论与实务[M].武汉:武汉大学出版社,2005:79-81.

场的整体宣传推广造势。

政府主导旅游客源市场开发的优点包括：一是可以节省单个旅游企业的推广费用；二是可以克服单个旅游企业无法逾越的行政障碍；三是树立目的地旅游产品的整体形象和信誉等。

政府主导旅游客源市场开发的缺点包括：一是无法突出单个旅游企业；二是推广的深度不一定够，无法保证客源地潜在消费人群的转化率。所以旅游企业需要在政府主导的旅游客源市场开发活动基础上，一方面可以利用好政府开发活动这个舞台；另一方面还需要自行开展针对性更强、更深入的开发活动。

2）行业协会主导型

旅游行业协会有很多，例如全国性的有：中国旅游协会、中国旅游酒店协会、中国旅行社协会等，地区性的旅游行业协会组织就更多了。

由旅游行业协会主导的旅游客源市场开发活动，优点在于对市场变化的反应速度较快，具有规模效应；缺点在于会员企业间不易协调，开发所获机会不易均等。所以旅游企业需要鉴别行业协会主导客源市场开发活动的质量，有所选择地参加。

3）企业主导型

企业主导的客源市场开发活动最具有灵活性，针对性强，容易取得直接的推广效果；但是由于缺乏规模效应，容易导致市场覆盖面广度不够。

总之，企业应该将这三种形式的开发活动合理组合运用，充分发挥各自的长处，弥补各自的短处，达到开发活动的最佳效果。

6.3.3　旅游客源市场开发策划的内容

1）市场细分

市场细分是旅游客源市场开发策划的第一步，是在深入研究旅游客源市场的过程中，选择一个或多个市场特征标准作为细分标准，将整体旅游客源市场划分为多个不同特征的细分市场，以更好地理解旅游客源市场群体的需求与分布，便于找到一个或多个目标市场，开展更有针对性的营销推广活动，获得更佳的活动效果。

旅游客源市场可采用的细分标准在前面已经介绍，此处不再赘述。

在选择细分市场标准时，要注意如下几个原则：可进入性、可衡量性、可获利性、可实施性。

2）目标市场选择

目标市场选择是指在细分市场评估的基础上，根据本企业的实际情况选择一个或几个细分市场作为目标市场。

企业选择目标市场时,需要综合考虑本企业的核心竞争力、细分市场的需求特点、主要竞争对手这三者之间的相互制约关系。

企业选择的目标市场应该是:那些企业能在其中创造最大顾客价值,并能保持一段时间的细分市场。[①]

目标市场选择策略主要有无差异性策略、差异性策略和集中性策略这三种基本形式。无差异性策略是指旅游企业对所有客源市场一视同仁,没有针对性的推广策略;差异性策略是指旅游企业选择几个细分市场为目标,分别策划采取不同的推广策略;集中性策略是指旅游企业只对一个细分市场开展推广活动,或是对不同的客源对象采取定制化的推广策略,或提供定制化的旅游产品与服务。

3)市场定位

市场定位是指通过适当的谋略在旅游消费者心目中,建立本企业(产品)不同于其他竞争对手的独特市场地位,从而影响其旅游消费行为向有利于本企业的方向发展。[②]

市场定位的重点是找到本企业有竞争优势的差异所在,对其进行重点宣传和开发。选择差异时要注意:一是该差异应该能为游客创造十分重要的价值;二是该差异竞争对手短期无法提供或无法超越;三是目标市场的游客有能力购买该差异;四是企业可以从该差异获取一定的利润。

4)市场开发手段

市场开发手段日新月异,层出不穷,目前常用的有以下几种:
①与目标客源市场群体直接沟通。
②通过各种传统传播媒介进行宣传和引导。
③通过各种网络媒体和自媒体开展网络营销。
④邀请旅游客源地的旅游经销商和媒体记者实地考察。
⑤参加旅游客源地的各种旅游会展活动。
⑥举办切合客源市场旅游需求的各类节庆活动。

5)市场竞争策略

旅游市场开发竞争激烈,旅游企业在进行旅游客源市场开发时,也需根据竞争状况,制订相应的竞争策略,据此可以有以下四种竞争策略[③]:

(1)防御型市场开发

在市场上处于领导地位的旅游企业可采用防御型策略,可以不断挑战自我,对现有的旅游产品和服务进行升级换代,或是不断推出新的旅游产品和服务,淘汰旧的,让竞争对手不

---

①②③ 熊元斌.旅游营销策划理论与实务[M].武汉:武汉大学出版社,2005:85,87,90-91.

得不跟着领导企业的节奏前进,疲于追赶。

（2）攻击型市场开发

在市场中处于第二、第三位置的企业,常常可以采用攻击型市场开发策略,向领导者企业发起挑战。攻击型市场开发的重点是要集中力量攻击竞争对手的弱点,首先选择在某一个或某一类细分市场,集中力量取得在该市场上的优势。

（3）奇袭型市场开发

奇袭型市场开发是在对手没有准备的情况下或是忽视的地方,发起挑战。可采用价格奇袭、分销渠道奇袭、产品奇袭等策略。

（4）游击型市场开发

实力不够的中小企业,可以致力于成为一个区域性小市场的"地头蛇",以此为基础与大的"强龙"型旅游企业相抗衡。

以新疆天山天池景区为例。朱新荣等①（2015）通过分析所做的天山天池景区客源市场抽样调查问卷,对景区客源市场进行了初步研究,总结出景区客源市场特征。最后提出加大宣传、创新旅游产品开发,通过增加近距离游客的重游率和提高远距离游客的出游率来稳定和开拓天山天池景区的旅游客源市场的建议。

该研究采用实地问卷调查的方法,调查问卷发放点集中在天池景区门票处及游客服务中心,回收有效问卷1 666份。数据分析发现:天池景区客源地较为集中,主要是来自东北、西北和华北地区的游客。据此提出建议:开拓远程（华南、华东等东南部省区）客源市场,提高近距离游客重游率。还发现:抽样对象年龄在15～24岁和46～64岁的人群,在游客中所占的比例不小。由此建议:重点开发暑假的学生客源和小长假出游的年轻人;46～64岁年龄段的旅游人群中女性居多,建议加强在中老年女性人群中的宣传力度。

最后,根据调查结果,还综合提出以下建议:一是加大现代媒介的宣传,同时注重"口口相传"效应。二是创新天山景区的旅游产品开发。细分旅游市场,开发注重体验、休闲等旅游产品。三是联合乌鲁木齐和吐鲁番,推出"品味天山"特色旅游产品。

6.4　旅游市场营销组合策划

6.4.1　市场营销组合概念及其发展

1964年,美国哈佛大学的鲍敦（Neil. Borden）教授首先提出市场营销组合的概念,他认

---

① 朱新荣,张文亚,贾凤勤,等.新疆天山天池景区客源市场分析与开拓研究[J].安徽农业科学,2015,43（16）:187-189,200.

为市场营销组合是指市场营销人员综合运用并优化组合多种可控因素,以实现其营销目标的活动的总称。①

至今,市场营销组合理念经历了三个阶段。第一阶段是在20世纪60年代之际,美国密歇根大学教授杰罗姆·麦卡锡(E. L Mccarthy)提出营销活动开展的四要素:产品(Product)、价格(Price)、渠道(Place)、促销(Promotion)四要素,即企业的营销活动就是以适当的价格、适当的渠道和适当的促销手段,将适当的产品和服务投放到特定市场的行为,这就是一度被视为市场营销理论的核心和精髓的4P理论。菲利普·科特勒将权力(Power)和公共关系(Public Relations)纳入其中,形成了6P理论。随后,科特勒又增加了探究(Probing)、划分(Partitioning)、优先(Prioritizing)、定位(Positioning),从而将6P发展成10P。此外,针对服务的特殊性,西方学者布姆斯和比特纳(Booms and Bitner)在1981年提出了7P理论,即在4P的基础上加入了人员(Participant)、有形展示(Physical Evidence)、过程(Process)。Borden等人指出营销组合的12因素:产品设计、定价、品牌、渠道设计、个人销售、广告、促销、包装、展示、服务、有形设施(Physical handling)、营销跟踪(Fact finding)、分析。②③ 然而,以4P为主导的第一代营销组合理论是从企业的角度出发进行营销组合,忽视了顾客,忽视了竞争对手因素,该组合对市场变化反应迟钝,容易导致"营销近视症",并容易受到追随模仿,最终造成无差异化营销的局面。

20世纪70年代中叶,西方国家经济发展停滞不前,顾客需求呈现出多样性,更为注重产品或服务的质量,企业之间的竞争也变得异常激烈。在这样的背景下,美国学者劳特朋教授(Robert Lauterbom)率先提出4C理论,这标志着营销组合进入第二阶段。4C理论改变了传统4P理论所提倡的产品优先的理念,坚持以顾客为导向,以追求顾客满意为目标,所关注的组合要素为:消费者(Consumer)、成本(Cost)、便利(Convenience)、沟通(Communication)。4C提倡根据消费者的需求和欲望来生产产品和提供服务,参照顾客支付能力来进行定价决策,从方便顾客购买及方便为顾客提供服务来设置分销渠道,强调企业同顾客的情感交流、思想融通,以寻求企业同顾客的契合点。

第三阶段营销模式是指以建立顾客忠诚为目标的4R理论,出现于20世纪80年代全球范围内服务业兴起之际。人们对服务业的顾客满意度调查研究发现:吸引一个新顾客的成本是保持一个满意的老顾客的5倍,一个满意的顾客会告诉3~5个朋友他的感受,但是一个不满意的顾客会告诉10~20个人他糟糕的感觉。营销人员意识到忠诚的顾客对企业的重要性,他们不仅重复购买产品或服务,对价格的敏感度较低,而且能够成为企业品牌传播的意见领袖。在这样的背景下,美国学者舒尔兹(Don E. Schultz)提出了4R理论,4R具体指:

① 郭英之.旅游市场营销[M].大连:东北财经大学出版社,2014:273-274.

② Bardon K S. On-site questionnaire surveys in UK leisure research[J]. International Journal of Tourism Management,1981,2(1):36-48.

③ McDonald, M. Marketing plans. How to prepare them, how to use them (6th)[M]. Amsterdam: Butterworth-Heinemann,2007:322-325.

市场反应(Reaction)、顾客关联(Relevance)、关系营销(Relationship)、利益回报(Retribution)。

表 6.1　4P、4C、4R 营销组合比较

时　间	20 世纪 60 年代	20 世纪 70 年代	20 世纪 80 年代
营销组合	4P 营销组合	4C 营销组合	4R 营销组合
营销导向	生产者导向	消费者导向	竞争者导向
营销模式	推动型	拉动型	供应链型
顾客需求	相同或相近	个性化需求	感觉需求
营销方式	规模化经营	差异化经营	整合营销
营销目标	满足现实的具有相同或相近顾客需求,并获得目标利润最大化	满足现实的和潜在的个性化需求,培养顾客忠诚度	适应需求变化,并创造需求,追求各方互惠关系最大化
营销工具	产品(Product) 价格(Price) 渠道(Place) 促销(Promotion)	消费者(Consumer) 成本(Cost) 便利(Convenience) 沟通(Communication)	市场反应(Reaction) 顾客关联(Relevance) 关系营销(Relationship) 利益回报(Retribution)
顾客沟通	一对一单向沟通	一对一双向沟通	一对一双向或单向沟通
投资成本	短期低、长期高	短期较低、长期较高	短期高、长期低

6.4.2　旅游市场营销组合及分类

旅游市场营销组合是指旅游企业的综合营销方案,即旅游企业对自己可控制的各种营销因素(产品质量、包装、服务、价格、渠道、广告等)进行优化组合和综合运用,使之协调配合、扬长避短、发挥优势,以便企业更好地实现营销目标。不同的学者提出了不同的旅游市场营销组合方式。

1)麦卡锡营销组合法

麦卡锡分类法是旅游市场营销组合中应用最广泛的分类法,它把市场营销组合概括为4P 组合,即产品(Product)、价格(Price)、销售渠道(Place)和促销(Promotion)的组合。

2)科特勒营销组合法

科特勒(Philip Kolter)提出了 11P 组合,他认为,产品、价格、销售渠道和促销是战术性的 4P。探查(Probing)、分割(Partitioning)、优先(Prioritizing)和定位(Positioning)是战略性4P,此外还需考虑权利、公共关系和人三个因素。[①]

---

① 赵西萍.旅游市场营销学[M].2 版.北京:高等教育出版社,2012:189-190.

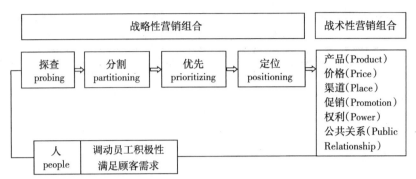

图 6.1 科特勒营销组合模型(11P)

3)考夫曼营销组合法

考夫曼(C. Devotil Cofiman)是美国著名饭店市场营销学家。经过多年潜心研究,他提出了组成饭店市场营销的 12 个因素:产品计划、定价、牌号、销售渠道、人员推销、广告、促销、组合、陈列展示、服务、储存和市场调查。1980 年,他在《饭店营销》一书中又将上述因素简化为 6 个 P,即人、产品、价格、促销、实施和组合①。

表 6.2 考夫曼营销组合法

人(people)	指旅游者或旅游市场。企业通过市场调查确定本企业消费对象,再详尽了解他们的需求与愿望。
产品(Product)	指企业向顾客提供的包括有形的设施与无形的服务的整体旅游产品。
价格(Price)	指产品定价,一要符合旅客愿望;二要满足企业利润需要。
促销(Promotion)	使顾客深信本企业产品是他们所需产品,促使顾客产生购买行为的措施。
实施(Performance)	指产品的传递。旅游企业通过接待与服务,促使顾客再次购买,并为企业做好的口头宣传。
包装(Package)	是指产品和服务的结合,满足顾客物质上、精神上的需求,在顾客心目中形成本企业独特的形象

4)雷诺汉营销组合法

美国康奈尔大学市场学教授雷诺汉(Leo M. Renugham)认为:饭店餐馆等服务性企业和生产企业在营销方面有着质的区别。旅游饭店的营销组合应划分为三个方面,即产品与服务、表象和信息传递。②

(1)产品与服务

旅游者往往把产品与服务视为一体,从得到的产品实体和服务中获得满足,而不是仅仅

---

① 程道品,伍进. 旅游市场营销学[M].北京:中国林业出版社、北京大学出版社,2009:151-152.
② 郭英之. 旅游市场营销[M].大连:东北财经大学出版社,2014:277-278.

以占有产品实体获得满足。因此,这与过去从工业、商业中引入的营销组合侧重于有形产品有较大的不同,它要求旅游企业应把整个产品、服务组合连成一体,而不应把产品或服务当作孤立的销售对象。

（2）表象

表象包括能使企业产品和服务成为有形的所有因素。这些不同的因素使消费者区别出各个不同的旅游企业。表象一般由以下因素构成:建筑、地理位置、气氛、价格和服务人员。其中气氛使服务更有形象,影响购买者决策。例如,企业通过家具、灯光、空间、面积、音乐、装饰等布置,提供"优雅"的气氛,可使企业在消费者心目中加深印象,从而促进销售。价格是旅游者推断产品和服务的最直接工具。服务人员的仪表、态度直接影响顾客对于产品和服务的评价和感受,服务人员是企业的"活广告"。

表 6.3　雷诺汉营销组合法

产品与服务		在以往的营销组合中,旅游饭店往往侧重于有形产品推销,对无形的服务则重视不够。但旅游消费者往往把产品与服务看成一个整体,因此不应该将产品或服务孤立开来进行营销。	
表象	建筑	建筑的外部情况和各服务中心在建筑中的布局状况的合理性。	使旅游企业的产品与服务更为有形的所有因素
	地理位置	旅游饭店所处地理位置、距繁华地区的距离状况。	
	气氛	旅游饭店通过家具、灯光、音乐、装饰、面积、空间、色彩等布置来营造一种在消费者心目中加深印象的氛围与感觉。	
	价格	旅游饭店采用心理定价、等级定价等方法来明确其产品与服务价值。	
	服务人员	旅游饭店服务人员外表以及他们向顾客提供服务的态度与质量,直接影响顾客对服务质量的感受。	
信息传递		旅游企业通过向顾客提供无形服务质量方面的信息使这些无形服务有形化,以增进顾客对本企业的产品与服务的了解和期望,进而产生消费欲望的所有因素。	

5）布姆斯和比特纳营销组合法

布姆斯和比特纳（Booms and Bitner）认为,在服务业中,除了传统的 4P 组合外,需要额外考虑人员、有形展示和服务过程。

（1）人员（Participant）

人员包含公司的服务人员与顾客。在现代营销实践中,公司的服务人员极为关键,他（她）们可以完全影响顾客对服务质量的认知与喜好。尤其是服务业,人员素质参差不齐,服务表现的质量就无法达到一致的要求。人员也包括未购买及已购买服务的顾客。营销经理人不仅要处理公司与已购顾客之间的互动关系还得兼顾未购顾客的行为与态度。

（2）有形展示（Physical Evidence）

商品与服务本身的展示即使所促销的东西更加贴近顾客。有形展示的重要性在于顾客能从中得到可触及的线索,去体认你所提供的服务质量。因此,最好的服务是将无法触及的东西变成有形的服务。

（3）过程管理（Process Management）

过程是指顾客获得服务前所必经的程序。进一步说，如果顾客在获得服务前必须排队等待，那么这项服务传递到顾客手中的过程，时间的耗费即为重要的考虑因素。

6）莫里森营销组合法

美国普渡大学教授莫里森（Morrison）提出旅游营销组合的 8P 理论，在传统的 4P 基础上额外增加以下要素[①]：

（1）人员（People）

指客人及东道主（工作人员），旅游服务质量高低不仅取决于一线员工，也取决于客人与东道主之间的互动。

（2）产品打包（Packaging）

在了解顾客需求基础上，通过对有关目的地、服务项目及接待设施进行打包组合，去迎合消费者需求。

（3）活动编排（Programming）

为了增加游客开支或者延长其停留时间，或者增加旅游产品吸引力，从而为游客安排特殊的盛事活动。

（4）结伴合作（Partnership）

结伴合作指旅游组织开展的联合促销，既有一次性的联合促销活动，也涉及战略性的联合促销协议。

7）国内学者的营销组合观

国内学者戴光全（2003）提出了"扩大的旅游营销组合"模式（图 6.2）[②]。这一扩大的营销组合模式，在传统的 4P 模式基础上，加上 2P（People 人员、Process 进程）和 1S（Tourist Service 游客服务）形成的，这一模式简称为 6P1S 模式。由于游客数量的多寡、分布区域的广狭以及忠诚度的高低都直接与旅游产品的生产经营工作密切相关，与游客服务工作的好坏不可分离。抓好游客服务工作就可以不断增加游客的数量、扩大游客的区域分布范围、提高游客的忠诚度，从而真正贯彻旅游营销的市场观念。以 6P1S 模式为指导，旅游市场营销能够克服传统营销组合观念的不足，把市场观念贯穿于旅游企业生产经营的全过程。

---

① 阿拉斯泰尔·M.莫里森.旅游服务业市场营销：第 4 版[M].李天元，译.北京：中国人民大学出版社，2012：383-385.

② 戴光全.旅游关系营销：旅游营销创新的一个概念性框架[J].桂林旅游高等专科学校学报，2003，14（4）：9-13.

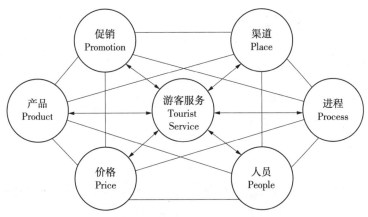

图 6.2　扩大的营销组合概念(6P1S 模式)

6.4.3　旅游营销组合特点

1)整体性

旅游营销组合涉及诸多元素,不同元素组成一个有机整体,涵盖了产品设计、价格制订、销售渠道和促销,并逐渐从企业视角向顾客视角转变,将顾客也纳入营销组合中,因此,营销组合理论框架体现出时间、空间和关系多个价值维度。

2)层次性

虽然不同学者提出了不同的旅游营销组合理论,但是每个理论体系都是一个多层模型,均由诸多不同的子系统组成。如经典的 4P 组合是由产品系统、价格系统、渠道系统、促销系统 4 个子系统组合,每个子系统是独立且复杂的市场营销手段。

3)动态性

不同的企业采取不同的营销组合,同一个企业在不同时期所采取的营销手段也有所变动。在实践中,营销组合不仅相互渗透和配合,而且是随市场环境的变动而变动的。[①]

4)可控性

营销组合因素对企业而言是可控因素,企业可以根据自身需要,设计旅游产品特征、价格、质量、数量等。自由选择促销手段、销售方式和渠道,制订销售预算,形成自己的企业形象等。

---

① 沈鹏熠.基于顾客价值的旅游目的地营销创新研究[J].经济问题探索,2008,(11):133-138.

6.4.4　旅游市场营销组合的原则

1）目标性原则

营销方案的制订和执行是以市场为导向,以顾客满意度为基点,因此,确定旅游市场营销组合时,要有明确的旅游目标市场。

2）协调性原则

各个要素要有机地联系和协调组合,以最佳的优化组合状态,为实现整体旅游营销目标服务。

3）经济性原则

营销组合的选择要考虑投入产出效用,以最少的投入获得利益最大化。利益不仅涉及经济利益,还有社会利益、生态环境利益等。

4）反馈性原则

营销环境瞬息万变,市场营销组合要根据环境的变化不断进行调整修正,这就要求有不断及时反馈的市场信息。

6.4.5　旅游营销组合策划

旅游企业提供给旅游消费者的产品,本质上是一种服务,旅游服务营销组合是"7Ps"组合,即包括产品、价格、渠道、促销、人员、有形展示以及过程等七要素。

1）设计旅游产品组合

产品包括了核心产品、有形产品和附加产品(科特勒,2000)。以一次出游为例,其出游经历是核心产品,与之相关的门票等元素是有形产品,而机场接送等是旅游附加产品(Chris,2014)[①]。旅游企业在制订产品组合决策时,应注意以下三点:一是旅游产品差异化,设计不同的旅游产品以满足不同旅游者需求,如旅游企业可以根据游客年龄设计"亲子游""夕阳红"等不同的线路。二是旅游产品品质化,努力提升旅游产品或服务质量以树立良好的市场口碑,旅游企业需要关注服务项目齐全与否、服务是否及时、服务是否移情等内容。三是旅游产品创新化,旅游企业需要不断创新旅游产品才能持续发展,创新可以是全新的旅游产品,也可以是换代型旅游产品,或改进型旅游产品,如新开发的旅游景点,新的旅游线路,升级后的景区或酒店等。

---

① 克里斯·库珀. 旅游学精要[M]. 石芳芳,译注. 大连:东北财经大学出版社,2014:285-286.

2）制订旅游商品价格

合理的价格决策可以提高旅游企业的竞争力,并有利于企业凭借现有资源获取更多的利润。旅游企业在制订价格策略时应充分考虑五个基本因素,即市场营销目标、产品成本和利润、顾客对产品或服务的认知价值、细分市场差异以及可能的竞争性反应。

旅游企业可以采用以下四种定价策略:一是当旅游企业推出新的产品或服务时,采取撇脂或渗透价格策略,以尽快收回成本或提高市场占有率,如上海迪士尼开园时采用了 499 元/高峰日撇脂定价以维持品牌的高端形象。二是针对关键细分市场展开价格促销策略,以提高本企业产品在主要细分市场中的份额,并削弱竞争者的地位,如同程网经常以"一元景区"的价格策略展开与携程网等其他在线旅游企业的竞争。三是当企业能将产品成本控制到较低水平时,可采取降价策略,以扩大销售量和阻止竞争者进入,如 Airbnb 以较低的价格吸引着全球各地的旅游者。四是对某种旅游产品实行(亏本)招徕定价策略,在吸引更多游客前来消费时通过高价售出其他配套产品以获取利润,如"一元门票""一元菜肴"等。

3）选择多样的分销渠道

旅游产品分销渠道即旅游产品使用权在转移过程中所经过的各个环节连接而成的通道。Goeldner 等人认为旅游营销渠道就是指旅游产品的生产者向购买者描述和确认旅游安排的途径,它可以是一个运营机构、系统或者多个旅游组织的结合。[①]旅游中间商具有市场调研、开拓市场、组合加工等功能,合理选择分销渠道,有助于旅游企业扩大市场范围、节约营销费用和提高营销效率。旅游企业应巧妙利用区域销售、代理营销、网上销售等分销渠道,最大限度提升销售量。

4）设计合理的促销方案

促销在影响顾客需求、减少季节性影响和提高游客忠诚度方面发挥强大作用。促销是指劝说、告知、提醒潜在消费者并向其传递产品益处的信息(Chris,2014)。[②]旅游促销方式一般有广告宣传、营业推广、人员推销及公共关系四种。如图6.3 所示,南宁某旅行社采用了广告宣传和营业推广两种促销方式。旅游促销策略可分为推式策略和拉式策略两类,前者着眼于说服游客采取购买行为,在促销方式上以人员推销为主,辅之以营业推广和公关活动;后者则立足于强调旅游商品特色和游客利益,在促销方式上多采用广告宣传和营业推广。

图 6.3　旅游促销广告

① Geoldner, C. R. and Ritchie, J. R. B. Tourism principles, practices, philosophies, wiley[M]. Hoboken:NJ. 2009.

② 克里斯·库珀.旅游学精要[M].石芳芳,译注.大连:东北财经大学出版社,2014:287-288.

【案例分析】

内地旅游企业纷纷加入"双十一"电商促销战

今年同程旅游"双十一"主推的优惠产品涵盖景点、酒店、周边游、机票、酒店、出境游、邮轮等旅行产品,所有的产品都会在11月11日当天开始预订,除了500家1元景点、200家半价景点等产品之外,当天还会有数量都相当可观的9元住酒店,111元买机票,预定邮轮路线送邮轮卡等。

为在"双十一"消费狂欢中占据市场,除在线商旅之外,以广州广之旅为代表的不少旅行社企业也使出浑身解数,联动线上线下渠道,以吸纳更多不同需求的消费人群。今年该社"双十一"促销活动将覆盖天猫旗舰店、官方网站、微信、线下门店等通道,出境、出省、省港澳、商旅代订等市场产品悉数参加,出游价格普遍下降数百元至数千元,价格最低1元起售。

（程景伟,等.内地旅游企业纷纷加入"双十一"电商促销战[EB/OL].(2014-10-30).中国新闻网.）

上述案例充分表明,网络时代下旅游企业逐步转向依赖强劲快捷的网络营销功能,并以线上营销、多类型线上平台以及特有的节假日活动,甚至独特语境的节庆(如"双十一")相组合,形成叠加的营销效应,达到高质量的营销目标。

5)提高人员的旅游活动参与度

人员包括了游客和旅游服务人员。首先,企业需要以游客为本,游客是企业生存和发展的根本,市场竞争就是吸引宾客的竞争。提高游客参与度可以提高其忠诚度。[1]因此,旅游企业应高度尊重信任客人,提供宾客偏爱的产品、服务和承诺,让客人享受到满意加惊喜的服务,增加顾客的参与程度,以提高体验感知,最终成为忠诚消费者。其次,旅游企业以员工为本,正确地激励人、培育人、选拔人、留住人,调动员工创造力和积极性,为旅游企业的整体营销创造最大合力。

6)关注旅游有形展示

旅游有形展示,是指旅游企业为提高产品的吸引力,将自身的服务特色进行有效的实物化,并通过展示使产品更容易被旅游者把握和感知。有形展示可分为物质环境、信息沟通和价格。物质环境是由周围因素、设计因素、社会因素构成,具体而言如环境清洁度、员工服饰礼仪、企业形象标识设计等。信息沟通总体上有两种形式:服务的有形化和信息化,具体办法就是在服务中和信息交流中强调与服务相联系的有形物,以达到最佳服务效果。价格与环境、信息一样,也是一种对服务的展示,加强对价格的有形展示,也是实施有形展示策略的

---

① Harrigan P, Evers U, Miles M, et al. Customer engagement with tourism social media brands[J]. Tourism Management, 2017(59):597-609.

重要内容,除了价格高低与价值相符外,关键还要增强价位透明度,增加宾客对旅游企业的信任。如一句好的广告词、一首经典的旅游景点歌曲、一张详细的旅行地图、一套精美的景区图片、一部风景怡人的旅游宣传片,都可以达到吸引游客的目的。

7)优化旅游服务过程

旅游产品的过程性是旅游服务的本质特性。Grönroos(2006)指出营销的过程是企业对顾客做出承诺,以及满足顾客基于承诺的期望。[1]旅游营销过程是多方参与并协同创新的过程。[2]由于旅游者参与服务的生产过程,服务过程通常被认为是服务产品的组成部分,旅游者对服务的满意不仅来自旅游产品的实物组成,同时也来源于服务的传递过程。旅游过程是旅游服务营销组合中的重要因素。需要设计每个旅游服务环节的行为规范、服务标准、参与协作的前台、后台以及支持人员的工作任务,并以旅游者对服务质量的反馈作为旅游服务过程优劣的评价标准。旅游过程设计中,游客的参与度越高,服务人员提供满意服务的可能性就越高。

6.5　旅游品牌策划

6.5.1　品牌概念

品牌的英文单词 Brand,源出古挪威文 Brandr,意思是"烧灼"。人们用这种方式来标记需要与其他人相区别的私有财产。到了中世纪的欧洲,手工艺匠人用这种打烙印的方法在自己的手工艺品上烙下标记,以便顾客识别产品的产地和生产者,这就产生了最初的商标,并以此为消费者提供担保,同时向生产者提供法律保护。在学术界,科特勒的品牌理论应用最多,他认为品牌是一个名称、名词、符号或设计,或者是它们的组合,其目的是识别某个销售者或某群销售者的产品或劳务,并使之同竞争对手的产品和劳务区别开来。城市营销学家兰晓华从顾客感知角度诠释了品牌的内涵:品牌是通过以上这些要素及一系列市场活动而表现出来的结果所形成的一种形象认知度、感觉、品质认知,以及通过这些而表现出来的客户忠诚度,总体来讲它属于一种无形资产。

6.5.2　旅游品牌概念

旅游品牌是指旅游经营者凭借其产品及服务确立的代表其作品及服务的形象的名称、标记、符号或它们的相互组合,是企业品牌和产品品牌的统一体,它体现着旅游产品的个性及消费者对此的高度认同。狭义的旅游品牌是指某一种旅游产品的品牌。广义的旅游品牌

---

① Grönroos C. On defining marketing: finding a new roadmap for marketing[J]. Marketing Theory,2006,6(4):395-417.

② Calantone R J, Mazanec J A. Marketing management and tourism[J]. Annals of Tourism Research,1991,18(1):101-119.

具有结构性,包含某一单项产品的品牌、旅游企业品牌、旅游集团品牌或连锁品牌、公共性产品品牌、旅游地品牌等。

6.5.3 旅游品牌作用

1)体现旅游企业核心价值

游客在使用旅游品牌化产品后满意度较高,就会围绕品牌形成消费经验,存贮在记忆中,为将来的消费决策形成依据。企业为自己的品牌树立良好的形象,便将品牌赋予美好的情感,或使其代表一定的文化,从而使品牌及品牌产品在游客心中形成美好的记忆。比如麦当劳,人们对于这个品牌会感到一种美国文化、快餐文化,会联想到质量、标准和卫生,也能由麦当劳品牌激起儿童在麦当劳餐厅里尽情欢乐的回忆。

2)扩大旅游目标市场规模

通过品牌管理,将旅游品牌价值传递给游客,可以由忠诚顾客向非忠诚顾客传递,也可以由现实顾客向潜在顾客传递,从而扩大目标市场。

3)降低旅游市场开发难度

由于旅游商品的无形性,游客在购买决策时有较高的风险感知,他们会搜集多种信息,其中,品牌就是不可或缺的因素之一。因此,提升旅游品牌形象可以大大降低市场开发的难度。

4)保持游客的忠诚度

品牌吸引力可以增加顾客的品牌认知,从而可以提高游客的满意度及其忠诚度。[1]品牌是维护稳定的客户关系的重要因素,游客愿意多次到知名度较高的旅游城市或景区旅游。

5)形成独特的竞争优势

企业品牌价值对客户的影响力能够对潜在竞争者形成进入壁垒,如"青城山天下幽"的品牌深入人心后,周边的四姑娘山、天台山等竞争对手在市场越加被动。因此,也有学者提出,品牌化正成为各目的地重获竞争优势的武器。[2]

6.5.4 旅游品牌策划原则

1)创新性

旅游品牌必须有特色、有新意,能凸显地域性,彰显地方或者区域特色,同时也能富于时

---

[1] So K K F, King C, Hudson S, et al. The missing link in building customer brand identification: The role of brand attractiveness[J]. Tourism Management, 2017, 59:640-651.

[2] 沈鹏熠. 基于顾客价值的旅游目的地营销创新研究[J]. 经济问题探索, 2008, (11):133-138.

代特征,汲取现代元素。

2)可行性

旅游品牌策划必须从实际出发,符合旅游发展实际情况,不能名不副实,不要盲目攀比,好高骛远。

3)可持续性

策划旅游品牌时,要借助产品的生命周期理论,分析产品在市场中的发展情况,针对旅游产品发展情况对品牌进行定位与宣传,以确保旅游品牌经得起时间考验,经久不衰。

6.5.5　旅游品牌策划步骤

旅游品牌策划是指旅游企业或目的地营销部门为了达成某种特定的目标,借助一定的科学方法和艺术,为决策、计划而构思、设计、制作策划方案的过程。从深层次来讲旅游品牌策划就是使企业品牌或产品品牌在消费者脑海中形成一种个性化的区隔,并使消费者与企业品牌或产品品牌之间形成统一的价值观,从而建立起自己的品牌声浪。

1)旅游企业现状及目标分析

对旅游企业的现状进行分析和评估,确定品牌是否清晰明确,意义是否积极向上,旅游市场定位是否准确,游客对于品牌的认知和印象是否和初衷一致,企业希望实现的效果和目前的状态,并总结存在的不足和问题。

2)旅游行业现状分析

旅游行业分析主要是指分析该行业的市场环境,找到自己的行业地位,并运用相关的品牌策略。由业务矩阵图(图6.4)可知,企业在市场中有绝对领导者、成熟领导者、新兴竞争者和跟随者四种情况,旅游企业应该根据其在行业中的具体情况采取相应的品牌策略。

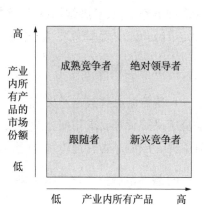

图6.4　业务矩阵图

绝对领导者品牌策略:坚持品牌推广,巩固行业地位,给行业其他竞争者造成壁垒。

成熟领导者品牌策略:加大品牌推广,巩固行业地位,保持品牌优势,促进市场增长。

新兴竞争者品牌策略:加速品牌推广,争取行业的领导地位,快速提高市场占有率。

跟随者品牌策略:无须品牌推广,降低各种成本,快速渗透市场,与竞争者瓜分市场份额。

3）品牌战略选择

借助品牌—业务矩阵图分析企业经营现状与品牌情况,并提出发展对策。由品牌—业务矩阵图可知,品牌偏好较高市场份额较低时,企业宜采用扩大客户群的方法来提高市场占有率,而市场份额较高品牌偏好较低时,企业应该迅速提高品牌层次,提高企业形象。企业最佳的发展路径是品牌偏好和市场份额均较高的轨迹。

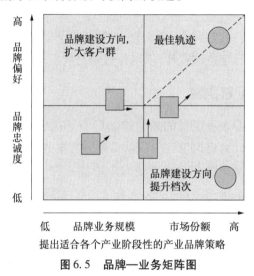

图6.5　品牌—业务矩阵图

4）旅游品牌设计

在了解了企业经营情况与行业发展现状后,便进入旅游品牌设计阶段。该阶段需要完成品牌类别定位、品牌结构设计、产品广告语宣传设计、品牌形象提升塑造、品牌形象代言人确定、Logo 设计、品牌包装、渠道设计等。

5）旅游品牌管理

明确旅游品牌战略意义,企业内部统一认知观念,统一行为,统一形象。品牌管理实施,建立与品牌管理要求相配合的绩效考核指标,完善激励与约束机制,将品牌管理工作落到实处。完善旅游品牌管理体系,注重品牌审计、宣传及包装规范,市场信息收集等。

6）旅游品牌推广与营销策略

进行品牌形象的宣传和品牌维护是品牌资产持续增值的重要手段。在宣传时,需要了解不同沟通对象的不同诉求。社会公众想了解品牌的价值内涵(如诚信)、形象内涵(如实力雄厚)和管理内涵(如高效规范);同行旅游企业是关注形象层面(如行业巨头)和产品层面(如产品较新、较全);旅游消费者关注旅游产品的价值诉求点/卖点,关注用户的体验感知。因此,企业需要对不同的沟通对象采取不同的推广渠道和促销策略。

【综合案例分析】

转型升级背景下浙江旅游营销策划

一、背景

2011 年 6 月颁布的《浙江省旅游业发展"十二五"规划》明确指出,"'十二五'时期是推进全省旅游业转型升级的关键期,是把旅游业培育成为我省国民经济的战略性支柱产业,实现旅游经济强省目标的攻坚期。"可见,转型升级已成为浙江旅游业当前面临的重要任务。在旅游业转型升级的背景下,旅游产品结构、旅游市场格局、游客诉求及出游形式、旅游运营方式等要素的变化都要求旅游营销方式必须有所转变,突破固有模式和惯性思维,寻求多维突破和创新发展,充分发挥市场营销作为目的地管理工具的重要作用。因此,转变和创新旅游营销方式是浙江旅游业顺利实现转型升级和获得持续发展的必然要求。

二、浙江旅游营销现状

(一)旅游形象推广全面展开

旅游目的地营销首要是目的地形象营销,形象营销是浙江旅游业在任何发展阶段都不能忽视的问题。从 2001 年全省"诗画江南·山水浙江"旅游形象的确立到如今各市地域旅游形象营销的全面开展,旅游形象营销已成为浙江旅游营销一项必不可少的内容,省、市、县、区都有自己明确的体现当地特色的宣传主题(部分地方的形象宣传口号见表 6.4)。总体而言,浙江省旅游形象推广的发展轨迹呈如下特征:从单体局部转向全局整体、从一县市形象大使转向一地区的推广中心、从以产品为中心转向以消费者为中心、从产品推广时代转向品牌推广新时代、从传统推广转向网络推广、由国内推广转向国际推广。时至今日,浙江省各主要旅游市县几乎都成立了旅游形象推广中心,按照"政府主导、企业主体、市场运作"的方式,形成了"旅游节庆、广告宣传、市场推介"三位一体的营销模式,通过联合旅游、餐饮、广告等业内外机构,整合浙江旅游营销资源,搭建旅游产品包装、宣传推广、信息服务、活动策划等平台,扩大本地区旅游资源的对外营销。

表 6.4　浙江省及部分市、县、区旅游形象口号

省(市、县、区)	旅游形象口号	省(市、县、区)	旅游形象口号
浙江	诗画江南,山水浙江	诸暨	游西施故里,观五泄飞瀑
杭州	东方休闲之都	上虞	百里曹娥江,千里唐诗路
淳安千岛湖	千岛碧水画中游	海宁	游湖乡胜景,览天下奇观
富阳	富阳山水,孙权故里	武义	浙中桃花源,江南华清池
桐庐	潇洒桐庐,富春山水	松阳	千年古县,田园松阳
宁波	东方商埠,时尚水都	舟山	海天佛国,渔都港城
象山	东方不老岛,海山仙子国	普陀	海天佛国,东方渔都

(二)区域联合营销渐成模式

在全球经济一体化的今天,竞争与合作相互渗透,以区域联合、资源整合、资本融合为主导的各种形式的营销联盟势不可挡。在"互利共赢"思想的指导下,区域联合促销已成为浙江旅游营销的一种常用模式。其中既包括与省外区域的联合营销,又包括省内各区域间的联合营销;既包括多个常态化的区域联合体,又包括各种动态的区域营销合作活动,部分典型的常态化区域联合体见表6.5。各种形式的区域联合营销以品牌共享为基础,以营销合作为主导,通过整合优势资源、分担营销费用、共建区域品牌等,大大提高了区域的旅游市场开拓能力和区域旅游形象,增强了竞争实力。

表6.5 部分区域旅游联合体

区域联合体名称	时间/年	参与区域
长三角无障碍旅游区	2003	上海、江苏8市、浙江6市、黄山
四省九市区域旅游合作机制	2003	浙赣闽皖9市
海峡西岸黄金旅游圈	2009	以福建为主,涵盖浙江、广东、江西3省的部分地区
"活力浙东南"旅游联合体	2004	宁波、温州、舟山、台州和绍兴
"浙东南五彩之旅"联合体	2010	温岭、临海、乐清、永嘉和洞头
中国旅游合作联盟	2011	浙江省11个城市

(三)营销手段渐趋多样

在使用宣传册、杂志、电视、旅游交易会等传统旅游营销手段的同时,浙江旅游营销的方式也在不断创新。信息技术的进步和旅游者消费行为的变化使得目的地营销组织更加注重新技术的采用和对消费者注意力的吸引,越来越多的地方开始借助各种节庆活动、影视剧、互联网、短信促销平台、旅游游戏、旅游动漫等方式进行宣传促销。尤其是在借助互联网营销方面,全省各地市都开通了专门的旅游网站,并实现了与省级旅游网站及其他地市网站的链接交换,有的还与国内著名旅游电子商务网站合作进行营销。

(四)国际旅游市场营销受到重视

在把浙江省打造成为国际旅游目的地的目标之下,国际旅游市场营销日益受到重视。针对不同的国际市场,先后设计出多种不同的主题形象,由高层领导带队进行境外旅游推介活动,聚焦国际目光,如先后组织了"港澳·浙江周""美国·中国浙江周""法国·中国浙江周""德国·中国浙江周"、2010年欧洲浙江旅游推介活动等境外旅游推介活动,极大地提高了浙江旅游在各主要国际市场的知名度。

三、浙江旅游营销策划内容

(一)了解客户需求,重新塑造品牌形象

第一,要正确理解旅游形象定位的内涵。旅游形象定位应遵循三个基本原则,即基于目标市场、基于目的地特质、基于差异化而非优点。这是当前省内各地旅游管理部门必须认识的首要问题。第二,以差异化定位,缔造全省旅游营销合力。虽然省内各地之间存在竞争,但无论是从浙江旅游业整体竞争力的提升角度来看,还是从省内的良性竞争角度而言,都亟需各地旅游管理部门摒弃争相宣传"山水""休闲"的传统竞争观念,结合游客心理需求,发掘自身特色,认真思考既能利用本地区优势旅游资源,又能在宣传大战中脱颖而出,令游客耳目一新的形象定位口号,从而形成错位发展,缔造全省营销合力。第三,借助市场调研确定品牌形象。目前,许多地方形象定位口号的产生往往基于对本地区"地格"或"地脉、人脉"分析,主要通过对当地自然地理特征、历史文化特征等的分析,概括出本地区的品牌形象口号。这种做法违背的目的地形象定位的一个最基本原则,即形象定位必须首先考虑目标市场认知,不被消费者认可的形象口号再美、再动听也是枉然。因此,建议各地在确立旅游形象定位时,借助科学的调查、统计手段,弄清楚在游客心目中哪些优势在竞争对手面前可以真正称得上是优势,并以此为基础考虑本地区的旅游形象定位。

（二）借助新技术,建立精准化营销体系

一是推动营销手段不断创新。以市场调研为重点,判断形势演变,建立市场分析机制,提高市场预测能力和市场开发的针对性;成立网络营销专门机构,以加强全省旅游网站建设为基础,扩大与国内外知名网站的合作,加快推进网络营销步伐,依托互联网快速树立浙江省各地旅游品牌在欧美等远程市场的形象;以政府引领、企业主体为手段,鼓励和引导旅游企业发展电子商务和网上宣传营销,构建网上销售特别是远程市场的销售平台。二是紧跟科技发展的前沿,加快建设浙江旅游目的地营销系统,加大对新技术的认知和利用,借助新技术、新手段、新平台、新服务增加对外宣传的手段和渠道,提升浙江旅游目的地形象和旅游业整体服务水平。

（三）基于全域旅游战略,建立省域旅游品牌体系

浙江省旅游发展路径应该是旅游全域化。全域旅游的本质是泛旅游产业的差异开发和集聚落地。对于浙江而言,目前处于旅游品牌竞争力培育和快速提升两个阶段之间。浙江省域旅游品牌体系的建立是旅游业应对新的竞争态势、成功实现转型升级的必然选择,有助于全省形成统一品牌,各地区形成差异化品牌,有序、有机地进行市场营销。可喜的是,2010年4月由浙江省旅游协会主办,中国旅游浙江主流媒体联盟承办,钱江晚报等媒体协办,浙江大学旅游学院、浙江大学旅游品牌研究所等一批大中专院校作为学术支撑的"2010年浙江旅游品牌竞争力评选活动"拉开帷幕。据了解,类似这样的旅游品牌竞争力评选活动在国内还属首次。这为建立以省级旅游品牌为统领的省域旅游品牌体系起到了积极促进作用。

（四）瞄准国际市场,加大旅游推广

第一,推动国内国际合作。以"远程借力"为切入点,拓展与国际重要的旅游企业如德国途易、日本JTB等的战略合作,发挥浙江在法国、日本、美国等国联络处的作用,构建目标市场代销代售和形象宣传的国际网络;与国际主流媒体如BBC、CNN、美国国家地理频道、欧洲体育频道等合作,宣传推广浙江品牌和形象。

第二,举办好欧洲、美洲、中东等各类商旅活动,深化与远程市场旅游企业战略合作。以"接轨上海"为核心,充分利用上海国际化平台拓展浙江旅游品牌的国际宣传,联手实施国外营销。入境旅游必须发展远程高端市场。以深化航线战略为抓手,继续推动新航线的开辟,着力依托航线开发欧美等远程市场,并以高端休闲度假游客为主要客源群体,实施针对性营

销,撬动高端市场。

第三,要在巩固传统海外市场上创新发展。加强境外客源市场分析研究,密切关注欧美等市场走向,深化日韩等周边市场的营销,加大日、韩、东南亚等地区宣传推介力度,努力稳定入境游市场份额。要引导景区广告互换、信息互通、客源互送,实现市场共享、互利共赢。

(庞力萍,高静.转型升级背景下浙江旅游营销创新研究[J].浙江外国语学院学报,2011(6):89-94.)

第7章
旅游地开发策划

　　旅游地开发策划在旅游规划与开发中扮演着重要角色。旅游地作为旅游产业的聚集空间,旅游产业的发展正是通过其动态的开发过程实现的。因而,对旅游地的开发策划也就成为推动旅游产业发展的首要工作。旅游地开发策划,具有十分高度综合且丰富多样的内容。广义地说,包括所有指向旅游地开发的系列流程式的策划活动,例如上游的开发选址、范围界定与配套设施策划,中游的产品与项目开发、空间结构开发、内部游线开发,下游的改造策划与提升开发策划等。

7.1　旅游地开发策划含义

7.1.1　旅游地及旅游地开发

1)旅游地

　　旅游地是指在一定地域空间范围内,以对客源市场具有吸引力的旅游吸引物为基础,形成旅游业吃、住、行、游、购、娱六大要素综合协调发展的旅游目的地。[①]实际上,旅游地的空间范围跨度很大,可以大至一个国家或省域,小至一个景区,并没有一个固定的范围大小,但无论大小却都有一定的边界。同时,一个旅游地的吸引物可以是综合性的,也可能是特色性的,但一般都以旅游产业的特色化而区别于周边区域,具有旅游产业要素的综合性,并推动旅游业的协调发展。总之,旅游地具有空间边界稳定、吸引物聚集、旅游产业主导、旅游产业要素齐全等特征。

　　国家质量监督检验检疫总局《旅游景区质量等级的划分与评定(GB/T 17775—2003)》中,将旅游区定义为:经县级以上(含县级)行政管理部门批准成立,有统一管理机构,范围明确,具有参观、游览、康乐、求知等功能,并提供相应服务设施的独立单位。旅游区内旅游资源相对密集,旅游区一般由中心区和接待服务中心组成旅游综合体。国内外学者普遍认为,

---

[①] 杨振之.旅游资源开发与规划[M].成都:四川大学出版社,2003:3.

旅游区是含有若干共性特征的旅游景点和旅游接待设施组成的地域综合体。可见,旅游区与旅游地的概念既有区别又有联系。前者强调特定的产业区域,而后者强调目的地,一般后者较前者面积为大。也就是说,旅游目的地可能包括几处旅游区。而不论是旅游地还是旅游区,其下属都由若干景区组成,每一个景区的景点组成,组成景点的基元则是景物。由此构成为旅游景观的层级系统。①

2)旅游地开发

开发,其原意是以荒地、矿山、森林、流域等自然资源为对象,通过人力加以改造,以达到为人所利用的目的的一种生产活动。旅游地开发就是指以发展旅游业为前提,以市场需求为导向,以提高旅游地对游客的吸引力为着眼点,有组织、有计划地完善旅游配套设施,把旅游资源建设或改造成为旅游业所利用的吸引物的经济技术系统工程。

旅游地开发的手段包括改善目的地的可进入性,提升传统旅游资源吸引力以及创造新型旅游产品,通过这些手段,使目的地成为具有吸引力的旅游环境和接待空间,以促进旅游经济发展。因此,旅游地开发包括配套设施建设、潜在旅游吸引物的开发、现实旅游吸引物的再开发、创造新旅游吸引物实施旅游开发以及创新项目与活动等内容。

7.1.2 旅游地开发策划

1)相关概念的辨析

首先要对旅游地开发策划、旅游开发策划以及旅游地策划三个概念加以区别。有学者认为,旅游开发策划是介于项目可行性研究、总体规划、方案设计与发展战略之间的综合性谋划,其研究内容包括项目素质和开发条件、项目创意、开发方向与主题、项目内容、项目规模、项目的市场适应性、项目形象设计、市场定位与市场开拓对策、开发管理与调控等。②更有学者明确提出,旅游开发策划主要是面对市场的产品策划,是对项目开发思路和发展战略的总体谋划,重点在于开发项目的品质策划与营造,同时也要考虑其形象定位和市场战略。③因此,旅游开发策划更多倾向于市场化的项目论证及其开发的创意和方案设计。与旅游地开发策划不同在于旅游开发策划过于细化至项目层次,容易导致与本书具体论述的项目策划相交叉。同时,由于其中的研究内容同样包括项目内容、项目规模甚至形象设计等,极不便理清策划与规划的边界及其主体工作内容。

广义的旅游地开发策划等同于旅游地策划。而一般意义上认为旅游地策划等同于旅游地的新开发策划,显然,旅游地策划涵盖的内容更为广杂,不仅包括开发的策划、改造的策划,甚至包括旅游地的营销策划、形象策划等。本章以狭义的旅游地开发策划为基础,即侧重介绍旅游地的新开发策划,重点研究其中的选址策划与范围界定、发展方向与定位策划、

① 江金波.旅游景观与旅游发展[M].广州:华南理工大学出版社,2007:32.
② 彭华.旅游开发策划在旅游地规划中的应用研究——以丹霞山两个新景区为例[J].经济地理,1999,(19):139-155.
③ 苏少敏,赵飞.关于旅游开发策划的初步探讨[J].经济与社会发展,2005,3(7):66-69.

空间结构策划以及内部游线开发策划等内容。

2）旅游地开发策划的定义

根据上述,在此将旅游地开发策划归纳如下:广义的旅游地开发策划,是针对特定地域范围的旅游目的地,为了提升目的地吸引力进而推动旅游产业发展,围绕新增或改造旅游要素而开展的全部策划工作。狭义的旅游地开发策划,则是指通过确定特定的空间边界及其空间结构划分,为开发一个新的旅游地而进行的策划活动。旅游开发策划的实践过程就是使旅游地潜在旅游吸引物产品化、项目化的一个过程,是一个目的地的生产过程。

本书并没有按照上述配套设施建设、潜在旅游吸引物的开发、现实旅游吸引物的再开发、创造新旅游吸引物实施新开发以及创新项目与活动等五大内容展开,主要是考虑旅游地新开发的重点技术在于:选址策划与地域范围确定、开发方向与发展定位策划、空间结构划分以及游线开发等四大问题,而理论上旅游地开发的五大内容,与本书后面内容的重复性,例如活动策划,也超越了新开发的范畴。

7.2　旅游地开发选址策划

1992 年邓小平在中国的南海边画了一个圈,从此掀开了中国经济特区波澜壮阔的发展史。这个圈画在什么位置? 为什么定在那个位置? 就是选址问题。与旅游地选址相伴随的就是旅游地空间边界及其范围大小的界定。这是旅游地开发策划面临的首要任务。

7.2.1　旅游地开发选址策划的影响因素

1）选址策划及其意义

所谓旅游地的选址策划,就是通过比较研究若干地块的交通、吸引物、经济社会等条件与环境,确定未来目的地所在区位所进行的策划工作。区位具有高度综合属性。地理上是指特定地球坐标位置、海陆位置以及距离主体市场的相对位置,同时,区位也有其特定的自然属性和经济社会属性,反映特定的自然地理结构以及在此基础上发展的经济社会特征、文化教育水平等。因此,通俗地说旅游地的选址策划就是围绕旅游发展目标,寻找最佳的空间位置尤其是资源位置、客源位置及其与未来旅游产业发展高度综合匹配的地理空间,使得该地域的自然和人文属性能与旅游产业发展相得益彰。

旅游地开发的选址策划意义重要。首先,科学选址是旅游地科学开发的第一生产力,成功的选址往往意味着成功开发的一半,能够极大节省旅游开发的交通成本以及旅游专项投入,同时,最大化利用客源市场,达到推动旅游地开发的目的。其次,科学选址有利于充分发挥该地域地理要素,包括自然资源、文化资源,尤其是旅游资源的优势,顺势推动旅游产业的发展,促进城乡功能、空间资源的优化配置,从而积极带动地方经济社会发展。再次,选址策划深刻影响旅游地策划和规划的后续工作,决定着旅游地开发的空间布局、项目选择、产品塑造乃至于旅游地的形象发展等。这是因为,任何旅游地的规划、开发与发展,都必须紧紧依靠其区位属性,必须借助其区位周边的市场不断开拓发展。总之,不论是政府,还是其他投资主体,选择旅游地发展的空间,有重点、有步骤圈定旅游发展的潜力空间,充分发挥区域发展现状和条件,促使旅游地在该地产生较大的示范效应与带动效应,都是极其有意义和价值的事情。

2)选址的基本影响因素

理论上,资源条件与区位条件全优的地区构成了旅游地的最佳选址所在。但事实上,优势资源条件和优势区位条件在空间上往往是分离的,这在一定程度上造成了旅游地选址的复杂性①。由此,旅游地选址分属三种类型:资源型、资源—客源型以及客源型。②

旅游地选址的基本影响因素可以概括为空间因素、自然因素、经济因素、社会文化因素四个方面。其中,空间因素最为基础,主要是指选址所在的空间条件,特别是交通便捷程度、客源市场的远近距离以及周边同类项目竞争态势等。自然因素包括气象气候、地质地貌、水文环境、生态许可等,其中旅游资源条件及其开发建设难度尤为主要。

经济因素主要包括所在区域的经济体制、经济水平、经济结构、经济政策、旅游设施基础以及提供未来旅游开发的配套能力(通信、供电、水、热、燃气等)等。尤其是其中的产业结构、经济规模与经济发展速度、政策制度的开放性及稳定性等。社会文化因素主要有土地费用、当地居民收入、选址对当地居民的影响、文化特征以及居民的文化教育程度、地块的规划属性等。

显而易见,上述四大因素都是动态发展的,在实际分析过程中一定要运用动态的观点进行分析,充分考虑各因素未来的动态变化。诚然,最佳的旅游地区位就是交通位置最为便利、风景资源最佳、客源市场近而腹地大以及旅游业发展能够得到当地政策最大支持的区域,但在现实中上述条件难以全部满足。因此,归纳来说,旅游地选址策划,实际上是寻找上述影响因素的最大公约数。例如,韩国庆州波门湖旅游度假区选址考虑的因素重点考虑了近首尔的区位、国王墓地、佛教寺庙等知名历史遗址作为主打吸引物、水景波门湖作为旅游活动空间等。

还需特别指出的是,作为相对于其他旅游地和客源地的位置与关系,旅游区位具有相对、动态的特征之外,同时与游客的感知密切相关,这决定了旅游区位创新的广阔空间。通过改变旅游区位的存在属性和社会公众的心理感知,旅游区位创新可以起到化劣为优、转危为机、点石成金、锦上添花的作用,特别是对于区位弱势旅游地而言具有特别意义。旅游区位创新主要从改善交通、科学竞合、提升感知、凸显文化四个方面进行。③

---

① 吴国清. 旅游度假区开发:理论·实践[M]. 上海:上海人民出版社,2008:108.
② 刘家明,季任钧. 旅游度假区开发的选址研究[J]. 人文地理,2001,16(5):49-52.
③ 李庆雷,唐跃军,杨春和. 旅游区位创新论[J]. 西华大学学报(哲学社会科学版),2011,30(4):110-114.

7.2.2 旅游地开发选址策划的技术流程

结合诸多选址策划成功案例以及作者自身的经验积累,旅游地选址策划的技术流程如下(图7.1):

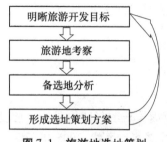

图7.1 旅游地选址策划流程示意图

1)步骤1 明晰旅游开发目标

就是对所需发展的旅游开发项目进行详细分析。主要内容是对旅游开发的目标、性质、发展方向、产业定位、规模大小、主体功能、主要项目设置、预期投资等进行分析,做到心中有数。这往往由策划委托方提出相关旅游开发意向,但是策划受托方可以提出完善或改进意见,务必使双方明晰旅游开发的详细情况,以便有的放矢地开展旅游地开发的选址工作。

2)步骤2 旅游地考察

围绕上述旅游开发意向,开展旅游地相关的实地考察工作。这是选址策划流程中最为大量的工作。重点是分析各地块影响选址的基本因素,也就是空间因素、自然因素、经济因素、社会文化因素等。深入开发四大因素所囊括的具体指标,进而形成各地块综合评价。其评价方法一般有 Huff 的纯利润估计法、Gruen 的顾客行为法、加权平均法、GIS 技术方法等[1][2]。值得一提的是,在已有较大影响的选址理论中,爱德华·因斯科普(Edward Inskeep)特别强调资源条件的要求,以考虑环境因素为主,相对忽略了区位条件;斯蒂芬·史密斯(Stephen Smith)强调区位条件,主要考虑市场的因素,却忽略了资源条件;而美国土地协会观点较为全面,综合考虑了资源环境的因素和市场条件(区位)。对相关影响因素进行综合动态的分析在旅游地考察过程用于评价地块旅游价值是十分重要的。

实际情况也有可能委托方在尚未完全明确旅游开发方向等情况下,却先有了旅游地选址的意向。这种情况下,对旅游地的考察相对较为简单,可以较快地进行第三个步骤。

3)步骤3 备选地分析

这是旅游地开发选址策划中最为关键的环节。其要求是,遵从步骤1的旅游开发目标导向,从上述多个考察的旅游地中选出两三个,作为未来旅游地开发的备选地,并对它们进行专门的深入分析对比。对比可以采取单项因素比对、综合分析对比,定性对比、定量对比,第三方的专家对比、委托方参与对比等多种方法进行,务求最终选择出最佳的地块。需要淘汰的地块一般存在区位较差、市场缺乏后劲、交通瓶颈制约、资源品位较低、项目近距离重复等情况。

---

① 吴国清. 旅游度假区开发:理论·实践[M]. 上海:上海人民出版社,2008:178.
② 高峻,裘亦书. 基于 GIS 技术的旅游景区度假村选址评价研究——以广东南昆山七仙湖为例[J]. 人文地理,2009,24(6):82-85.

4)步骤4　形成选址策划方案

综合集成上述三个步骤,撰写选址策划书,完成选址策划工作。需要特别注意的是,旅游地的不同开发类型,其开发选址存在较大差距。例如旅游集散地与旅游度假村的选址就有很大不同①②。注意到这些差异,还是要回归到步骤1所说的旅游地开发的目标分析上。

7.2.3　旅游地开发范围的界定

1)旅游地边界与范围

旅游地边界是指旅游景区或目的地由四至界定的最远距离而构成的封闭边界线。旅游地范围则是指在旅游地边界所覆盖的旅游产业发展所在的地域空间。虽然,2005年国际古迹遗址理事会(ICOMOS)《西安宣言》第一次专门以文物古迹"周边环境"为探讨主题,拉开了以独立视角对景区周边环境进行重点聚焦的序幕③,但在此所指的范围仅指所策划的旅游地开发选址所对应的区域内部范围,而不包含其周边环境范围。由于空间地理要素过渡的渐进性,而且旅游资源分布也并非均衡分布,因此在实际上导致旅游地开发边界划分和范围确立的弹性。但依然具有一定规律可循,并且遵循科学和艺术所设定的旅游地边界和范围,对于旅游地的空间集约利用、降低开发成本、旅游产业空间格局演化均具有深远影响。

2)旅游地开发范围界定的原则

从地理学角度审视,旅游地就是旅游产业的特定区域,其以旅游资源富集以及旅游产业主导而差异区别于周边空间为特征。因此,需要从内部共同性及其与外部的差异性为基础,并结合其旅游产业发展需要进行范围界定。

(1)主导要素的原则

主导要素的原则就是呈现所策划旅游地主导要素的原则。例如以资源为主导的选址,应该选址于旅游资源富集的区域。而以市场为导向的选址,应该尽可能选址在交通最为便捷的空间进行其旅游地的范围界定。深圳世界之窗就是其中典型案例。世界之窗处于深圳南山区繁华的深南大道上,占地48万平方米,其旅游地本无特别的旅游资源,但由于位置优越,交通条件优越,市场消费潜力大,通过发展特殊鲜明的主题公园,荟萃130个世界著名景观,集自然风光、民俗风情、民间歌舞、大型演出以及高科技参与性项目于一园,自1994年6月创办以来,历经22年而不衰。

(2)完整紧密的原则

完整紧密的原则是指根据内部旅游要素是否联系完整紧密来确定其边界范围。越是完

① 马开良.旅游度假村建设选址考察要素探析[J].四川旅游学院学报,2016,(2):47-51.
② 伍海琳.城市旅游集散中心选址与规划布局研究——以长沙为例[J].湖南行政学院学报,2011,(3):50-53.
③ 胡炜霞,吴成基,李娟.旅游景区周边环境范围界定的影响因素及定性方法——以晋陕景区为例[J].干旱区资源与环境,2012,26(9):184-189.

整、旅游要素联系紧密的,越应该划分为旅游地范围,相反,弃之于外。这是旅游地同质性的要求,也是旅游地今后产业集约发展的必然要求。因此,国务院对风景区范围规定"要保持风景区面貌的完整,满足游客的需要,不受行政区划限制"。

(3)成本收益兼顾的原则

要采取既考虑降低开发投入,减少开发成本,又增加产业收益,综合确定旅游地的范围大小。除非有旅游地产置业的考虑,旅游地的范围并非越大越好,而是效益越高越好。

(4)预见未来的原则

根据旅游业发展趋势,为该旅游地的未来发展预留空间;按照统一的项目策划,为不同时期的旅游发展创造更多的空间生产机会。因此,边界范围的确定,不能只看到眼前数年,而应该放眼10年、20年乃至更远的未来,以空间的灵活性带动旅游业的滚动开发,以空间的弹性助推旅游地产品供给侧结构性改革以及旅游地产业发展的转型升级。

(5)管理可行的原则

鉴于中国行政管理的刚性特征,为便于管理,应尽可能将完整的行政区特别是县、乡、镇等基层行政区划入同一旅游地的边界范围。

7.3 旅游地开发方向与定位策划

选址策划方案已有具备旅游地开发方向与定位的雏形,但尚需进行深化策划,使之更加清晰明确。

7.3.1 旅游地开发方向策划

1)旅游地性质

《旅游规划通则》(GB/T 18971—2003)将"确定旅游区的性质"作为置于开发方向之前的必要内容之一。旅游地的性质即其特有的特征和作用。只有明确了旅游地的性质,策划才能突出特点,才能明确开发方向,进而避免开发的雷同。

一般地,旅游地性质需依据其典型景观特征、资源类型、区位因素、发展对策以及功能选择等确定。[①]因此,必须明确表述风景特征、主要功能、旅游地级别等方面的内容。例如将广东八乡山旅游度假区性质确定为"依托优越的山地自然生态及其衍生的大量神奇的地貌喝形文化,突出宗教文化和中国传统'五福'文化特色,融入地域客家文化元素的观光旅游、生态休闲、文化体验、康体健身、娱乐游憩、高端度假一体化的国家意义的综合化大型文化休闲度假旅游区"[②]。

---

① 付军.风景区规划[M].北京:气象出版社,2004:40.
② 江金波.广东八乡山旅游度假区总体规划(2012—2020),2012:22.

可见,旅游地性质,也就是其特质,以其资源与景观属性,规定了其主体功能特征,综合其发展的前瞻性,赋予其发展体量与等级的内涵。

2)旅游地开发方向策划

事物发展的方向由其性质所决定。对开发方向的策划至少包括以下几个方面内容:

(1)旅游方式方向

旅游方式方向是观光、度假、专项(科普教育、会奖旅游)还是其他类型例如综合方式等的不同旅游发展方向。这是开发方向最为主要的策划内容。

(2)投资规模方向

投资规模方向是采取投入大、中还是小的投资,进行旅游地的深度开发还是限度开发。必须结合旅游地占地规模、自然还是人文景区的性质、未来旅游市场需求等进行合理策划。这也是开发策划所需要同步考虑的。

(3)高中低端层次方向

高端旅游一般选择高端人群,主题明确,装备专业、对游客的文化素质要求高,旅游地管理严格,受众较小。例如生态旅游是指在一定自然地域中进行的有责任的旅游行为,为了享受和欣赏历史的和现存的自然文化景观,这种行为应该在不干扰自然地域、保护生态环境、降低旅游的负面影响和为当地人口提供有益的社会和经济活动的情况下进行。[①] 为此,对游客的交通工具、旅行装备、旅游行为都有环保方面的种种限制性要求。

7.3.2　旅游地开发定位策划

重点围绕以下三大方面进行策划,组成旅游地开发定位策划的系统内容。

1)战略(发展)定位策划

战略定位本质上就是要创造一个独特的、有价值的、涉及不同系列经营活动的地位。从波特的观点来看,战略定位就是要以与竞争对手不同的方式执行相同的活动,或执行完全不同的活动。旅游区战略定位就是其全局性核心定位,关键要解决的问题是,在开发方向的基础上,确定可能和能够具体达成的开发内容。对于行政区域的旅游地,往往以旅游产业的地位为主导,以建设目标的区域影响力为关键。而对于特定的旅游区,其战略定位一般从区域性地位、旅游产业特色或旅游主体功能等方面进行表述。

如《广东省旅游发展规划纲要(2011—2020 年)》对其战略定位为"国民经济的重要支柱产业。惠及全民的幸福导向型产业。全国旅游综合改革创新示范区。亚太地区具有重要影响力的国际旅游目的地。世界级现代旅游服务业基地"[②]。确立了广东省旅游产业为该省

---

① 百度百科。

② 广东省旅游发展研究中心.广东省旅游发展规划纲要(2011—2020 年)[EB/OL].(2012-07-06).广东省人民政府网.

国民经济的重要支柱产业的地位,同时,表达了全国旅游综合改革创新示范区、亚太地区重要影响的国际旅游目的地、世界级现代旅游服务业基地等的建设目标,共同构成为广东省的旅游战略定位。再如广东省清远市飞霞山旅游产业园区总体规划将该旅游地战略定位为"华南高端生态休闲旅游产业集聚区",并将其内容解释为:一方面要营造良好的生态休闲环境,将其打造成为高端生态休闲旅游区,形态上表现为生态观光、山地运动为基础,高端康体养生和会议度假为主导;另一方面立足珠江三角洲,面向华南地区,辐射全国,提供休闲旅游度假服务,具备对外服务功能,从而将飞霞山打造成为区域性休闲旅游中心,形成特色鲜明的生态旅游产业集聚区,使得生态休闲旅游成为该产业园的基本功能。①其区域地位为"华南高端""立足珠江三角洲,面向华南地区,辐射全国",而旅游产业特色为"生态休闲旅游产业集聚"。

2)主题定位策划

侧重从旅游开发的主题进行提炼,使之成为一种主题导向的开发定位。着眼构建旅游区开发的主题,可以是一个也可以是两三个主题的并置。突出在开发方向策划基础上的主题方向的选择性深化。很多旅游地开发,尤其是旅游景区的开发定位,较为强调主题定位,以增强开发的可行性。例如作为一个城区所属的旅游区,广东省梅州市泮坑旅游区首位的旅游资源显然是其水体景观及其浓郁的民俗文化色彩,因此,其发展被策划为以水体景观带动山地景观开发,以公王庙民俗文化带动客家文化活动。由此确定其发展的主题定位为"客家山水览胜与文化休闲旅游区"②。

3)客源市场定位策划

就是对未来旅游地的游客市场进行的策划定位,其工作目标是预设和论证其主体客源市场所在区域,其他客源市场的范围等。一定程度来说,旅游地的区位及其旅游开发的主题定位决定着客源市场定位。此外,客源市场定位策划的依据还涉及竞争者的识别与评估、宏观环境分析和旅游者需求分析等。③

一般地,为了更加形象直观地表达,借用旅游规划的路子,常用一级市场、二级市场、三级市场表示远近不同等级的客源市场,或采用基础市场、核心市场、拓展市场和机会市场等表示不同规模的市场来源。例如,以西双版纳为核心的澜湄次区域旅游开发策划,其客源市场策划为积极拓展的国际旅游市场,以日本、东南亚为主体的区域旅游市场,需加大宣传欧美等远程国际市场以及云南、上海、江苏等国内市场。④其中,云南相当于基础市场,区域旅游市场、国内旅游市场相当于核心市场,国际旅游市场和远程国际市场即为拓展市场和机会市场。

① 江金波.广东省清远市飞霞山旅游产业园区总体规划(2013—2020).2013:69.
② 江金波.泮坑旅游区旅游发展总体规划(2011—2025).2011:19.
③ 马勇、李玺.旅游规划与开发[M].北京:高等教育出版社,2005:102-111.
④ 保继刚.旅游区规划与策划案例[M].广州:广东旅游出版社,2005:280-281.

7.3.3 旅游地开发模式策划

1)旅游地开发模式概述

研究旅游开发模式的文献可谓汗牛充栋。但不少文献无视旅游开发模式的基本含义,将旅游地开发模式与旅游地的经营管理模式相混淆,或将开发模式与开发策略、开发的先后顺序相混淆。必须指出的是,旅游地开发模式,也常简称为旅游开发模式,特指确定的旅游地,其所选择发展旅游产业的综合方式,主要是指其产业发展的模式,有时也指产业的空间布局模式。因此,旅游地开发模式是先于其经营管理模式的前置模式,较之开发策略更具全局性、宏观性和综合性,更与旅游地选择的先后开发次序有着本质的不同。更不能将旅游地所限制的特定旅游产品的经营作为开发模式。

应该说,不同类型的旅游地,例如自然旅游地、乡村旅游地、城市旅游综合体等,因为旅游资源、环境条件等差异很大,造成它们选择的旅游开发模式很不相同。甚至于每一大类旅游地,因为地区不同和资源具体属性不同,其旅游开发模式也存在多种类型。为此,有学者研究认为,国内旅游综合体主要有城市商业型、生态休闲型、文化创意型、休闲度假型四类开发模式[1],提出将城市社区旅游作为创新型非遗旅游开发模式[2]。有学者基于宜昌民族文化旅游开发案例分析,归纳我国民族文化旅游开发的"政府+市场+社区""资源+产品+产业""开发+保护+传承"等"三位一体"模式[3];把"社区驱动+政府引导+市场参与+外围助力"作为我国西部地区合理的民族旅游开发模式[4]。其中的外围助力是指借助游客、媒体记者、专家学者以及规划团队在内的各种群体,提供的信息、技术和咨询服务等;德国鲁尔区作为工业遗产旅游的典范,其开发模式主要有三种,即博物馆模式、主题公园模式和购物文化园模式。[5] 依据相关研究和开发实践,也有人提出专业合作社旅游开发的三种主要模式:农户集体主导模式、农户精英主导模式和相关组织主导模式[6]。由此可见,旅游地开发模式因地而异、因类而异、因时而异。

2)旅游地开发的传统模式

从 20 世纪 80 年代至 21 世纪初期,我国区域旅游开发的模式经历了资源导向、市场导向、产品导向、形象导向和旅游产业导向下的泛旅游产业聚合等五个阶段。[7]

(1)资源导向模式

20 世纪 90 年代提出"资源+区位模式",按区域的风景旅游资源和区位条件的结合状况

① 吴儒练,刘叶飙,吕晶. 我国旅游综合体的开发模式及分类发展对策[J]. 商业经济研究,2016,(2):179-181.
② 张希月. 非物质文化遗产的旅游开发模式与优化策略[J]. 人民论坛,2016,(11):80-82.
③ 朱世蓉. 民生视域下西部地区乡村旅游资源开发模式研究[J]. 农业经济,2016,(2):109-111.
④ 李天翼. 论民族旅游开发模式的合理建构[J]. 贵州民族大学学报(哲学社会科学版),2014,(6):139-143.
⑤ 孙志娟. 德国鲁尔区工业遗产旅游开发模式研究[J]. 牡丹江学报,2014,23(2):90-92.
⑥ 王西涛,邵娟. 专业合作社旅游开发模式研究——基于三种不同类型旅游专业合作社的分析[J]. 湖州师范学院学报,2014,36(2):91-95.
⑦ 张文磊,周忠发. 全域体验开发模式:区域旅游开发的新途径[J]. 生态经济(中文版),2013,(2):29-32.

划分为六种类型①②。这是资源导向型旅游开发模式的典型代表之一。后来又根据"资源价值高低+区位条件优劣+区域经济背景"的不同组合归纳为四种开发模式③,进一步深化和优化了该模式。该开发模式倚重旅游资源的调查、分类和评价,重点分析旅游资源对旅游地开发的影响,着重依据旅游资源属性、数量、质量等进行旅游地的开发策划和规划,优先和重点地开发那些领域资源禀赋好,尤其是当这些旅游资源区位较好、区域经济条件较好的旅游地。

（2）市场导向模式

随着改革开放的不断深入,人们市场经济意识增强,加之市场开始由卖方向买方转型,20 世纪 90 年代左右,部分学者开始注重市场导向的旅游开发模式,强调以游客的市场需求为导向的旅游开发思路。在此思路指导下,重点开展对游客市场的需求、客源地、消费行为等的调查与分析,开展对游客市场的细化和市场定位,以此为核心,进行旅游地全方位的开发策划。将旅游市场分析作为评估旅游地发展潜力的关键步骤④。需要注意的是,该模式也同时考虑旅游资源的价值,只是不再过于倚重旅游资源的内在静态的有限价值,而是以外向动态的眼光,转向对游客市场需求的对接,并据此对旅游地实施开发策划。

（3）产品导向模式

20 世纪末至 21 世纪初,吴必虎提出了 RMP 分析模式,即区域旅游开发应从资源（resource）、市场（market）和产品（product）三个方面进行程序式评价论证⑤,发展了产品导向开发模式。该模式实际是市场与资源两个导向的综合,最后以旅游产品为关注点。尤其是借助大资本投入,通过人工创造吸引物的开发,推动旅游地的发展。因此,该模式除了资源和市场的调研之外,更偏重于旅游项目和产品的创意设计,据此开展旅游项目和产品的开发策划。

（4）形象导向模式

形象导向的旅游开发模式是在产品开发分析模式的基础上发展起来的一种新思路。通过对旅游地整体形象的策划,确定旅游产品及其组合结构,突出旅游地的形象特色,实施对其特定市场形象的塑造和提升,达到使其旅游资源、市场和产品协调整合的目标,进而促进其深度开发。旅游地形象策划和设计的一般路径是旅游形象调查—旅游地形象设计和策划—旅游地形象的提升。⑥其中,形象调查内容包括现有形象的现状构成要素以及旅游者获得对旅游地心理感知信息的渠道。形象设计和策划内容主要包括口号、标识等形象识别系统,形象传播途径和形象定位等。⑦整合和提升旅游地形象的途径主要是媒体传播和各种旅游节庆的开展。

① 陈传康.区域旅游开发研究[M].北京:气象出版社,1992:2.
②③ 保继刚,楚义芳.旅游地理学:第 3 版[M].北京:高等教育出版社 2012:232.
④ 克里·戈弗雷,杰基·克拉克.旅游目的地开发手册[M].刘家明,刘爱利,译.北京:电子工业出版社,2005:7.
⑤ 吴必虎.区域旅游开发的 RMP 分析——以河南省洛阳市为例[J].地理研究,2001,20(1):103-110.
⑥ 马勇,李玺.旅游规划与开发[M].北京:高等教育出版社,2005:172.
⑦ 李蕾蕾.旅游地形象策划:理论与实务[M].广州:广东旅游出版社,1999:112.

（5）泛旅游产业聚合开发模式

21世纪以来，随着我国城乡协调发展的需要以及旅游产业地位的提高，对区域旅游发展，有学者相继提出"线路统筹"的创新模式[①]、旅游引导的区域综合开发模式[②]、全域度假发展模式[③]以及旅游综合体开发模式[④]。这些新模式可以统称为泛旅游产业聚合开发模式。其策划思路是，以大旅游产业为核心引擎，引导区域综合协调发展，形成旅游度假产业与其他产业，尤其是与休闲地产、城市发展的聚合效应，加速区域旅游开发，构建高端现代产业体系，实现旅游产业发展高度化和产业布局的全域统筹发展。

3）旅游地开发模式的创新策划

旅游地的建构与消费本质上是一种社会文化过程。[⑤]新的历史时期，顺应经济社会转型发展需要，特别是旅游业快速发展的需要，旅游地开发模式不断创新，开发模式策划得到不断丰富充实。

（1）社区主导旅游开发模式

无疑，社区主导旅游开发对于激发旅游大众创业、万众创新，对于推动社区旅游的持续发展乃至地方旅游品牌建设等都有深远意义。为此，西方学术界普遍倡导全程式的参与方式，并基于社区参与的全程式管理，提出了很多具有针对性的建议和研究结果。如从文本、程序及目标三方面展开的评估公众参与程式（Smith，1984）[⑥]；把理解社区与旅游关系的重要性作为生态可持续发展的核心目标（Pearce等，1996），进行社区参与的定量评估并运用于相关案例[⑦⑧]。为分析社区怎样回应旅游、怎样与旅游开发的利益相关者互动提供了可供参考的工具。近年来的研究表明，作为一种制度安排，社区主导旅游更为重要的是进行本土化适应性的反思，中国旅游社区参与的本土化，关键在于是否有当地文化针对性，也就是文化适应性。最为重要的是，以地方性知识和地方性规范为文化背景中重要的参照系，维护社区参与旅游开发背景的独特性[⑨]。尽管国内外社区旅游开发模式多样，例如中国台湾地区自上而下的社区营造模式、泰国自下而上的第三方管理模式、新西兰政府主导的原住民经营模式和澳大利亚国家公园体制下的合作管理模式[⑩]，但是，社区主导模式依然备受关注和青睐。

① 石应平，赖斌.区域旅游产业跨越式发展的新范式：线路统筹[J].理论与改革，2008，(2)：144-147.

② 林峰，贾雅慧.旅游引导的区域综合开发模式与旅游投资新时代[EB/OL].(2012-01-19).旅游运营网.

③ 杨振之，李枫.度假旅游发展与区域旅游业的转型升级——第十五届全国区域旅游开发学术研讨会暨度假旅游论坛综述[J].旅游学刊，2010，25(12)：90-91.

④ 罗红宝，林峰.让"旅游综合体"成为旅游综合改革创新的战略抓手[N].中国旅游报，2010-12-17(11).

⑤ 斯蒂芬·威廉斯.旅游地理学[M].张凌云，译.天津：南开大学出版社，2006：144.

⑥⑨ 黄虹，曹兴平.基于文化适应性评价的社区主导旅游开发模式研究——以朗德苗寨为例[J].经济管理，2012，(9)：112-120.

⑦ 汪芳，郝小斐.基于层次分析法的乡村旅游地社区参与——以北京市平谷区黄松峪乡雕窝村为例[J].旅游学刊，2008，23(8)：52-57.

⑧ 侯国林，黄震方，张小林.江苏盐城海滨湿地社区参与生态旅游开发模式研究[J].人文地理，2007，(06).

⑩ 李亚娟.国内外民族社区旅游开发模式研究[J].贵州社会科学，2016，(8)：36-43.

作为一种民主化和地方化的开发模式,社区主导开发模式,固然有其先天不足。比如开发资金的不足、技术水平和管理能力较低等。但是,社区主导依然包容投资合作、开放技术和管理合作,"社区主导"强调的是社区掌握旅游开发和管理的主动权和控制权。在开发策划的实践中,解决资金、技术和管理问题的办法也很多。例如鼓励外出乡贤回乡投资开发、进行技术和管理培训、引进专业人才等。

（2）全域体验开发模式

全域体验开发模式,是指依靠新兴的旅游策划咨询公司等旅游企业为主导,以满足旅游者对人生体验的强烈个性化需求为目的,以角色旅游为主题形式,通过短暂改变旅游者的地域空间、身份空间、职业空间、地位空间的方式,充分利用全社会的各种人、财、物等资源灵活地进行旅游产品设计,是一种更为综合和全面强调三大效益,更符合社会和个人可持续发展的旅游开发模式。该模式最为重要的特点是,打破旅游体验固定地域的限制,将"域"拓展至身份空间、职业空间和地位空间,以满足旅游者对人生体验的强烈个性化需求为重要目的,制造一种旅游改变人生的深层次体验活动,突破旅游就是观光、休闲、度假的传统观念,强调专业性的旅游策划咨询企业和旅游开发咨询企业通力合作,提倡依托全社会的各种人、财、物等资源,以旅游者的具体活动项目进行灵活的旅游产品设计,从而更好地规避了投资风险,并提高了开发效率。因此,是一种以角色旅游为主题,以精准设计为理念,一对一的精准开发模式。电影《百万英镑》《甲方乙方》以及湖南卫视的励志节目《变形记》都是角色旅游的最好范例。角色旅游的产品设计流程为"旅游者的人生体验需求+资源+策划+执行"①。

（3）"+旅游"与"旅游+"开发模式

这一模式是指以旅游为连接点,通过策划旅游业其他产业的交叉融合,延伸旅游地的传统产业链,通过提供旅游服务,提高传统产业的附加值,或以旅游为主导,融合其他产业因素,进行综合开发。融合模式选择主要有自然延伸融合、互补与交叉式融合及嵌入与渗透式融合。②其中自然延伸融合指其他产业与旅游产业是系统内第三产业的子产业,两者之间可以通过产品与服务、设计与开发、创意与创意等进行自然性的融合,这种融合不消除各自的独立性,而是基于两者共有的特性而进行的自然融合。例如我国四川成都地区的美食与旅游业的结合就属于自身延伸融合的典型。互补交叉式融合属于将其他产业与旅游之间通过互补进而转化为有价值的产品或模式的融合,互补式融合在很大程度上需要进行商业开发或者有意识的创新才能实现,因为在产业集中和部门分割情况下,互补与交叉融合必须通过文化与旅游资源的整合才能实现。例如一二产业、创意文化与旅游业的融合就属于互补交叉式融合,创意文化与旅游之间的融合可以将创意转化为具体的商品,挖掘创意文化与旅游资源的契合性,来实现文化与旅游的深入融合。嵌入与渗透融合则意味着更高级的融合,嵌

① 张文磊,周忠发.全域体验开发模式:区域旅游开发的新途径[J].生态经济(中文版),2013,(2):29-32.
② 霍艳莲.产业融合视阈下文化产业与旅游产业的融合效应、机理与路径[J].商业经济研究,2015,(12):126-127.

入与渗透可以实现其他产业与旅游产业无缝连接,从而达到真正的融合。嵌入意味着其他产业要素,例如文化作为一种抽象形式可以以任何形式去影响旅游业产品的设计、开发及利用。同样嵌入也意味着旅游资源可以通过寻求新的、富有特色的文化符号为其注入活力与生命力,最终文化与旅游产业的融合形成了别具特色的产业:文化旅游产业。

主要融合途径不外乎"旅游+"和"+旅游"两种途径。前者依托重要旅游景区或致力于旅游市场发展,通过添加相关元素,拓展旅游产业发展路径,实施融合发展。主要形式包括旅游+会议(例如笔者为天露山旅游度假区策划的乡村旅游论坛)、旅游+展示(依托主导产业及其产品)、旅游+商品(购物)、旅游+文创(例如北京的 798 艺术区、上海的 M50 艺术区)、旅游+养生养老(温泉养生的仪式化)、旅游+教育(例如不少孔庙恢复的私塾教育、启蒙教育仪式等)、旅游+美食(美食之旅)。后者基于已有优势产业、乡村或城市旅游目的地,组织旅游产品,延伸产业链,优化产业结构,积极发展专项旅游产业。例如农业旅游、工业旅游(例如海尔工业旅游)、文化(遗产)旅游(例如日益增多的古镇旅游兴起)、乡村旅游(依托特色旅游村落,或古村或专业种植)、康体旅游(基于专业医疗和康复等)、民宿旅游、娱乐旅游、体育旅游、智慧旅游、影视旅游(电影—微电影—影视基地旅游、影视主题乐园)、城市旅游(建设城市旅游综合体)、婚庆旅游(旅游婚纱摄影、婚礼酒店、婚庆主题游)、节事旅游(例如我国哈尔滨冰灯节、西班牙布尼奥尔番茄节等)。随着产业分工的日渐细密,产业之间的融合发展也日益深化。因此,旅游地开发策划的新模式,具有远大前景。

(4)有限有序开发模式

适合很多生态敏感地区,例如岛屿、群岛、生态脆弱带地区等。其开发策划关键应极大降低环境生态压力,以维护生态平衡为基础,采取小众型、小规模的开发模式。例如舟山群岛首先重点建设以普陀山为核心的旅游"金三角",树立普陀山佛教旅游品牌和形象,不断发挥极核效应,再有序地开发朱家尖、桃花、东极、嵊泗列岛等一批精品风景区,形成相互支撑的产品体系,构建舟山群岛型整体性休闲旅游目的地。[①]

7.4　旅游地空间结构策划

空间结构是旅游策划十分重要的枢纽环节,处于旅游地开发方向定位、开发模式等宏观策划和旅游项目、产品、线路等微观策划的枢纽连接地位。空间结构策划具有很强的理论性和艺术性,深刻影响着开发定位目标以及开发模式的实现,影响着旅游项目、产品、线路等的设置与布局。

---

① 马丽卿.海岛型旅游目的地的特征及开发模式选择——以舟山群岛为例[J].经济地理,2011,31(10):1740-1744.

7.4.1　旅游地空间结构及其策划作用

1）旅游地空间结构

旅游地空间结构是指旅游客体在特定空间范围相互作用所形成的空间聚集程度及聚集状态,体现了旅游活动的空间属性和相互关系,是旅游活动在地理空间上的投影。[①]需要强调的是,考虑到旅游地空间结构构成要素的层次性、显性(如景点景区)和隐性(网络及体系等),旅游地空间结构是旅游目的地系统在目的地区域内的空间表达,也是旅游目的地系统内各要素形成的空间关系网。[②]为了增强策划的实践性,本书侧重围绕旅游景区展开空间结构的相关论述。同时,兼顾大中尺度旅游地的空间结构策划。

2）旅游地空间结构策划的作用

旅游地空间结构策划作为旅游地开发的一种"落地"技术,具有十分重要的前瞻性作用。

(1)科学的空间结构,有利于提高空间使用效率

空间是一种日益稀缺、不可再生的宝贵资源,旅游地空间也是这样。因此,一方面要积极发挥旅游地气候、土地、景观等资源优势;另一方面按照旅游市场的需求,对旅游地进行合理的空间布局,构建合理的旅游地空间结构,有效组织旅游线路,能够极大提高旅游地空间使用效率。

(2)科学的空间结构,有利于舒缓旅游交通与景区人流压力

面临我国进入大众旅游新时期,尤其设立"黄金周"以后,井喷式的假日旅游热潮引发的旅游交通及主要景区的巨大压力,亟待通过假日制订、市场管理、信息化技术等手段进行疏导化解。旅游地的空间结构优化,形成主次分明、疏密有度的空间格局,无疑也是其中重要的基础性调控手段之一。

(3)科学的空间结构,有利于旅游业全时全域的协调发展

由于气候的四季变换、消费观念转型等种种原因,很多旅游地都有一定的季节性,影响着旅游资源的集约开发与使用。此外,旅游地的开发建设,能否得到所在地区政府、社区等的长期支持,很大程度上取决于旅游产业对带动当地经济社会发展的贡献。科学的空间结构,通过基础设施、吸引物、配套设施、服务等要素的空间优化配置,做到要素社会化共享的最大化,不仅有助于实现旅游地的四季全时开发,也有助于其实现全域的协调发展。

如何结合旅游资源的分布特点,也是使旅游地经济效益最大化和负面影响最小化而最有效的一种干涉方式。

---

① 黄金火,吴必虎.区域旅游系统空间结构的模式与优化——以西安地区为例[J].地理科学进展,2005,24(1):116-126.

② 常洁,何鹏,林正雨.浅议人居环境视角下乡村旅游地空间结构的优化——以雅安雨城区三里乡村旅游地为例[C].中国旅游科学年会论文集2012.

7.4.2　策划的基本原则

旅游地开发的空间结构策划,应遵循一些基本原则。由于旅游地空间结构布局受到资源禀赋、客源市场条件、区位与交通条件、旅游市场消费变化、社会文化、经济结构、经济发展速度与水平及旅游地屏蔽等多种因素的影响和制约,因此,策划的原则应从这些影响因素出发考虑。主要包括资源特色凸显原则、整体协调发展原则、内外合作联动原则以及适度超前安排的原则。

1)资源特色凸显的原则

这是空间结构策划的首要原则。因为无论市场作用多大,旅游资源对旅游地旅游发展的基础性作用永在,因地制宜并充分利用自身具备的天然资源优势,是空间结构首要考虑的。对于资源导向的旅游区,这个原则更为重要。遵循此原则,就要尽可能利用旅游资源的吸引力差异及其空间规律,最大呈现旅游地旅游资源的空间特色,进行旅游地空间布局策划、功能区划及其游线系统策划。

2)整体协调发展的原则

要有旅游地的全局眼光,从一盘棋格局入手进行空间结构的总体策划,充分考虑旅游地的中心与边缘之间、多个层次不同等级要素之间、旅游地各个功能模块之间、已经开发的用地与储备开发用地之间等的互动、承接、协作等关系,以整体协调、衔接有序、功能互补、集散有度为最高境界,实施高屋建瓴的空间结构策划。

3)内外合作联动的原则

即要以大地域观和大旅游观审视旅游地开发的空间结构问题,虽然旅游地有其地理边界,但并没有精神边界和产业边界,应该跳出特定的地理边界,开展旅游地内外的产业合作联动,构筑与社区的合作共赢关系,尤其是采取双眼视维,在看到区内资源整合潜力的同时,也要看到区外,特别是与邻近区域的协作与联合网络发展格局。这种合作既有旅游产业的上下游合作或旅游业差异化互补或市场共享,也包括旅游业与其他产业的融合。例如,常州市应加强与上海、苏州、无锡、镇江、南京等城市之间的旅游合作,融入苏南整体大旅游圈内。常州环太湖旅游区应加强与环太湖旅游圈的合作,其主要客源也应从环太湖旅游圈的主要客源中挖掘。这就要求常州环太湖区域的旅游资源及旅游景观的开发与建设要有自身特色,要同中求异。[①]

4)适度超前安排的原则

为了做到未雨绸缪,使旅游地开发保持前瞻性,保持旅游市场的开拓引领姿态。旅游地

---

① 卞显红,王苏洁.旅游地旅游空间结构的分析及其优化研究——以江苏常州市为例[J].北京第二外国语学院学报,2002,(4):35-40.

开发的空间结构策划要始终贯彻适度超前安排的原则。这里的"适度"的"度"很关键,因为实践表明,过于超前冒进,往往造成资金、资源浪费,甚至严重影响旅游地经济效益,并因资金回收不及时,资金周转困难等得不到社区、投资方和政府的支持。但是,空间结构的过于短视和务实也是策划的大忌。因为只见现在不见未来,只见盈利不承担风险,可能导致旅游地开发错失良机,严重影响旅游地发展。

为此,要在保持空间结构策划的弹性、预留发展用地的同时,通过深入研究,大胆把握机遇,乘势而上,遵循旅游地空间结构优化的内在规律性,适度超前安排旅游地空间结构的类型、属性和功能,确保旅游地发展的淡旺季相对均衡,做到近期安排与远期安排相结合。例如,现实中很多温泉旅游地考虑夏季(淡季)的项目安排,将部分泳池设计为冬夏冷热水交替使用。这是景区适度超前安排的例子。再如鉴于海南岛逐步形成了旅游业东部发达、西部落后、中部塌陷的局面,提出优化海南省旅游空间结构的策略:建设东部旅游产业集群、西部旅游增长极,然后南北带动、东西推进建设中部"国家公园"。在建设国际旅游岛的进程中,全省各市县应以建设旅游一体化的空间结构为目标,南北带动、东西合力,形成合围之力,推动海南省旅游的"中部崛起"。[①] 这是省域层次旅游空间结构适度超前安排策划的案例。

7.4.3 空间结构策划的表现形态与功能分区

旅游地空间结构的基础理论十分丰富。主要有以下六种:核心—边缘理论、旅游中心地理论、点轴结构理论、地域游憩系统理论、旅游区位论和环城游憩带(ReBAM)理论。[②] 诚然,还有地域分异、可持续发展理论等。在这些理论指导下,旅游地空间结构表现其独特的多样化形态;从微观审视,景区内部的功能分区亦丰富多彩。

1)表现形态

(1)点状结构

适应面积较小、吸引物较为单一的旅游地。其景区景点布局节奏紧密,游客容量有限。很多以历史建筑为主的旅游区,其开发的空间结构适应于此形态结构表现。例如,山西乔家大院、北京故宫等。

(2)带状结构

一般位于湖滨、海滨、重要交通干线,沿水岸线或交通干线延伸。这种线性分布的空间结构,与其滨水旅游资源分布及其地貌格局有很大关系,或与交通干线如高速、高铁沿线所提供的交通便捷性有很大关系。策划中,应注意尽可能充分利用带状旅游吸引物,引导旅游基础设施和服务设施纵向分布,同时,横向上保持与前后空间在吸引物拓展、游客组织和供给等的密切联系。研究表明,高铁开通后,整体网络核心区发生改变,核心节点空间分布

---

① 杨伟容,陈海鹰.海南"国际旅游岛"空间结构分析与优化[J].旅游研究,2009,1(4):15-18.
② 武晓荣.旅游地空间结构与布局的发展理论及其应用——以方山县旅游开发为例[D].武汉:中国地质大学,2005.

由集中趋向分散,核心区与边缘区联系松散,旅游辐射效应较弱,[①]说明高铁对客源的拉动明显,高铁沿线旅游地开发前景看好。

（3）环城市结构

在我国大中城市周边交通便利、旅游资源丰富、人文景观特色鲜明的地区发展迅速。如成都市距离市中心50千米的乡村旅游地数量达到84个,知名的五朵金花、龙泉山庄、郫都区徐家大院、洛带花海等均在30千米范围之内。[②]

但其间也有不同类型,即便是同一城市,类型也多样化。以南京市为例,有自然观光旅游地、人文观光旅游地、人工娱乐旅游地和运动休闲旅游地等四种旅游地类型。不同类型的旅游地其空间分布特征也不同:人文观光旅游地数量最多,空间上呈近城聚集的形态,到市中心的通达度最好,空间离散程度最大;自然观光旅游地的数量居中,在各个区县的分布较为均匀,在空间上呈近城和远城聚集的形态,通达度最差;人工娱乐旅游地、运动休闲旅游地集中在离市中心较近的一个圈层的区县部分,在距市中心中等距离处呈聚集形态,通达度居中,离散度较小。[③]对环城市空间结构形态的策划,尤其是开发类型的选择,应该根据城市距离、城市居民游憩需求、该距离圈层旅游项目的现状,结合自身资源条件等进行综合分析。

（4）其他结构形态

①核环状结构

以天然吸引物为中心,周边聚集住宿、娱乐设施、商业和其他服务设施,使之围绕核心分布,设施与中心之间有交通连接,各自设施之间的交通构成圆环。此类结构有利于节约土地,在我国的温泉、天然滑雪场得到广泛运用。例如黑龙江亚布力滑雪场就是这种空间组织形态。傅斯特（R. Forster）所提出的同心圆（三圈）形态,实在只是其针对自然保护区的理想变异形态。

②双核结构

由特拉维斯（Travis）于1974年提出,指游憩服务中心和商务中心的分离,游憩中心位于商务中心和吸引物之间,使之成为商务中心和吸引物的纽带,也成为缓解吸引物开发压力的分流手段,多出现在自然保护区、风景名胜区周边。例如,作为我国第一个自然保护区的广东鼎湖山自然保护区的旅游开发采取的就是这种空间形态。其中游憩中心被安排在鼎湖山自然保护区外围,其商务区由肇庆市承担。

③多组团结构

多组团结构是目前多数面积较大旅游区采取的空间结构形态。多采取面状开发方式。例如,我国湖南武陵源、河北野三坡等。具有按照功能组团、要求自然与人文景观融合协调、

---

① 穆成林,陆林.京福高铁对旅游目的地区域空间结构的影响——以黄山市为例[J].自然资源学报,2016,31（12）：2122-2136.

② 赵婷,许文龙.环城市乡村旅游带空间结构变化趋势及发展策略分析[J].商业经济研究,2011(29)：133-134.

③ 祁秋寅,张捷,王同坤.滨江城市环城游憩带空间结构特征分析——以南京为例[C].江苏省旅游发展30年学术论坛暨江苏省旅游学会论文集,2008：185-189.

建设量较大等特征。又可以分为密集环景式如荷兰的 Gran Dorado 度假区、散布相隔式如比利时的 Sun Parks,组团开敞式如英国的 Center Parcs。此类形态适合于景区的全面开发,但要注意防止出现"摊大饼"现象。① 因为"摊大饼""大而全"式开发,可能使景区失去特色和生命力。

④社区—吸引物综合结构

由冈恩(Gunn)1965 年提出,是指两类功能组团服务社区和吸引物集聚体,通过道路连接贯通,社区作为旅游地的枢纽。较为适合于依托城镇发展的旅游地,实现了区内游、区外住的游憩分工,既减轻了景区开发和建设压力,也使城镇服务职能得到充分发挥。例如我国深圳华侨城的锦绣中华、欢乐谷等景区就是这种空间形态。

⑤社区后花园结构

其典型特征就是,依托新兴楼宇群,组建新社区,发展旅游地产。在原有社区后花园基础上,组建旅游区。该旅游区服务业主的同时,更多以专门的景区形式对外开放。一般拥有良好的自然生态环境,并进行文化主题开发。很多旅游地产采取这种空间结构,如广东省梅州客天下旅游度假区。

2)功能分区

所谓功能分区,就是要在旅游区内围绕旅游功能的实现,进行片区划分。使得各区之间保持功能特色突出,相对独立运行,同时保持各区围绕旅游区组织的旅游活动之间的内在联系,形成优势互补。旅游地在空间构成上基本由旅游出入通道、游览区域、旅游节点、旅游通道及预留发展用地等五大基本要素构成。

(1)出入通道

出入通道,是旅游者进入和旅程结束的重要特殊节点,具有景区第一形象和游客第一景点的特殊含义。可以根据不同旅游地划分为陆地通道、水域通道(渡口)、引景通道。引景通道多设置在重要公路、快速交通出口等,以形成景区游览的心理预期。即便是陆地通道,也不止一处,但有主次之分。通常将旅游区的门楼以及游览接待也就是游客服务中心置于主要的出入口。游客服务中心提供游客集散空间,并为游客提供票务、查询、咨询、导览、医务、警务、行政甚至购物等服务和管理。

(2)游览区域

这是最为重要的策划空间,是旅游地占地面积最大的功能场所。需根据不同的资源特征及其旅游功能,进一步细化为几个主体功能区。对于综合旅游地,一般包括观光游览区、休闲度假区、民俗体验区、康体健身区、娱乐活动区、露宿野营区、文化教育区等。要求这些主体功能区之间形成有机体系,因而,常常以"一心一轴若干区"形式组织而成。其中的"心"就是整个游览区域和旅游区的中心,也就是最为核心的重要景区;"轴"则是各个功能区的延伸轴线和联系纽带,借此使旅游地组成为有机统一的整体。每个景区由若干景点构

① 吴承照. 现代旅游规划设计原理与方法[M]. 青岛:青岛出版社,2002:58.

成,其间由旅游通道连接。例如对某高校所做的游览区域的空间结构策划就采取了"一心一带六区"方式。其中,"一心"是指旅游创客示范基地核心区;"一带"就是主轴景观带,游览区域的六大功能区则包括海岛文化游览区、商业娱乐区、南宋文化展示区、校园教学主体区、生态游憩度假区、运动休闲体验区等(图7.2)①。再如,西安曲江新区,根据地貌和城市建成区现状,策划形成"一个中心、三条轴线、五点联动"的文化型、观光型、度假型、商贸型的综合性旅游新格局。"一个中心"就是大雁塔;"三条轴线"分别是大雁塔正南景观大道的历史文化与都市风情线,大雁塔东南游览走廊的观光休闲轴线以及大雁塔正东博览干线的民居科技发展体验轴线。"五点"指大雁塔、大唐不夜城、曲江南北湖、杜陵、民俗博览园等五个项目群。②

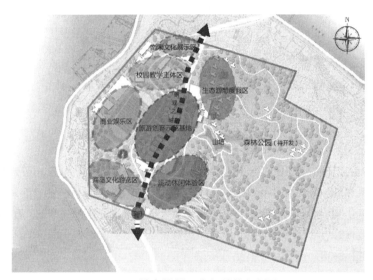

图7.2　某高校景区空间结构规划图

（3）旅游节点

旅游节点由吸引物聚集体及旅游服务设施要素两大基本要素相互联系组成,是围绕主要吸引物及其服务设施集中的人流聚散点。显然,前述的游客服务中心,本身就是最为重要的旅游节点,此外,在旅游区内部,一般将服务设施设置在吸引物附近,以强化节点功能。例如,在甘南玛曲县"黄河第一桥"度假村兼有度假、娱乐、休闲、观光功能,河曲马场具有游牧风格的生态汽车营地都是这样的案例。③需要说明的是,节点的等级划分是相对的。一般地,对于县域旅游地而言,一级节点为旅游地依托的城镇,二级节点为下属各旅游区的中心,三级为区内最重要的分中心。对于特定的旅游区而言,一级节点为一两处游客综合服务中心;二级节点为内部各区的重要节点,满足游客的餐饮、住宿、购物等部分服务需求;三级节点在小区内下设,提供简单的食品饮水等基础性服务,共同构成旅游区的服务网络,一二级

① 江金波,黄伟钊,等.广东海陵岛旅游学院概念性规划(2015—2025).
② 张祖群.张宏.旅游地策划——文化·创意·空间[M].北京:化学工业出版社,2007:139.
③ 王毅品.空间结构分析在旅游开发中的应用——以甘南藏族自治州玛曲县为例[D].兰州:西北师范大学,2010.

节点一般都设有一定数量的停车空间。

(4)旅游通道

旅游通道是游客旅游活动的廊道,沟通各个景区景点之间的游赏轨迹。可视旅游区规模、性质分多级多类设置。一般分为一级主通道,即水陆交通环线;二级次通道,也是车道,联通各功能区的景观节点;三级步行道、登山道等。从现代旅游通道设施看,还包括索道、观光栈道(沿山崖修建)、垂直电梯、直升机等类型。策划中应该同时关注由旅游通道组成的网络、站场站点设置、交通标志系统以及交通工具的使用等。由于游客越来越以散客为主,尤其是到访次数很少的游客,并不熟悉游线组织,故应配以丰富的路上标示、路口指向标示,发挥指示和引导作用。

(5)资源保育区

一般旅游地对资源和环境的保育多属于管理措施范畴,但对特殊的旅游地,例如自然保护区,还需划出特定的资源保育区。这个区域,尤其是其中的核心区域是禁止游客进入的。

(6)预留发展用地

即预留今后旅游发展的空地。暂不设任何吸引物和服务设施,更不做任何建设性开发。这是功能分区策划所需要特别注意并不可缺少的。

7.4.4 旅游区(景区)内部游线策划

1)游线及其策划任务

游线全称为游览线路,是指组织串连旅游景点和服务设施的线路,是游客以此开展旅游活动的路径与通道。为与本书第12章"旅游线路策划"中的(跨旅游区)旅游产品的旅游线路相区别,在此将旅游区(景区)内部的游览线路,一律称之为"游线"。此外,景区游线与景区道路尽管关系十分密切,但是与景区道路强调通达性不同,游线更多地强调游赏效果。狭义地讲,游线策划是道路建成后的使用问题;广义而言,游线策划当然也包括道路策划及其后续使用问题。

景区内部游线的设计与其功能分区密切相关。游线策划是旅游景区开发策划的重要一环。游线策划的任务就是根据旅游市场需求和游憩规律,结合旅游点的分布状况、旅游资源保护以及旅游配套设施条件,科学安排游览全过程的线路,以使游客最大化便捷利用旅游设施和服务,同时最小化缩短游览时间的全程游线组织。基于此,策划出相应的一日或多日的旅游线路。

2)游线策划的主要考虑因素

(1)旅游地性质

不同旅游地,其游线差异很大。例如,山地旅游地的游线,登山步道很重要,而水体旅游区中以游船游线为主体。自然保护区也常可能采用步行游线方式。对于多数旅游地而言,则应尽可能提供多样化、地方特色化的交通工具和游线设计,以增强游客的文化体验。例如,环保景区的电瓶车道、草原旅游地提供的骑马游线、山地的抬轿子游线等。

(2)旅游流量

特定的旅游区或景区均有其一定的车流量、人流量及其流动规律,要据此选址游线类型和去向,采取错峰方法,避开流量高峰期进程的游线策划。

(3)景观美学

一方面,尽可能通过游线展现景区的景观之美,将重要景观引入游线经过的视域;另一方面,在游线的流线、铺地等方面展现其美学价值。尽量顺应地形,使游线流线优美,铺地材质与景区气质一致等。

(4)安全与舒适度

要通过策划提高游线的舒适性和安全度,提供更多可供选择的抵达重要景点的交通工具和游线类型,体现游客对游线的个性化需求。根据研究,对景区游客而言,首先沿途景观和交通方式体验性的效用价值较高;其次为游线的耗时。① 因此,要尽可能设置闭环式游线,避免单调的往返来回。这也呼应了策划所考虑的上述因素。

3)游线策划的主要技巧

(1)游憩节奏的把握

策划应该使旅游节奏的松紧、景点游览的动静交错有度。② 既提高旅游活动效率,又有一定的缓冲消解过度疲劳,同时通过动静景点的结合,提高游赏效果。

(2)游览高潮的把握

尽可能使高潮出现在游线的中后,而不是开始或末尾。因为如果出现在开始,心理预期更好的感觉,就会使得后段的游线很难完成或产生失望和不满意感。

(3)体验多样的把握

务必使整个游线形成不同体验的交叉,使游客获得多种不同体验,丰富游客的体验感知。游线上体验单一有重复的,最容易使游客产生审美疲劳,从而引发对形成安排的不满意。因此,游线策划和优化有时候伴随新的交通项目开发。例如金丝峡景区在不超过环境承载能力的情况下,通过增设小火车交通项目,大幅提高了景区的游客容量,丰富游览区景观和游客体验,增强景区的核心竞争力。③

【综合案例分析】

案例1　旅游选址策划中现代技术的运用

通过系统分析旅游度假区选址的影响因素,提出各因素的 GIS 表达方法,并结合遥感影

---

① 管婧婧,俞璟.旅游者景区游线选择影响因素效用评价及管理启示[J].旅游科学,2014,28(4):29-37.

② 管宁生.关于游线设计若干问题的研究[J].旅游学刊,1999,(3):32-35.

③ 刘增华,江捷,李军,等.金丝峡景区交通规划及游线设计方案研究[J].交通运输研究,2010,(17):189-192.

像数据,对参选场点进行综合评价,为度假区选址提供辅助决策。这种选址方法包括三个步骤:首先,利用GIS技术确定不同参选场点的各影响因素(气候、地形、生态系统、地貌、土地利用类型、交通条件等)数值大小;其次,通过专家评估和问卷调查,取得各个影响因素的权重,得到各个因素在每一个参选场点的具体值(通过GIS分析计算得出的),通过归一化处理,获得可比较的值;最后,综合比较各个参选场点的总得分,得分最高的相对来说旅游度假区选址在那里较合理。例如,文中利用GIS技术对A、B、C、D四个候选点的地形、土地利用类型和交通条件等影响因素的分析,得到各参选场点的综合得分,最终确定A为最合适的候选点(见下表)。

候选点的各因素得分

候选点	地形(度)	土地利用类型(比值)	交通条件(米)	综合得分
A	5.23	3.67	83.6	98.2
B	8.15	5.75	103.4	94.5
C	7.21	3.92	110	83.9
D	11.31	5.23	80.3	91.2

注:权重分别为0.4,0.3,0.3。

在旅游度假区区位选址过程中,借助现代新技术地理信息系统(GIS技术)等评价方法,可视化各影响因素在不同参选场点内的影响情况,可以更加客观科学地对参选场点进行综合评价,为旅游度假区的选址工作提供辅助决策,提高度假区选址决策制订的准确性。

(郑朝洪,陈文成.基于GIS的旅游度假区区位选址分析[J].测绘科学,2010,35(2):180-182.)

案例2 从电影《甲方乙方》看角色旅游策划

《甲方乙方》是由冯小刚执导的喜剧电影,于1997年12月24日上映,这是一部在现实和虚构之间自由切换的电影。影片讲述的是4个年轻的自由职业者,他们突发奇想,开办了一个"好梦一日游"业务,承诺帮人们过上梦想成真的一天。人们离奇古怪的愿望接踵而至,似乎人人都想给自己现有的生活来一个180度大转弯。于是,富贵的想尝试贫穷,明星想体验平凡,小平民想做巴顿将军,守不住秘密的厨子想成为守口如瓶的铮铮铁汉……在搞笑荒诞的愿望中,他们通过"爱情梦"帮助因为屡遭失恋对生活丧失信心的人恢复了自信;又通过"受气梦"教育了大男子主义顾客;又利用了大款想做"受苦梦"、明星想做"普通人的梦",嘲弄了那些得了便宜还卖乖的人。4个年轻人忙碌着扮演各种场景角色,他们把真情融入这些故事当中,生活过得充满乐趣,有滋有味。

电影《甲方乙方》为角色旅游的策划提供了典型范例,巧妙利用了人们想要改变人生的强烈个性化需求,打破传统的固定地域的限制,通过短暂改变人们的地域空间、身份空间、职业空间、地位空间的方式,为人们制造一种旅游改变人生的深层次体验活动。《甲方乙方》电影体现的以角色旅游为主题,以精准设计为理念的一对一精准开发模式,是一种创新的全域体验开发模式,不仅能更好地规避投资风险,提高旅游产品开发效率,也更符合社会和个人可持续发展理念。

第3编
旅游发展的要素策划

第8章
旅游项目策划

一般认为,旅游项目策划是旅游策划的核心。现有研究有的将旅游商品或旅游产品混为一谈,有的则将旅游产品等同于旅游项目。为了更好地说明问题,理顺关系,本书明确地将旅游商品进行策划的单列,同时将不同目标类型的主要旅游活动载体称之为旅游项目,并将其中的节事活动划开专门论述,以示强调。充分考虑到旅游项目与产品的重叠性,旅游产品包括旅游项目、旅游基础设施与旅游服务,加之旅游产品消费的远程性,以及本书专门以独立的章节论述了旅游线路(广义的产品)问题,因而没有单独设置旅游产品策划一章。①

8.1 旅游项目及其策划的定义

旅游项目较之于旅游产品,是先后为继的关系。项目作为临时性边界约束下的一系列任务,其结果指向产品的完成等目标。因此,明晰旅游项目及其策划的定义,对于厘清两者关系,对于旅游项目策划本质内容的建构都有着重要意义。

8.1.1 旅游项目

1)项目

Jack Gido 和 James P. Clements 将项目定义为"以一套独特而互相联系的任务为前提,有效地利用资源,为实现一个特定目标所做的努力"②,强调了项目的目的性和差异性。"特定"一词表示其差异性,这与中文"项"和"目"词汇特指人体的"颈上"部位,而体现出明显的个体差异的语义一脉相承。

美国项目管理学会(Project Management Institute,简称 PMI)将项目定义为"一种被承办的旨在创造某种特殊产品或服务的临时性努力"③,在目标性的前提下,以"临时性"的限定

---

① 张祖群.张宏.旅游地策划——文化·创意·空间[M].北京:化学工业出版社.2007:19.
② 杰克·吉多,詹姆斯·P.克莱门斯.成功的项目管理[M].张金成,译.北京:电子工业出版社,2008:4.
③ 刘国靖.现代项目管理教程[M].北京:中国人民大学出版社,2004:17.

强化其周期性,并将之与常规的作业(operation)相区别。实际上,英文单词 project 即有"一次性抛出或者投出"的含义,表明项目的不可重复性。英国项目管理协会(Association of Project Management,简称 APM)给出的定义为,"是为了在规定的时间、费用和性能参数下满足特定目标而由一个人或组织所进行的具有规定开始和结束日期、相互协调的独特的活动集合。"该定义被国际标准化组织(International Standard Organization,简称 ISO)采用(ISO 10006)。明确提出项目的时间界定、费用要求和其他参数条件等要素,完善了项目内在的特殊规定性。

综合以上较为权威的概念,可以将项目理解为,围绕特定目的,在一定的人、财、物保障以及确定时间段等条件的基础上,实施的有组织性的系列活动。也就是说,项目是指一定资源条件和具体目标要求下,作为系统的被管理对象的单次性任务,这一任务由多项具体活动合成。① 项目一般具有目标性、临时性、周期性、约束性、整体性等特征,涉及范围、组织、成本、质量、时间、环境等要素。

2)旅游项目

纵观人类社会的发展,古今中外的重大工程、社会改革乃至文化活动,无一不以项目形式出现,这些项目或长或短,或大或小。一定程度而言,世界经济社会发展正是以重大项目为推手的发展历程。伴随市场化步伐的加快,世界各国也加快了项目化的步伐,使得现代项目呈现出细密化、大小型交织、多部门高度协同等特点。如果说,旅游发展历经了自然旅游资源开发—文化旅游资源开发—主题公园开发等阶段演进,那么,项目在其中发挥的作用不断增强。项目作为旅游发展的重要手段,是由游客需求的多样性、审美取向的动态性以及旅游产业的跨度等决定。

旅游项目就是旅游开发与经营管理过程中,按照特定资源环境条件包括时间周期、成本、资源等,为了实现特定的旅游业发展目标,作为系统的被旅游企业或目的地作为管理对象的,着眼于旅游开发与发展的单次性、临时性任务,这一任务由多项具体的活动环节组成。可见,旅游项目强调了其成本、时间、资源等边界约束,有其特定的目标要求,例如,游客人次、旅游收入、旅游产品质量等发展业绩指标。旅游项目与旅游产品的联系固然在于两者都是旅游开发与管理的对象,都是旅游策划的重要内容,前者是后者的动因,后者往往是前者的结果;但不同的是,旅游项目以动态创新的思维进行设置,借此推动旅游的创新发展,而旅游产品一般是指成熟稳态的旅游供给与服务。作为实现旅游开发利益的最终表现形式,旅游产品包括实体性的有形产品,例如设施和景观,也包括无形产品旅游线路服务,都是日常旅游业经营管理的对象。

3)旅游项目的分类

不同视角产生不同的多样化的旅游项目策划分类。主要包括:

---

① 江金波. 会展项目管理——理论、方法与实践[M]. 北京:清华大学出版社,2014:4.

（1）按照旅游发展阶段的分类

可分为开发建设类旅游项目以及经营管理类旅游项目。其中,开发建设类旅游项目主要是指宏观控制和基础设施等方面的旅游项目,例如旅游开发策划、某类旅游项目的开发、大型配套设施建设等项目。经营管理类旅游项目,是指提供游客市场的各类活动和服务项目,如会展项目、管理流程再造、娱乐活动等项目。

（2）按照项目的主导性质分类

分为观赏性项目、娱乐性项目、活动性项目、休闲度假性项目、特殊性项目等。[①]其中,特殊性项目包括旅游交通、旅游线路策划、旅游商品、技术服务方面等的项目。实则是按照旅游项目发展的旅游产品归属划分的项目分类。这也是旅游项目策划最为常用的一种分类方法。但并不能因此而混淆了旅游项目与旅游产品本质上的差异。

（3）按照旅游活动的主体规模

分为个体旅游项目、团体旅游项目和团队旅游项目。其中前两者是自由组织的个体或小组织的旅游项目,而后者是旅行社组织的较大规模的旅游项目。

（4）按照时间的发展分类

传统旅游改造项目、引进的旅游项目、自创的旅游新项目等。

（5）按照旅游活动的主题分类

包括自然观光旅游项目、文化教育项目、度假娱乐旅游项目、休闲体育项目、会奖旅游项目、探险旅游项目、旅游综合体项目等类型。鉴于线路策划、商品策划和节事策划有专章论述,本书将旅游项目聚焦于旅游活动的其他项目上,重点研究其中的文化教育类、度假娱乐类、休闲体育类、季节主题类等新创类旅游项目。

8.1.2　旅游项目策划

1）旅游项目策划的概念

旅游项目策划是针对特定旅游企业或目的地,围绕其未来旅游项目发展所进行的系列创新策划活动及其所拟定的相关方案。由于现代旅游发展迅猛,游客需求的个性化要求日益明显,旅游产品的生命周期变短,旅游项目策划显得十分重要。成功的大型旅游企业或目的地,一般都将项目策划与项目管理视为创新发展最为重要的内容之一。

根据上述定义,考虑到旅游项目的多样性,旅游项目策划并不能狭义地理解为只是旅游活动的策划,尽管旅游活动策划是旅游项目策划中最为主体的类型之一,但除了经营性质的旅游活动策划之外,旅游项目策划还包括针对上述不同旅游项目类型的策划。旅游项目策划是旅游开发的核心,它将旅游主题化为行动,又为旅游产品的开发提供设计的基础。[②]

---

① 肖星.旅游策划教程[M].广州:华南理工大学出版社,2005:27.

② 黄郁成.新概念旅游开发[M].北京:对外经济贸易大学出版社,2002:128.

2）旅游项目策划的基本要求

如所有项目均有其范围、组织、成本、质量、时间、环境等基本要素一样,旅游项目也包括这些方面的基本要素。也就是说,旅游项目也存在明确的工作范围、需要组织团队实施、需要耗费一定成本,并且有确定的交付质量包括产品标准要求、完成时间周期、项目所在地的经济社会背景等要素的内在规定性。这些旅游项目的基本要素决定了旅游项目策划的基本要求如下。

（1）工作范围

即为满足策划委托方需要的所有工作内容,也就是为了实现项目目标所需完成的全部工作。一般通过定义旅游文本、图件、旅游产品等交付物及其验收标准确定。这是旅游项目策划的基础。过宽的工作范围,可能导致项目完成的时间和成本不足;过细的工作范围则导致产品质量不足,都不能完成项目。

（2）项目组织

任何项目都是由人完成的系列任务。旅游项目的组织要素是指临时性的项目组织机构和团队组织。从人力资源保障和对项目的组织管理两大层面确保旅游项目的顺利完成。

（3）项目时间

也称为项目周期,即项目所需时间阶段,有明确的起止时间点,事关旅游项目进度控制及项目周期,常用项目进度计划描述。项目的进度计划不仅具有时间历程及其分段的概念,也具有确定的日期概念,并且与项目范围、资源数量、质量进程等产生对应分配关系。狭义的旅游项目时间(周期)是指其研发的完成时间,准确地应称为项目的研发周期,而广义的旅游项目周期是指项目从研发、历经运营到推出市场的整个周期。

（4）成本

指完成旅游项目所需支付的费用,以预算为基础,依据拟完成的旅游项目资源成本估计而确定。就成本支出来看,通常包括原材料成本、人力资源成本、设备租金、部分子项目的分包费用和咨询费用等。因创意产业发展的今天,项目研发成本高,人力资本所需费用不断增大。一句话,旅游项目要有明确的资金来源,作为其达到目标的基础保障。

（5）质量

不同于项目范围在项目开始前的规定性,项目质量既是项目前期规定性,也是项目后期检测的要素,是项目达到利益相关者要求的性能的程度。一般地,项目的质量通过定义项目工作范围中的交付物标准进行确定,包括各种特性以及这些特性需要满足的具体要求,甚至对项目过程做出明确要求,例如遵循的规范和标准等。[①]如旅游规划项目一般要求通过专家评审,方能交付实施。

---

① 刘国靖. 现代项目管理教程[M]. 北京:中国人民大学出版社,2004:20.

（6）环境

主要是项目所在的区域政治、经济、社会、技术等条件。可分为宏观（社会）环境和微观（行业）环境。其中宏观环境构成项目发展的背景，而微观环境，从行业市场、行业技术等方面，决定项目的效率和成熟度。旅游项目都是一定的旅游区和社区条件下的产物，具有鲜明的地方色彩和时代风格。

8.2 旅游项目策划的目标与原则

8.2.1 旅游项目策划的意义

1）旅游项目策划是旅游项目开发的基础性工作

从旅游地的开发主题策划到旅游项目策划、开发再到旅游产品供给，形成了旅游地产品发展的逻辑路线。显然，其中最为大量的工作就是处于中间连接的旅游项目策划。旅游产品是旅游项目策划水到渠成的必然成果，而旅游项目策划承担其将抽象的开发主题具象化的重要责任。因此，可以说旅游项目策划正是旅游项目发展过程中价值最大的基础性工作。

2）旅游项目策划是应对旅游业竞争的关键手段

这是一个创意的时代，也是一个项目管理的时代。21世纪以来，世界步入项目化管理时代，也即按照项目实施组织的全程化动态发展管理，而项目策划则是项目管理的第一步。将科学的项目策划运用于旅游发展的实践中，实施旅游项目的策划，是应对旅游业竞争的关键手段，也必将是有效提高旅游业创新能力的重要途径。

3）旅游项目策划是丰富旅游产品的主要来源

传统的旅游企业和目的地，自然有其自己的旅游项目，有的甚至是经典的旅游品牌项目。但它们始终面临项目的推陈出新、品质提升、结构优化等问题。而对于旅游新兴企业和目的地而言，新创旅游项目更是面临熟悉市场项目情况、准确把握项目定位、策划项目创意等问题。而只有通过科学的策划，旅游项目才能成为适应市场需求的旅游产品。因此，不论是老旅游企业或目的地，还是新旅游企业或目的地旅游，项目策划始终都是丰富旅游产品的主要来源。

8.2.2 旅游项目策划的目标

1）满足特定的旅游市场需求

正如任何策划都有其问题靶向一样，旅游项目策划动因就是通过策划解决旅游市场需求对旅游项目改善或创新的需要的。满足旅游市场需求对旅游项目旅游六要素方面的要求，满足的程度以及市场份额如何，正是项目策划的根本动力所在，也是检验旅游项目策划成功与否的实践标准。

2）夯实旅游地项目体系

游客需求的无限化决定了旅游项目发展的无限化。通过旅游项目策划，通过新型的旅游项目不断淘汰落后的旅游项目，形成旅游项目的动态更新机制，能积极推动旅游地的旅游项目不断完善，旅游项目体系得到不断夯实。

3）推动旅游品牌建设与创新发展

创新是旅游发展的源泉。旅游项目策划是旅游创新极其重要的内容。从长远来说，旅游项目策划的根本目标正是其旅游品牌建设和创新发展。因为只有通过科学的市场分析，才能熟知自身的优劣，才能洞悉旅游市场规律，从而将旅游项目策划建立在扎实的科学大厦之上，在旅游项目的提质增效进程中，塑造自身的旅游品牌，达到以创新引领旅游市场发展的目的。

8.2.3　旅游项目策划的原则

旅游项目策划的科学性决定了旅游项目的价值和生命力。旅游项目策划的科学性首先体现在其所需要遵循的原则上。

1）基础性原则——整合资源和要素

旅游项目策划，本质上是一种针对旅游项目的创造性思维活动。其创造性劳动最大的价值体现就是最大化地将旅游相关的资源和要素进行组织整合，使之发挥效益最大化的作用。一方面将具有优势的旅游资源充分发挥，转化为市场优势；另一方面，旅游资源非优区常常借助旅游项目策划，走出一条劣势变优势的发展新路。[1]其中策划的智力资本发挥了极为重要的作用。为此，旅游项目策划要敢于打破资源和要素的边界，实现资源、资金和信息最大化的融合、整合、综合的"三合"利用，善于在旅游项目领域实现跨门类、跨产业、跨主体、跨地域的价值共创，进而使策划效益获得超常规突破。

2）主导性原则——旅游市场需求

这是市场经济条件下旅游项目策划的根本指导方针。旅游项目策划者要全面深入研究旅游者的心理需求、文化需求、健康需求、休闲需求、环境需求等，进而适应需求，满足需求。[2]要在游客现实市场需求基础上，预测旅游市场潜在未来，分析旅游市场动态趋势，以旅游市场需求作为旅游项目策划的基本出发点和最终目标。在此，特定客源市场的调研分析

---

① 许春晓. 论旅游资源非优区的突变[J]. 经济地理,1995,(4):102-108.
② 林挺. 旅游项目策划的误区及对策[N]. 中国旅游报,2007-01-15(007).

及其市场细化十分关键。而确定目标客源时,应该遵循所确定的目标客源必须足够大或正在扩大,以保证项目发展获得足够的经济效益;所选择的客源市场是竞争对手尚未满足的,有可能属于自己的市场;所确定的客源市场最可能对旅游项目做出肯定反应。

3)本质性原则——体现个性化

当今的中国旅游供给普遍存在层次低端、同质化严重、小型分散化等问题,结果导致企业旅游效益不高、游客满意度较低。究其原因,很重要的就是旅游项目策划水平低,旅游项目开发盲目跟风。适应未来个性化需求市场,体现地方自然与文化特色,打造个性化的旅游项目,是旅游项目策划的根本追求。一定程度上说,旅游项目的个性就是旅游企业或目的地个性的缩影。个性化的项目定位是旅游项目策划的至尊法则。

4)关键性原则——保持创新性

旅游项目策划要最大限度体现创意创新的本质属性。坚持以创意为灵魂、以人为本、以文化为生命力、以特色为竞争力等理念,[1]坚持使旅游项目做到"人无我有,人有我新,人新我换",以勇于创新的观念,善于打破传统思维模式,实施策划创新,永葆旅游项目的创新性竞争力。

5)效益化原则——价值放大

马克思曾说:"人们奋斗所争取的一切,都同他们的利益有关。"可见,利益是任何个人和组织开展改造客观世界活动的动因。从市场经济角度分析,旅游项目策划也是通过创新旅游项目而使其增值的独特的智力活动。成功的旅游项目,尤其是大型旅游项目无一例外都着眼于项目利益的最大化,即将旅游项目的社会价值、经济价值和环境价值进行尽可能地放大。综合价值的大小也是旅游项目策划评价的不二标准。例如,杭州乐园把拓展活动、极限活动与娱乐活动、游戏活动有机组合起来,并且把该活动搬上了浙江卫视黄金档节目,取得了可观的人气效果,收视率很高。这种组合是对传统极限运动项目的改良与创新,[2]充分体现了价值放大的效益化原则。

8.3 旅游项目策划的方法和步骤

旅游项目策划自然要尊重旅游策划基本方法和步骤。但作为下位的策划,在实践中旅游项目策划也形成了自身独特的具体方法和步骤。鉴于旅游项目的行业跨度和属性差异都很大,类型繁多,学者较少从整体上论述旅游项目策划方法和步骤,将之转换为旅游项目策

---

① 周作明.旅游策划学新论[M].上海:上海文化出版社,2015:227.

② 刘嘉龙,胡坚强,温燕,等.休闲活动策划与管理[M].上海:上海人民出版社,2016:241.

划构思或旅游项目策划定位等问题进行研究。本书借助项目策划相关理论,结合旅游项目发展的实际,展开旅游项目策划的主要方法和步骤的研究。

8.3.1　旅游项目策划的主要方法

1)无形、有形转化方法

游客需求是多样化的。一方面需要实态化的景观、动态丰富的实景满足视觉审美的感受;另一方面需要旅游吸引物丰富的内涵,满足其学习和情感升华的需要。为此,旅游项目策划既要采取将有形的实景虚化的方法,也就是提升实态景观的人文内涵,也要采取将无形的地方文化资源有形化、物化为实态景观和场景,借以深化游客对地方文化的理解、情感和认同。无形、有形资源互为转化的方法,是旅游项目策划极为重要的方法,在实践中得到十分广泛的运用。如很多自然景区,通过增加名人诗词题赋等方式,为有形的景观增添无形的文化精神内涵。历史街区恢复的钟楼、老照片展示等是典型的将无形吸引物活化为有形景观载体的方法。

2)主题集约化方法

大多数旅游资源都存在分布分散的特征和同质性现象,在相邻的地方都有,或者是在每个地方只具有一个或几个侧面,缺乏整体性。因此,在旅游项目策划中要进行资源的主题化和园区化的集约聚合,通过移植、借势、嫁接等多种手法,以项目带动主题园区开发,讲好旅游地的主题故事,实现优势资源的配置和整合。如在广西三江程阳八寨中,充分利用其数量结构布局的组团集群优势,采取主题化展示策略和"一寨一品"的开发战略。在每一个寨子设定一个侗族风情体验主题,形成八个寨子、八种个性、八个高潮的系列化产品谱系和整体性的深度体验社区,达到较理想的效果。[①]

3)全感体验化方法

现代旅游发展,一个重要方向就是高新技术的运用。借助声、光、电技术,借助 VR、AR 等技术,不仅催生了主题公园产品的多样化,而且引领旅游项目向纵深体验方向发展。全感体验化方法,就是要在旅游项目策划时,借助这些现代技术,找寻适合该旅游项目最为有效的体验途径,充分调动游客眼、耳、鼻、舌等身体的全部感官,打造游客全感体验,提升旅游项目的体验价值和市场效益。卓越的旅游项目总能够在游赏之后,得到游客的好评,他们以不同形式予以正面的情感表达,甚至作为其研究对象、创作对象或将照片发布于博客或微信朋友圈。这说明,成功的旅游项目,其游客和景区形成了一种良好的情感双向互动。全感体验化方法要以这种旅游市场效应为导向,策划出最能感化游客的项目典型。例如,东营黄河口鸟类救护科普中心利用科技手段(如声、光、电的运用),让游客身临其中真实体验湿地以及鸟类的生长、生存状态,让游客与水鸟、飞鸟、昆虫等自然物态,进行近距离、多

---

① 王雄伟. 文化旅游产品开发策划的主客体设计方法[N]. 中国旅游报,2005-09-19(014).

感官的互动体验。

4）组合化策划方法

旅游项目策划不能单独地为了旅游项目而策划,要时常考虑项目的组合和变换。一是通过组合,化解单一项目的薄弱性,发挥项目群的整体优势;二是增加项目组合,形成旅游地项目开发的新优势,给市场产生不断创新的良好印象。旅游项目的组合策划方法的具体途径包括:新旧旅游项目的组合、本地外来旅游项目的组合、不同时代旅游项目的贯通式组合、不同业态旅游项目的组合、不同学科内容的交叉组合等。例如,三亚大型酒店大型娱乐和生活化元素组合,如剧院、商业街的策划;又如深圳东部华侨城项目集聚了生态旅游、休闲度假和户外运动,形成了一种强势的组合发展态势。

5）节奏定制化方法

充分考虑项目经营管理的周期性,对旅游项目进行策划时,需要根据不同季节、项目的不同阶段,为了实现项目的市场目标,可采取节奏把控和定制化方法进行有效策划。慎重策划项目推出的季节,分步骤分时段组织好项目的前测、中试以及产品化量产等环节的策划工作,最大限度地减少策划的失误,提高旅游项目策划的成功率,并与产品开发无缝对接。目前,我国旅游项目策划界对此认识十分不足,源自对项目管理普遍理论的筹备不足。借鉴工业化产品研发及项目管理思路十分必要,西湖十景中的"苏堤春晓、曲院风荷、平湖秋月、断桥残雪"旅游项目策划正是四季节奏思维下的项目策划活动的典型。

8.3.2 旅游项目策划的基本步骤

旅游项目策划步骤与旅游项目的属性类型固然有很大关系,但是旅游项目策划依然有其共同演进的程序(图8.1)。

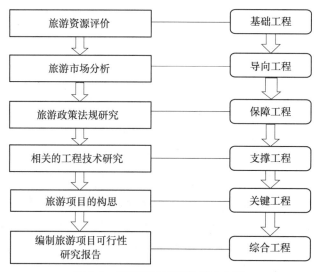

图 8.1 旅游项目策划的基本步骤

1）旅游资源评价（基础工程）

旅游项目策划的首要任务就是实现资源的旅游市场价值。要实现资源的旅游市场经济价值，资源评价是基础。[①]这种评价可以避免旅游项目策划的虚无论，充分盘活自身资源，发挥已有资源优势，挖掘资源的潜力。其一般做法是：选取适当的方法，对资源观赏、文化、规模、丰度、影响力等各个要素进行科学的综合评价，对资源得分进行排序，提出资源开发的次序。其中评价的方法包括国标打分法、美感质量等定性方法、技术性评价方法以及综合性评价方法等。

2）旅游市场分析（导向工程）

贯彻市场导向的旅游项目策划原则，所要完成的重要任务就是对旅游市场进行专门分析。要求在项目策划时，对旅游项目形象感知、兴趣偏好、支付预期、价值取向等一系列影响市场需求的因素进行深入细致的调查和预测分析。找寻具有竞争力优势的市场空间，对市场机会进行比较分析，最后选择特定的目标市场作为旅游项目重点瞄准的市场领域。展开旅游项目的定向策划。

3）旅游政策法规研究（保障工程）

我国旅游正行进在由旅游大国向旅游强国的征途上。在此进程中，国家相关政策和法律法规日臻完成，各相关部门如旅游、林业、水利、建设、环境、宗教、文化等也制定和颁布了大量相关管理规范、相关标准和管理政策，地方性旅游鼓励措施和配套政策不断丰富。这些旅游相关政策法规有的具有强制性，有的具有推荐性，有的则具有明显的鼓励性，对于旅游发展具有深远的影响，对于旅游项目具有约束性和前瞻性的指导作用。

这个步骤对于旅游项目策划是十分必要的。其工作内容，首先是熟悉旅游政策法规体系，运用旅游政策法规，使旅游项目策划符合政策法规要求，得到政策法规的保护，避免与政策法规产生冲突；其次是充分运用鼓励政策，使旅游项目借力良好的政策机遇，推动旅游项目在资金、土地、税收等方面得到政策支持，推动旅游项目的快速启动和快速发展。

4）相关的工程技术研究（支撑工程）

现代旅游发展呼吁现代工程技术的支撑。哪家旅游地首先运用和掌握新的工程技术，市场往往就青睐哪家目的地。特别是旅游场景类项目、建设性项目和游戏类项目，需要借助声光电、网络、机械等现代工程技术的帮助，才能实现旅游项目策划的效果。这一阶段的工作主要包括熟悉规划技术设计的技术规范以及掌握工程技术的科学性。[②]

5）旅游项目的构思（关键工程）

进行旅游项目定位策略，包括项目目标、功能、价格、形象、营销等内容。旅游项目的功

---

①② 周作明.旅游策划学新论［M］.上海：上海文化出版社，2015：224，226.

能分析尤为关键。这是旅游项目策划中的关键技术和主体工作内容,也是形成项目策划方案(可行性研究报告)的基础。总体而言,这一阶段就是拟定旅游项目策划的大体思路,形成旅游项目策划方案的胚胎。

6)策划方案:编制旅游项目可行性研究报告(综合工程)

在上述步骤基础上,需要充分考虑其他因素,如当地经济社会发展条件、旅游地的土地、水资源、环境要求等,结合现有项目经营管理的经验,国内外同类项目比较,增强项目论证的科学理性,同时,本着游客至上精神,以增进游客的体验为根本,采取理性逻辑与情感逻辑双向演进的模式,充分论证项目在政策上的审核性、技术上的可行性、条件上的可达性、进度的保障性、资金的可筹措性以及风险的可化解性,精心编制旅游项目可行性研究报告。其中技术经济分析尤为重要。

旅游项目策划方案(可行性研究报告)一般由文本和图件两大部分组成,不同层次和类型的旅游项目策划有不同文本和图件的要求。文本应包括上述六大方面的工作内容。同时,为了增强直观印象,要尽可能把项目策划落实到图件上。

总之,旅游项目策划是旅游策划的重要工程,其工作阶段依次经历基础性工作的资源评价、导向性工作的市场分析、保障性工作的旅游政策法规研究、支撑性工作的工程技术研究、关键性工作的旅游项目的构思以及综合性工作的旅游项目可行性研究报告撰写等阶段。

8.4　旅游项目的盈利模式策划

营利性是所有行业发展的根本和关键所在,盈利模式是一个项目开发和运营链条中最关键的一条。旅游项目具有投入大、风险高、收益慢、环保要求高等特点,因此,旅游项目盈利模式研究就显得特别重要,寻求高效稳定的盈利模式成为旅游景区健康永续发展的必经之路。[①]

8.4.1　旅游项目盈利模式概述

1)盈利模式

盈利模式,是管理学的重要研究对象之一,是指按照利益相关者划分的企业的收入结构、成本结构以及相应的目标利润,简而言之就是企业取得利润、生成过程和产出方式的系统渠道与方法。它是企业通过自身以及相关利益者资源的整合并形成的一种实现价值创造、价值获取、利益分配的组织机制及商业架构。显然,是否能够在运营实践中找到合适的

---

① 雷万里.大型旅游项目策划[M].北京:化学工业出版社,2016:196.

盈利模式,是关系企业生存的关键因素。

　　盈利模式分为自发的盈利模式和自觉的盈利模式两种,前者是自发形成的,具有隐蔽性、模糊性、缺乏灵活性的特点;后者是企业通过对赢利实践的总结,对赢利模式加以自觉调整和设计而成的,它具有清晰性、针对性、相对稳定性、环境适应性和灵活性的特征。企事业单位只有通过对自身盈利模式的不断更新与提升,才能让其在投入最少的前提下取得最大的收益。一般来说,卓越的盈利模式是企业独有的市场竞争力,别的企业无法在短时间内复制模仿。

2)旅游项目盈利模式及其特征

　　(1)旅游项目盈利模式的概念

　　旅游项目盈利模式是特定旅游项目内各种盈利方式有机结合构成的一个获取收益和利益分配的商业架构。涉及旅游开发项目投资/收益商业模式的所有经济关系和利益相关者的运行机制的综合。

　　(2)旅游项目盈利模式的基本特征

　　因为旅游业的特殊性,旅游项目的盈利模式不同于一般实业投资项目的盈利模式。[①] 旅游项目盈利模式的基本特征如下:

　　旅游项目资本投入大并在目的地产生溢出效益。旅游项目是需要大量资本投入的实业投资项目,并且这种资本投入有可能影响旅游项目所在区域的经济以及文化,甚至产生经济溢出效应。

　　盈利的达成需要利益相关者的高度参与合作,尤其是在旅游开发项目想要获取旅游投资溢出经济效益的时候。这种合作一方面保证了旅游开发项目的交付物(产出及质量)与规划一致;另一方面还保证了盈利方式的稳定,使项目中的利益相关者谋取旅游投资的溢出效益成为可能。

　　旅游项目回报周期长。受到投资大、前期知名度、营销投入大等影响,一般旅游项目均有较长的投资回报期,短则 3～5 年,长则 6～8 年。国外大型主题公园投资回报周期普遍高达 6～8 年时间。

　　规模经济效益不大可能通过扩大生产规模来实现。在旅游开发现实中,通过提供旅游者想要购买的经历(体验)而在景点、景区收取门票,提供相应有助于经历(体验)丰富化的服务等似乎是旅游开发项目主要的盈利方式。而在事实上,旅游开发项目通过获得投资在旅游开发项目所在地的经济溢出效益同样可以获利。例如,上海新天地通过新建商业服务设施,出售出租商铺,提供社区公共服务而盈利。

　　新天地的案例充分说明旅游开发项目在条件具备的情况下可以获取投资所带来的一部分外部经济溢出效益,大批旅游者的到来是获得投资溢出效益的前提,而对盈利模式的

---

① 龙藏. 旅游开发项目的盈利模式[N]. 中国旅游报,2003-10-29.

转化和设计是关键。因此,旅游项目的盈利方式实质是:首先,通过整合旅游景点(景区)内的旅游资源,提供相应的服务获得收益是盈利的第一层次;其次,出让伴随着旅游者到来可能的商业机会;最后,对旅游开发中的资本投入所带来的经济溢出进行辅助开发或者服务提供。

8.4.2　旅游项目盈利的主要模式

有知名策划专家将盈利模式视为项目开发和运营的最核心部分,审视了旅游项目的盈利模式,并高度总结为全产业链盈利模式、内部潜力盈利模式和外部潜力盈利模式等。①

1)全产业链盈利模式

即全方位拓展旅游产业价值链的盈利模式。是指旅游景区在经营核心业务的基础上,重点拓展产业链的宽度、延伸产业链的深度,以满足目标顾客的需要并实现景区最大化、可持续盈利能力的盈利模式。②

一般而言,项目的收益可以分为短期收益形式和长期收益形式。前者体现为销售性收益,一个旅游项目全部或部分面积可以通过销售直接获得收益,是一种短平快的收益方式,源于项目开发商迫切需要现金流。这样的短期收益包括商业项目的销售、住宅项目的销售、产权酒店销售等。例如云南彝人古镇、古重庆长寿古镇等都有商业或住宅的销售。

长期收益形式则表现为项目的门票收益、租金收益、酒店餐饮等各种经营性物业的盈利。依靠项目的运营,逐步提升经营性收益是这个收益形式的最大收益来源。显然,其中门票经济模式,过于单一,也容易受制于竞争、季节等影响,收入不稳。迪士尼的门票收入仅占其全部收益的24%,其酒店、玩具、餐饮等衍生品收入占据主体。黄山旅游公司2014年的年报显示,其四大主营业务——门票及索道、酒店、旅行社、房地产收入分别为51%、29%、20%、8%。可见,旅游项目的盈利模式除了在旅游产业内部进行全产业链的延伸之外,还可以广泛拓展到其他很多产业。例如房地产业、商业、文化体育产业、演艺业、创意产业等,形成旅游业融合发展的大格局,推动旅游项目的全产业链盈利模式发展。

2)内部潜力盈利模式

景区盈利模式通常在景区内部要素和外部要素的双轮驱动作用和影响下进行。因此,应关注影响盈利模式的内部潜力提升模式和外部潜力提升模式。内部潜力提升模式,以内涵式提升为目标,具体表现为景区内部空间和功能的扩容以及产品的转型升级。

提质扩容是内部提升的路径之一。包括旅游线路、旅游子项目和产品结构的提升、扩充和优化,还包括服务质量的提高、产品种类的增加、旅游品牌的提升、旅游大环境的完善、旅

① 雷万里.大型旅游项目策划[M].北京:化学工业出版社,2016:196.
② 陈雪钧.新时期旅游景区盈利模式选择[N].中国旅游报,2006-12-25(007).

游形象的构建以及旅游主题的延伸等。提质扩容的途径则包括静态的扩容途径,如丰富产品、扩大景区规模等,也包括动态的扩容途径如单位时间的可承载量。如张家界市通过规划修编,把景区面积由原来的 264 平方千米扩大到 397 平方千米,积极推进单一观光型向观光休闲型景区转变,促进旅游工业、旅游农业和旅游文化产业发展,延长产业链,使旅游更好地发挥龙头带动作用。如西湖的雷峰塔就是通过电梯来提高单位时间游客数量的,达到提质扩容的效果,也通过交通设施的收费,增加了景区收益。

转型升级是内部提升的路径之二。就是将项目作为效益提升的切入点,撬动景区由观光型向度假型转型升级。其途径主要有形象升级、功能升级、产品升级、服务升级、效益升级等。其中形象升级可以通过发现原有资源的新价值、提升旅游资源地位、深度挖掘文化内涵等实现。效益升级就是注重整体综合效益,将局部收益放在整体收益中重新考虑。如西湖的免费策略使得整个景区和城市获得更多的有形收益和无形收益。由于免费开放带来巨大人流效应,景区内商业网点租金水涨船高。如花港观鱼免费的前一年门票收入为 800 万元,免费开放后,一年新增 200 万元管理维护费,但现在只物业出租一年就有 2 000 万元收益,相当于净增加了 1 000 万元。

3)外部潜力盈利模式

借助于成熟的旅游品牌,实施外部拓展经营,以获得盈利增长,也常被称为品牌输出的盈利模式。其外部提升的途径主要有以下五种:

通过各类营销活动项目实现盈利增长。例如,活动营销、事件营销、政策营销等,带动人气与盈利。

通过行业延伸,跨行业合作提升盈利水平。如万达集团通过收购旅行社实现产业链拓展,其未来目标锁定在全球最大利益公司。万达希望旅行社加上自身的电商平台,实现线上和线下的打通,激活其旅游板块。

通过改善外部条件、消除瓶颈提升盈利。例如为应对贵广高铁对游客的拉动,贵州、广东和广西三省区策划联合组建贵港高铁旅游营销联盟,联手整合"多彩贵州旅游卡""广东国民旅游休闲卡""广西八桂旅游卡"资源,实现区域内优惠的互动互享,建立客源互动机制。

通过项目对外扩张和复制提升盈利。成熟的旅游企业往往在形成自身盈利模式后,不断对外扩张和复制这种模式,推动其盈利的外部性增长。如宋城就是通过"主题公园+文化演艺"的异地复制,实现迅速扩张和高速发展的。复制的城市包括三亚、泰山、丽江、石林等城市。再如,乌镇向北京市密云区古北水镇进行扩张经营,联合中青旅以及其他投资者合作开发古村落。

通过对外招商,合作完成项目,实现共赢。借助外部资源,也就是项目开发者和外部的投资者、合作者、商家、渠道商、媒介商等进行多种形式的合作,整体经营合作或部分区域、功能、设施的投资和经营合作等。如 1998 年 1 月 1 日,张家界与北京大通公司签订经营权转让协议。据此,大通公司享有湖南黄龙洞 45 年的开发、保护、经营权,并承担相应责任,给予政策资源委托使用费、安置原有职工等。

8.4.3 旅游项目盈利模式的评价

显然,为了增强旅游项目盈利模式策划的科学性,为了降低旅游项目投资经营的风险,对旅游项目的盈利模式进行分析十分必要。有学者提出用博弈均衡理论来分析,认为达到或者接近纳什均衡的盈利模式将有助于旅游开发项目盈利模式的稳定以及保证项目建成后的可持续发展。[①]但在实践上,一般从盈利的利润点、利润源、利润稳定性等方面展开评价。例如,对我国古村镇旅游项目三类盈利模式综合评价如下(表8.1)。[②]

表8.1 我国古村镇旅游项目三类盈利模式

	门票型盈利模式	收费型盈利模式	自营型盈利模式
利润点	经营主体通过招商将古村镇资源整体租赁或者承包经营的方式,获得资源本身价值收入,包括转让资源经营权所得收入和古村镇旅游门票收入分红。	古村镇政府与居民签订协议将公共资源及部分居民私有资源都揽入手中,再将所有休闲地产、商业地产项目出租经营,以收取年租金和管理费用的形式获得盈利。	古村镇政府下设企业或者招商引资组建股份制企业,自主经营景区内游乐项目及其他综合服务类项目,以获取包括门票收入,吃、住、行、购、娱等外延服务收入以及商务、会议、会展、节庆活动等服务收入。
利润源	经营主体主要是收旅游者的钱,包括门票以及住宿、餐饮、游船、纪念品等其他方面消费。	主要是收外来商户的钱,包括租用古村镇各种大小商铺的租金以及管理商业。	主要是自己赚钱,包括门票,经营景区内客栈、饭馆、纪念品商铺、会议会展、节庆活动策划等以获得收入。
利润稳定性	转让经营权所得收入在转让协议中有明确规定,一般是固定的。而旅游门票收入分红,则受多方面因素的影响,存在不稳定性,对消费市场应对不够灵活。	一定时期内商铺租金稳定不变,保证了盈利的稳定,也摆脱了对门票收入的依赖。但容易出现过度商业化的现象,要避免大量同质化、低水平的商品充斥市场。	盈利方式多元化,各种业务收入可以削峰填谷,盈利结构趋于平衡,降低了投资风险。但旅游经营本身存在不稳定性。

8.5 旅游项目分类策划

虽然旅游项目分类角度很多,类型也很多,但为了突出重点,兼顾我国旅游传统以及现

---

① 龙藏. 旅游开发项目的盈利模式[N]. 中国旅游报,2003-10-29.
② 张利平. 古村镇旅游盈利模式研究[D]. 上海:华东师范大学,2014.

代旅游发展趋势,本书重点研究其中的自然观光类、文化教育类、度假娱乐类以及休闲体育类等五种旅游项目的分类策划。

8.5.1 自然观光类旅游项目策划

1)自然观光类旅游项目及其分类

自然观光旅游是指以观赏自然风景为旅游目的,通过自然观光游览获得审美享受、愉悦身心并调节体力的一种旅游活动。凡是为自然观光旅游开发目标而开发的相关项目,统称为自然观光类旅游项目。

自然观光旅游涉及几乎全部的自然要素,如地质地貌(地文)、水体(水文)、生物、气象气候等,构成为自然旅游资源的主类,而每一主类又可分出若干亚类、下属若干基本类型等。按照《旅游资源分类、调查与评价》(GB/T 18972—2003)的分类,其中,地文主类的亚类有综合自然旅游地、沉积与构造、地质地貌过程、自然变动遗迹、岛礁等(表8.2)。由此可见,自然观光旅游涉及面很宽,就其旅游资源分类而言,尽管都属于自然旅游资源类,但实际上,自然界的自然旅游资源数量从地面到空中,无处不在,种类十分繁多,品质差距很大。这就决定了自然观光类旅游项目的多样性和复杂性。本书相应地将其分为地文类观光项目、水文类观光项目、生物类观光项目和天象气候类观光项目等五大类。

表8.2 自然观光类旅游资源一览表①

主 类	亚 类	基本类型
A 地文景观	AA 综合自然旅游地	AAA 山丘型旅游地　AAB 谷地型旅游地　AAC 沙砾石地型旅游地　AAD 滩地型旅游地　AAE 奇异自然现象　AAF 自然标志地　AAG 垂直自然地带
	AB 沉积与构造	ABA 断层景观　ABB 褶曲景观　ABC 节理景观　ABD 地层剖面　ABE 钙华与泉华　ABF 矿点矿脉与矿石积聚地　ABG 生物化石点
	AC 地质地貌过程形迹	ACA 凸峰　ACB 独峰　ACC 峰丛　ACD 石(土)林　ACE 奇特与象形山石　ACF 岩壁与岩缝　ACG 峡谷段落　ACH 沟壑地　ACI 丹霞　ACJ 雅丹　ACK 堆石洞　ACL 岩石洞与岩穴　ACM 沙丘地　ACN 岸滩
	AD 自然变动遗迹	ADA 重力堆积体　ADB 泥石流堆积　ADC 地震遗迹　ADD 陷落地　ADE 火山与熔岩　ADF 冰川堆积体　ADG 冰川侵蚀遗迹
	AE 岛礁	AEA 岛区　AEB 岩礁

---

① 中华人民共和国国家质量监督检验检疫总局:旅游资源分类、调查与评价(GB/T 18972—2003)[S/OL].(2017-02-15).旅游政务网.

续表

主 类	亚 类	基本类型
B 水域风光	BA 河段	BAA 观光游憩河段　BAB 暗河河段　BAC 古河道段落
	BB 天然湖泊与池沼	BBA 观光游憩湖区　BBB 沼泽与湿地　BBC 潭池
	BC 瀑布	BCA 悬瀑　BCB 跌水
	BD 泉	BDA 冷泉　BDB 地热与温泉
	BE 河口与海面	BEA 观光游憩海域　BEB 涌潮现象　BEC 击浪现象
	BF 冰雪地	BFA 冰川观光地　BFB 长年积雪地
C 生物景观	CA 树木	CAA 林地　CAB 丛树　CAC 独树
	CB 草原与草地	CBA 草地　CBB 疏林草地
	CC 花卉地	CCA 草场花卉地　CCB 林间花卉地
	CD 野生动物栖息地	CDA 水生动物栖息地　CDB 陆地动物栖息地　CDC 鸟类栖息地　CDE 蝶类栖息地
D 天象与气候景观	DA 光现象	DAA 日月星辰观察地　DAB 光环现象观察地　DAC 海市蜃楼现象多发地
	DB 天气与气候现象	DBA 云雾多发区　DBB 避暑气候地　DBC 避寒气候地　DBD 极端与特殊气候显示地　DBE 物候景观

2）自然观光类旅游项目的基本特征

由于自然观光类旅游项目是依托自然观光类旅游资源而发展的,自然观光类旅游项目的特征自然由自然观光类旅游资源的基本特征决定。

（1）天然生态性

指的是自然观光类旅游项目,其物质基础是各类自然旅游资源,而这些自然旅游资源本身都是大自然的产物,它们的形成、发展、分布等深受自然规律的影响,具有天然的生态属性。从瑰丽的喀斯特观光旅游到神秘的海市蜃楼景观,乃至未来的太空观光,莫不如此。其本身的天然生态性,也成为此类项目的基本属性。这个特征决定此类项目在本质上具有不可复制性和不可移动性。这是此类项目策划中要充分考虑的。脱离了这个基础属性,此类项目的策划也就失去了基本特色。

（2）季节变化性

由于自然旅游资源受到气候因素的影响,形成了四季的动态变化。如我国水体在夏季洪水期的高涨,冬季消退的变化;在中纬度植物季相变化更加明显等。这一资源特征影响,引发此类项目也具有季节性游客市场变化、项目活动类型等变化特征。但季节性也有项目发展多样性的优势。

（3）项目依托性

此类旅游项目紧密依托物质性的自然环境、自然条件,尤其是自然界的景观资源。对该项目所有策划都建立这种物质环境和固定条件基础上,要始终围绕自然旅游资源及其所在的自然生态环境特征进行跟进式策划。

(4)内在科学性

自然历史过程中形成了自然资源及自然环境。自然旅游资源只是自然资源中独特的类型。从根本上说,自然观光类旅游项目,其策划、设置需充分遵循地球自然演化历史,让游客更好地解读自然规律,传播科学文化精神,凸显其内在的自然科学属性。

3)自然观光类旅游项目的策划要点

(1)充分展示和保护自然之美

自然观光旅游最直接的价值就是其自然美的体验。因此,自然观光类旅游项目策划首要任务就是要更好地让游客发现大自然之美、创造条件让游客欣赏大自然之美,以达到提升游客认识大自然、热爱大自然、保护大自然的目标。发现大自然之美,要以充分考察为基础,做到"四多""四发现"①,即多角度观察、多距离观察、多时段观察、多季节观察,发现大自然的色彩之美、和谐之美、情趣之美和动态之美。策划要选择良好位置,通过护栏、登山道、瞭望台、观景亭等设施建设,为游客提供最佳视角的景观观赏条件,让游客充分欣赏大自然之美。策划还要考虑项目开发可能引发的对自然环境和自然景观的不利影响,对此应提出防治对策。

(2)挖掘自然景观的科学文化内涵

地球是人类伟大的母亲,在其长达 45 亿年的演化进程中,孕育了地质地貌、生物、水文、气象气候等资源要素形成和演变的丰富科学文化知识。自然观光类旅游项目自然应该大力挖掘自然景观所蕴含的这些科学文化知识,将之内化为策划的宝贵素材,以图文展示、标志解说、旅游指南等形式予以推出,以增强游客的文化感知,增强游客热爱自然和保护自然的自觉性和神圣感。

(3)注重对项目所在点的文化内涵挖掘

自然景观除了蕴含科学文化之外,在其开发历史中,还形成了独特的神话传说等附会文化,反映了人们对自然旅游客体的主观探索、认知、想象、认同。②例如,长江三峡的"望夫石"、华山的"劈山救母石"。同时,由于名人到访,留下诗文或摩崖石刻,这在历史名山身上尤其突出。策划要对这些充分梳理,挖掘其各自的文化内涵,提升项目的文化精神,形成对游客的审美引导。具体途径是文献搜集与整理—文化内涵挖掘与价值提炼—采取合适技术方法—运用于自然观光旅游项目开发。其中的技术方法主要有修复如初、重新建设、文化解读、加盖保护等。

---

① 周作明.旅游策划学新论[M].上海:上海文化出版社,2015:252.
② 孙琳,刘敦荣,刘英.旅游自然客体附会文化及其"形"和"意"[J].旅游纵览,2014,(3):53.

8.5.2 文化教育类旅游项目策划

1)文化教育类旅游项目及其分类

（1）文化教育类旅游项目概念

世界旅游组织(1985)定义文化旅游为,人们出于文化动机而进行的移动,诸如研究性旅行、表演艺术、文化旅行、参观历史遗迹、研究自然、民俗和艺术、宗教朝圣的旅行、节日和其他文化事件旅行。欧洲旅游与休闲教育协会(ATLAS)1991年在参照了多种有关定义后给出文化旅游的双重定义:一是概念性定义(conceptual definition),指人们离开他们的日常居住地,为获得新的信息与体验来满足他们文化需求而趋向文化景观的移动;二是技术性定义(operational definition),指人们离开他们的常住地,到文化吸引物所在地,如遗产遗迹、艺术与文化表演、艺术与歌剧等的一切移动。Reisinger(1994)认为文化旅游,是指那些对体验文化经历有特殊兴趣的游客发生的旅游行为,文化旅游除了一般的遗产旅游,还包括艺术、信仰、习俗等,例如民族宗教活动、风味小吃的品尝以及地方音乐、戏剧、舞蹈等,同时,自然历史的旅游,了解旅游目的地的动植物的生态旅游,参加体育活动和观看体育赛事的体育旅游,以及农业旅游等都在文化旅游之列。

本书认为,文化旅游就是游客为了猎取历史文化知识,体验民俗文化风情,享受人类文明成果等文化需求动机而前往自己日常生活的地方以外的文化景观区域进行的独特旅游活动而形成的高层次旅游形式。可见,文化旅游概念中的关键词是文化动机与文化吸引物即文化景观,他们表明了文化旅游有别于其他旅游类型的不同旅游动机、特定鉴赏对象以及旅游内容。文化旅游被认为是相对于自然观光、度假疗养等而言的一种特殊而新颖的旅游类型。根据文化旅游的概念,文化教育类旅游项目就是指以文化教育,包括物质文化教育、精神文化教育、制度文化教育为主体活动内容或活动目的的旅游项目,一般也简称为文化旅游项目。众所周知,文化旅游已成为欧洲许多发达国家的旅游主流,成为美国增长最快的旅游项目。依托源远流长的多民族的历史文化,中国文化旅游大发展必将很快成为现实,文化教育类旅游项目必将发挥重要作用。

（2）文化教育类旅游项目的分类

文化教育类旅游项目十分丰富,除了参观历史遗迹、博物馆等专之于文化教育旅游外,文化教育类旅游项目几乎涉足其他所有旅游领域,包括在自然吸引物、社会吸引物、人造吸引物等旅游项目内均可设有文化教育类旅游项目。按照不同角度分类如下:

时间角度类型:文化教育旅游项目可分为历史文化教育旅游项目和现代文化教育旅游项目。

吸引物角度类型:分为遗迹遗址旅游项目、建筑文化旅游项目、特色商品旅游项目、饮食文化旅游项目、民俗节庆旅游项目、宗教文化旅游项目、艺术欣赏旅游项目、现代娱乐旅游项目等。其中,遗迹遗址旅游项目、建筑文化旅游项目、特色商品旅游项目、饮食文化旅游项目属于物质文化教育类旅游项目;民俗节庆旅游项目属于制度文化教育类旅游项目;宗教文化旅游项目、艺术欣赏旅游项目属于精神文化教育类旅游项目;而现代娱乐旅游项目因其以现代高新科技为依托,属于现代智能文化教育类旅游项目。

需求角度类型:根据旅游者的需求和消费指向,分为休闲型文化教育旅游产品项目、奇异型文化教育旅游产品项目、修学文化教育旅游产品项目、理想型文化教育旅游产品项目、发展型文化教育旅游产品项目五类。

资源角度类型:Munsters 曾依据文化旅游资源类型的划分,将文化旅游划分为文物古迹文化旅游、博物馆文化旅游、文化专题线路旅游(如名人、美食等,笔者注)、主题公园旅游、历史文化活动旅游等。类别又根据具体的资源类型分为不同类型,如文物古迹文化旅游包括:历史建筑、宫殿城堡、宗教建筑、公共建筑、陵寝建筑、园林公园、艺术活动等的文化旅游。相应地,资源角度的文化教育类旅游项目包括文物古迹文化教育旅游项目、博物馆文化教育旅游项目、文化教育专题线路旅游项目(名人、美食及专题等)、主题公园文化教育旅游项目、历史文化活动旅游项目等。

产品角度类型:可以分为景观文化教育旅游项目、风情文化教育旅游项目、艺术文化教育旅游项目和体验文化教育旅游项目。一个文化旅游资源开发逐渐深入的过程,以及游赏活动体验逐渐深入的过程。

在文化教育类旅游项目策划与开发管理的实践中,以吸引物、需求和资源 3 种角度的分类较为常见。

2)文化教育类旅游项目的基本特征

从旅游动机、旅游活动内容看,文化旅游反映出与其他旅游类型的显著差异。从旅游动机看,它着眼于文化鉴赏、文化教育、文化体验的动机,从旅游活动内容看,它选择的旅游目的地或者旅游景观具有高文化品位,展开的旅游活动具有高水平和深刻的思想性。与自然旅游相对而言,文化旅游以知识含量高为突出特色,但又并非自然旅游的反面。因此,文化教育类旅游项目具有下述特征。

(1)突出的文化社会特性

凡是文化教育类旅游项目,均以共有的文化内蕴为核心,反映社会历史变迁,具有鲜明的历史文明与现代文明印迹,具备传统社会习俗、历史文化以及现代科技文明的文化学习与教育的基本功能。这也是此类旅游项目的基本特征。

(2)个性体验特征明显

为满足文化需求,文化教育类旅游项目被赋予深度文化体验的个性特征。此类项目也最能体现游客的旅游个性。这种深度体验,一方面表现为时间长而导致的文化习得深刻;另一方面表现为游客在排除任何干扰的情况下,倾向于全方位获得目的地文化的深刻感受。这是此类项目的生命线所在,也是策划时必须重点关注的。

(3)旅游活动的时间较长

此类旅游项目,由于其文化教育的动机,往往利用项目资源的时间较之于普通的观光旅游为长,并常常与度假旅游、专题旅游相结合。这是文化旅游具有良好发展前景的重要原因,也是其可持续发展必须要关注的课题。

（4）多维价值呈现

文化教育类旅游项目的根本价值在于其超出了观光价值的剩余,这种剩余不仅反映在单一的文化教育方面,还包括很多价值指向和内容,如精神信仰、道德风范等。例如,延安宝塔山、窑洞旅游,绝不只是一种单纯的解放战争革命历史的教育,更多的价值在于弘扬延安精神价值,包括四个方面的内容:伟大的爱国主义精神、彻底的唯物主义精神、崇高的集体主义精神与革命的英雄主义精神。

（5）主客互动性

文化总是人的文化,文化教育旅游的效果,很大程度取决于游客的素质,更取决于主客交流互动的意愿、频度和深度。对于文化教育类旅游项目来说,其旅游过程往往始终保持良好的主客交往互动。良好的游客文化素质为其提供了良好交往的文化基础,浓厚的怀旧情结、文化性的动机是这种交往的内驱力。主客的交往互动是实现文化旅游目的的关键途径。这给此类项目策划指明了方向。

3）文化教育类旅游项目的策划要点

文化教育类旅游项目的策划,其根本指向是让游客通过对文化教育类景观和目的地的访问游览,增长异地文化见识,获得更多的文化知识,提高自身文化素质。围绕这个根本指向,此类旅游项目的策划要注重项目主题塑造、营造现场情境、力图保持文化的原真性和完整性的统一,提供更多参与互动机会,拓展项目的文化精神空间。

（1）增强项目主题化和针对性

一是要将分散零碎的文化物象进行一定程度的汇聚,做到主题鲜明有说头,也便于游客的集中游赏和体验;二是让文化物象走下文化学者的圣坛,针对大众游客和专业游客等不同需求层次的对象,策划适合的内容和展示途径,做到深入浅出,雅俗共赏。切忌主题模糊,展示单调,解读晦涩。

（2）营造项目现场的情景艺术感

文化教育需要通过情景交融,方能取得更好效果。据此,此类旅游项目的策划,特别要重视项目现场感的营造。努力使项目现场富有情景艺术感,通过历史场景复原、拟景再造、文物照片展示等,配合背景音乐、环境氛围、标准解说等,化抽象为直观,寓教于乐,充分体现文化旅游的看头。

（3）做到原真性和完整性的统一

按照联合国教科文组织对世界文化遗产的要求,必须保持文化遗产的原真性和完整性。有鉴于此,对文化教育类旅游项目,也应该始终以此为项目策划和设计的基本原则和关键路径。一方面,尽可能使文化景区再现其原有面貌,每项被确认的项目都应"满足对其设计、材料、工艺或背景环境以及个性和构成要素等方面的原真性的检验"。另一方面,系统全面地反映其历史元素、规模、文化过程和价值等的历史完整性。

（4）提供更多参与互动机会

主客互动性强的特征决定了对于此类旅游项目应该提供更多机会，让游客更好地进行互动交流，促进文化交流，并增强其文化体验感知，丰富文化体验层次，陶冶文化情操。其主要途径包括模拟学习、角色扮演、座谈交流等。例如，四川省阆中贡院每天上午 8：30 和下午 15：00 都会安排一场访古的科举考试，游客报名可以当一次考生，体验科举考试的全过程。

（5）充分拓展文化教育的价值空间

通过文化的深度发掘、历史事件的链接、联合办展、巡回宣讲、专题讲座等手段，提升文化景观的吸引物系统及其魅力，充分拓展其文化教育的价值空间，延伸项目价值链，激活潜在市场，增强其社会效益，也能有效提高游客回头率。例如很多博物馆景区之间开展的联合办展，互设各自临时性专门展厅。

8.5.3　度假娱乐类旅游项目策划

度假娱乐旅游活动不仅可以发生在旅游度假区，而且可以发生在所有类型的旅游地。尽管如此，度假娱乐旅游总离不开时间长、欢愉减压、娱乐健身等共性。对此类旅游项目的策划，应以此为基点考虑，同时结合具体的旅游吸引物性质及其项目设置的可能性综合进行。

1）度假娱乐类旅游项目及其分类

（1）度假娱乐类旅游项目的概念

度假旅游即是利用假日外出进行令精神和身体放松的康体休闲方式。[①]早期欧美发达国家的度假旅游是先开发海滨和温泉旅游度假活动[②]，往往带有保健和治疗的目的最后才发展成为社会交友、康体休闲和游憩的地方[③]。本书将此类旅游统称为度假娱乐旅游，认为度假娱乐旅游是指以气候适宜和环境优美为目的地取向，以度假娱乐为根本目的，进行消遣娱乐、运动放松、健身康体、疗养休息、欢聚交友等系列旅游活动的总称。显然，随着城乡人们经济收入的提高和带薪休假制度的不断完善，度假娱乐旅游正在为大众所接受，并逐步成为一种时尚的生活方式。

度假娱乐类旅游项目，就是针对度假娱乐类旅游活动所设置的相关项目，这些项目的设置和开发旨在有效促进度假娱乐旅游的发展，更好地适应度假娱乐的市场需求，服务于人们度假娱乐旅游生活。

（2）度假娱乐类旅游项目的分类

一般按照度假目的、内容和方式等的综合特征，将度假旅游分为海滨度假旅游、湖滨度

---

① Strapp J D. The resort cycle and second homes[J]. Annals of tourism research, 1988,15(4):504-516.

② Morrison A M, Mill R C. The tourism system: an introductory text[M]. Prentice-Hall,1985.

③ 刘家明. 旅游度假区规划设计研究[D]. 北京:北京大学,1999.

假旅游、海岛度假旅游、森林度假旅游、山地度假旅游、草原度假旅游、野营度假旅游、度假区度假旅游、乡村度假旅游、城市度假旅游、休闲度假旅游、运动度假旅游十二种类型。①考虑到娱乐因素在度假旅游中的分量很大，度假旅游可以看作是度假娱乐类旅游的简称。在此，将度假娱乐类旅游项目分类如下。

按照项目经营的季节性划分为：夏季度假娱乐类旅游项目、冬季度假娱乐类旅游项目、寒季度假娱乐类旅游项目以及四季度假娱乐类旅游项目。其中，夏季项目每年的5—10月，低纬度滨海以及高纬度山地是其典型的目的地。以网球、游泳、垂钓、保龄球、骑自行车、手工制作为主要活动内容。我国南方海滨度假就属于此类。寒季项目经营时间为头年的11月至次年的4月，以滑雪地和温泉地为主要去向，开展滑雪、滑冰、雪橇、网球、温泉沐浴等旅游活动。欧洲的阿尔卑斯山、韩国首尔附近山地属于这种类型。寒季项目则从每年的1—4月的第一个周末，在低纬度地区进行日光浴、高尔夫、划船、海钓和其他水上运动等旅游活动。四季型项目在全年经营，提供全年各季的度假娱乐活动，通过会议、人工制雪、节事活动等项目的开发降低了目的地经营成本。

按照度假娱乐目的地的选择分类为：度假区的度假娱乐类旅游项目、其他旅游地的度假娱乐旅游项目。前者主要包括海滨度假娱乐旅游项目、湖滨度假娱乐旅游项目、海岛度假娱乐旅游项目、森林度假娱乐旅游项目、山地度假娱乐旅游项目、草原度假娱乐旅游项目、乡村度假娱乐旅游项目、城市度假娱乐旅游项目等。其中森林度假娱乐旅游项目与山地度假娱乐项目存在一定的交叉，但不完全等同。后者较之前者无论是吸引物性质、类型和特征、项目设置的难易程度都有很大差别。这是一种常见的分类方法，但对于项目策划的实践显得过于笼统。

按照度假娱乐活动的主导功能分类：自然型度假娱乐类项目、度假村型度假娱乐项目和综合体型度假娱乐项目三种。自然型指的是以优美环境及其景观为基础的度假娱乐项目，提供的活动更多的是亲近自然的户外活动，例如散步、跑步、氧吧、游泳、潜水等。这些旅游项目倾向于减少对自然的过分干预，倡导人类度假的生态责任。因此，此类项目具有游客密度低、设施生态化、项目环保、收费高等基本特征。度假村型的度假娱乐项目则主要依托专门度假村而设置的项目，以改善的人工环境，尤其是兴建大量人工吸引物，特别是大型度假酒店和公寓等接待设施并提供优质的旅游服务为其主要卖点，其特色主要体现为游客数量多密度大、对项目设施的使用高度集约化、大众化趋势明显等方面。例如当今我国温泉旅游度假地的开发项目多属于此类项目。综合型度假娱乐项目则综合了前两者的特征，即在较好的天然环境和一定的风景基础上，通过人工对部分环境和景观的改造和增设，进行度假娱乐旅游开发。面向中端游客、兼顾自然吸引物与人工吸引物的综合以及重视娱乐和保健型项目的开发等为其突出特征。

2）度假娱乐类旅游项目的基本特征

观光旅游以欣赏自然景观和文化古迹、领略民俗风情并增长见识、开阔眼界和愉悦心情

---

① 周作明.旅游策划学新论[M].上海：上海文化出版社,2015:263.

为主要目的。显著不同的是,度假旅游则以放松身心、消遣娱乐、游憩疗养为目标,更强调安全、宁静的优美环境、丰富多彩的娱乐生活、增进身心的游憩设施和高品质的服务。[①] 由此形成了两者的很大区别(表8.3)[②],也决定了项目策划方面两者特征的不同。

表 8.3　观光旅游与度假旅游的区别

类　型	旅游形式	旅游目的	目的地选择	行程安排及滞留时间	价格敏感性	娱乐配套设施
观光旅游	大众团队	自然和人文的观光、增长见识、放松心情	较为多变,重游率低	行程紧密,在某一目的地停留时间较短	较敏感	配套的设施要求较低
度假旅游	家庭、专业团体及散客	以康体休闲、消遣娱乐、休憩疗养为主	选择较为固定,重游率高	行程安排较为宽松,在某一目的地停留时间较长	较不敏感	对娱乐配套设施要求较高

(1)以卓越环境及高端设施为基础

良好的生态环境是度假旅游的基本保障,也是增加度假情调的重要途径。伴随工业文明发展,现代城市的空气污染、水体污染、交通拥堵等弊端日渐暴露,城市居民寻觅清新自然、宁静安全的环境休假娱乐的呼声不断高涨。这就为度假娱乐类旅游提出了基本性环境要求。同时,为了开展丰富的娱乐活动,度假旅游项目也必须以高端设施建设为其基本任务。

(2)家庭或团体的组织性

"独乐乐不如众乐乐"。度假娱乐旅游有着内在的集体性特征,集中表现为家庭式出游度假或者单位、专业、兴趣等导向的团体性组织度假为主。这是该类项目极其重要的特征。这个特征对其项目策划提出了更高要求。

(3)单次旅游时间较长,对娱乐康体设施及服务要求高

由于度假旅游追求社会体验,而社会体验深度旅游所需要的时间基本在4天左右。[③] 改变生活方式,实行短期慢节奏生活方式的转变,是此类游客的重要行为特征。由此决定在其度假时间内,项目设施为同一群游客高度频繁使用,且具有集中性使用率较高的特点。同时,配套高端的娱乐和康体设施,并以细致服务为特色。这既为度假活动提供了基本保障,也是该类旅游项目建设的重点内容。

(4)客源市场较为稳定,且重游率较高

由于前述度假旅游与观光旅游的本质差别,度假娱乐类旅游项目具有客源市场较为稳定,体验、交际、情感交流、运动休闲等行为方式较有规律,且重游率较高等特点。当然这是就世界性客源市场的整体而言,中国游客度假情况有些不同,不仅停留时间较短,而且回头

① 孙国学,赵丽丽.旅游产品策划与设计[M].北京:中国铁道出版社,2012:271.

② 谢春山,邱爽.观光旅游与度假旅游的差异分析[J].旅游研究,2015,7(4):11-15.

③ 周作明.旅游策划学新论[M].上海:上海文化出版社,2015:271.

率明显偏低,并在度假消费上倾向于观光、餐饮、购物、疗养等。① 引导我国度假娱乐旅游的健康快速发展,需要在度假观念转变和度假项目策划上精心考虑。

3)度假娱乐类旅游项目的策划要点

(1)提升配套设施和娱乐项目

要深刻认识到配套设施和娱乐活动对度假旅游的关键性作用。策划此类项目时,要充分考虑住宿、餐饮、娱乐、网络、交际空间等设施的综合配套,尤其是设施的更新换代;不断加大娱乐活动项目的前沿研究和运用,使娱乐活动保持时尚化、特色化和生态化,打造高端个性化的娱乐品牌项目。

(2)致力于一流的生态环境建设

该类旅游项目要始终将一流的生态环境建设作为项目的基础工程。以一流环境营造度假旅游的浪漫氛围,吸引度假游客置身其中,作为游客环境摄入与环境依恋的基础。为此,要高度重视山水、林木、花草、建筑小品等的配置和改造,基于自然物体的项目要化杂芜为野趣,"源于自然而高出自然",一草一木、一砖一瓦务求做到精心精致精细,化度假区为园林式景区。

(3)致力于度假文化发展和精准化服务

度假目的地作为较为综合化的旅游地,为提供更为高端度假娱乐消费的独特空间,更加需要得到精神上的满足。为此,策划此类旅游项目要大力发展度假文化,以此引领度假地的深度开发。鉴于度假娱乐旅游项目跨度太大,类型太多,无法策划度假文化的统一模式,从度假个性化供给的基本原则看,也不应出现什么统一的文化模板。但是度假文化的基本理念应该是:营造平等自由轻松愉悦的境界、凸显地方化的文化风格,倡导绿色生态度假消费、鼓励不同地方的人们更多地交际沟通。遵循这些文化发展理念,就不难理解在我国一些度假村,进行国外知名度假品牌项目发展的移植(管理模式除外),即便是资源和景观特色突出的地方,也是很难成功建设为国际度假目的地的。相反,山东日照的"赶海节"、河北秦皇岛"中国夏都"项目策划就十分接地气,得到了市场认同。可见,度假目的地的在地化、地方文化之根的认同十分关键,也是其度假文化发展的基石。

鼓励不同地方的人们更多交往的意义尤其突出。对度假游客来说既有时间也有增长知识的需要。策划项目时应考虑创造条件,让度假游客观察那些非旅游吸引物,距离真实的国外更近一些。如去当地人常去的超市、教堂和商业区,融入当地本国人中(对旅游者而言是外国人),与他们同场体验地方的餐饮文化,感悟氛围及了解真实的后台生活。②

此外,策划度假娱乐旅游项目,除了硬件"过硬"之外,还要确保软件"精准",采取精准化服务面向度假游客。细化销售前、中、后的服务环节,在确保接待过程中的精准服务的同时,积极做好项目的营销策划和销售后的跟踪服务;对家庭、专业团队度假群体,及时征

① 吴国清.旅游度假区开发:理论·实践[M].上海:上海人民出版社,2008:117-139.
② 王艳平,程玉.国际旅游度假的行为特征与知识意义[J].旅游论坛,2015,(4):45-50.

集游客意见,积极开展甄别研究跟踪,及时组织项目化的服务流程再造,加速提高服务管理绩效。

(4)加大项目创新研发与运用

由于当今时代科学技术发展很快,其对娱乐设施及项目的影响很大,加之人们审美情趣的时代性很强,度假娱乐类项目存在周期短、淘汰快的特征。这就对此类项目策划提出了不断创新研发与运用的要求。据此,项目策划要始终跟进先进技术,深入研究度假者心理需求与消费行为特征,结合地方文化与资源特征,不断研发新的度假项目,及时充实和更新度假项目库,保持度假地的项目创新性和度假项目活力。如澳大利亚墨尔本的疏芬山淘金镇利用废弃金矿设计,保存了原汁原味的老街和矿井,游客不仅能够深入地下观赏原始金块和采矿工具,观看淘金时代悲欢离合的模拟电影,还可在淘金河里筛金沙。镇上国际高水准的黄金博物馆,展出大量文物,并设有两个影像室。这些主题公园极大地增加了度假目的地的声誉、亮色、动感和刺激程度。①

8.5.4　休闲体育类旅游项目策划

我国"十二五"规划纲要中,明确写道"发展健身休闲体育",这是休闲体育概念第一次进入国家发展规划,说明在国家层面开始对休闲体育的重视。事实上,休闲体育活动早已得到世界范围的广泛重视。世界休闲组织于2010年开始在韩国春川市举办世界休闲体育大会,旨在通过实际行动引导人们开展世界性休闲体育活动,以此促进世界休闲体育的健康发展。第二届世界休闲体育大会则于2015年9月12日至21日在青岛举行。然而,长期以来我国旅游学界对此类旅游项目的关注和研究不多,现有的研究多为体育类学者所作。但是,在实践中其发展十分迅猛,充分印证了休闲时代背景下,人们对健康养生的本性回归。

1)休闲体育类旅游项目及其分类

(1)休闲体育与休闲体育旅游项目

米勒以及杜恩(Miller N. P and Duane M. R.,2003)提出休闲体育是身体活动的一个比较高的阶段。

在我国,休闲体育的研究始于20世纪60年代末期。对于休闲体育的解释众多,大致可以划分为三个认识视角,即心理学方面、社会学方面以及体育学方面。② 从心理学方面出发的学者认为:休闲体育是一种身体活动,它能够改善人们的心态,减轻不必要的压力,强调休闲体育的心理作用,认为休闲体育对人们心理上具有正向良性帮助。③④ 这实际上是休闲的

① 林洪岱.完善的度假旅游硬件系统[N].中国旅游报,2005-02-18(011).

② 张建华.我国休闲体育研究动态评析[D].上海:上海体育学院,2013:4.

③ 卢元镇,刘凤霞,李国军.休闲生活方式:社区体育的立足点——社区体育"以人为本"的讨论[J].体育文化导刊,2003,(1):3-5.

④ 于可红,梁若雯.从休闲的界定论休闲体育[J].中国体育科技,2003,(1):21-23.

普遍心理功能在体育项目中的反映。社会学的研究视角则更多的将休闲体育看作是一种权利和服务社会的手段。认为休闲体育至关重要的特点之一便是责任,便是对结果的探求。而余暇运动探求的是愉悦的过程,现代社会,休闲已经法制化、权利化。[①]从体育学的视角出发,学者普遍认为,首先,休闲体育应包含于大众体育。其次,它应该是业余时间内从事的体育活动。最后,体育运动本身就不同于盲目或无规则性的娱乐活动,作为体育的一个分支,休闲体育自然也应该是具有一定技术含量的社会文化活动。的确,体育作为一种特殊的社会文化活动,从原始社会到古代、近代、现代,无不具有休闲性质,大众体育的休闲性尤为明显。可见,休闲体育是通过休闲对体育文化的一种重构,也是体育实现自身价值的一种重要的方式。[②]简言之,休闲体育就是以休闲形式组织和开展的体育活动的全称,是人们利用闲暇时间,通过体育运动的方式,满足其身心愉悦、放松和健康等需要的一种群体性社会文化活动。作为一种产业,它是休闲产业与体育产业的交叉领域。

有学者将我国休闲体育的可持续发展形式分为旅游休闲体育、时尚休闲体育、极限挑战休闲体育和艺术休闲体育四大类。[③]其中,旅游休闲体育受欢迎的形式有:登山、游泳、传统体育竞技运动、民间游戏运动与特色农业耕种活动等。时尚休闲体育分为徒手类与器械类两类。徒手类以瑜伽、跑酷、霹雳舞与健美操等为主,器械类有钢管舞、器械健美操、骑行、滑板等。极限挑战休闲体育较为常见的如城市马拉松、攀岩、高处跑酷、划浪、滑雪、滑翔、跳伞、越野山地骑行、低空飞行等,需要在专业装备、专业人员的支持下开展。艺术休闲体育包括健美舞、太极剑、各种少数民族的舞蹈、广场舞,甚至模仿各种动物的舞蹈和机械舞等。可见,休闲体育旅游从狭义看只是休闲体育活动的第一种,而从广义上看,完全可以包括以上四类。显然,休闲体育旅游已经逐渐成为人们的一种新型生活方式。

作为旅游的一类项目,休闲体育类旅游项目就是围绕休闲体育活动所设置的所有旅游项目。这些活动广泛分布在上述四大类休闲体育活动中并处于不断拓展中。例如,通过文化发掘和现代发展,民间游戏运动不断系列化,从传统向现代过渡,从原有的滚铁圈、踩高跷、踢毽子、斗蟋蟀等向小猪赛跑、宠物狗表演、迷宫寻宝等方向发展。时尚休闲体育和极限挑战休闲体育等两类旅游项目的发展更是日新月异,成为休闲体育旅游项目中创新潜力最大的领域。

(2)休闲体育类旅游项目的分类

分类的角度不同,其类型也不同。休闲体育类旅游项目可以从下述角度展开分类。

按照竞技程度,分为竞技类休闲体育类旅游项目和非竞技类休闲体育类旅游项目。在此,参与这项体育活动的目的和心态十分关键。即使是竞技的体育活动项目,可能对有些参与者而言却是一种休闲的体育活动。如果参与者被迫参与某项体育运动,那么即使是运动负荷量最小的体育活动,对他们而言也有可能不是休闲体育活动。[④] 其中,竞技类休闲体育

① 姜德卫,邱建国.余暇运动的社会学思考[J].体育与科学,2002,23(5):25-26.
② 蒋书君.“休闲体育”发展研究[J].体育文化导刊,2017,(1):48-51.
③ 焦新辉.我国休闲体育的可持续发展策略研究[J].体育科技文献通报,2017,25(3):123-124.
④ 董张宇,丁智超.论休闲体育的功能与实现途径[J].当代体育科技,2016,6(20):120-121,123.

类旅游项目包括专业性和非专业性两小类。前者需要一定的专业技术和专门指导训练,如帆船运动、攀岩等。后者更具有群众性,无须专门技能或者技能,较容易掌握,例如游泳、徒步等。

按照休闲体育活动所凭借的对象和场所,分为自然休闲体育类旅游项目和非自然休闲体育类旅游项目。自然休闲体育就是人们借助于森林、湖泊、水面、休闲广场、绿地、城市景观带等自然环境,利用空气、阳光和花草树木,调节心情,愉悦身心,强身健体,延年益寿的活动过程。自然休闲体育类型多样,方式灵活,内容丰富,不同的环境、不同的内容和不同的方法会给练习者带来不同的休闲健身效果。[①]此类项目一般无须专门设施设备且多为室外项目,因此,其旅游项目就十分普遍且多见,从自然界到城乡,从个体的登高活动到群众性的广场舞,无处不在。非自然休闲体育则主要是利用各类体育和健身器材而开展的休闲体育活动。因此,此类旅游项目较多集中于室内或特定空间,如体育场馆、健身房等。人们熟知的棋牌类、球类等休闲体育项目即属于此类。

从活动方法上,可以分为徒手运动项目和器械运动项目。分别相当于上述的自然休闲体育类旅游项目和非自然休闲体育类旅游项目。

依据休闲体育活动的内容和参与形式将休闲体育划分为身体活动主导类、心智活动主导类两种类型。[②]前者偏重运动和技能,后者偏重娱乐和参与;前者多在室外进行,后者在室内外均可进行。各种沙滩排球运动、城市马拉松赛就属于前者,而桥牌、麻将等则属于后者。

按场地和经费投入可分为:要求不高的传统体育内容,如武术、气功、散步、跑步、徒手操等;也有需要一些专门场地设施和一定投入的现代体育内容,如网球、游泳、旅游、家庭器械健身等;还有对场地设施和投入要求都很高的新潮体育如高尔夫球、保龄球、赛车、摩托艇、登山攀崖、热气球、滑翔翼等。[③]

按活动空间可分为:陆域项目(登山、攀崖、定向、徒步越野、郊游、山地自行车、野外旅行、探险、滑雪、滑冰、雪上摩托等)、水域项目(划船、赛艇、帆板、水上摩托、潜水、冲浪、滑水、钓鱼、游泳、木筏漂流等)和空域项目(滑翔、跳伞、热气球等活动),等等。[④]

鉴于休闲体育不是指哪一类具体的项目,而是概括了体育的一种社会存在形态。因此,它可能涉及各种各样的体育项目和活动。[⑤]根据游客从事休闲体育活动的目的和动机作为标准,或者说将休闲活动自身特征作为标准被认为是更为根本的划分依据。由此,可以把休闲体育活动划分为健身塑形、娱乐、竞赛、消遣放松、社交、探新寻奇和寻求刺激等七类。[⑥]

---

① 项建民,龚婉敏.江西自然休闲体育内容与方法研究[J].上饶师范学院学报,2011,31(6):90-95.

② 肖焕禹.休闲体育的演进历程、分类及未来展望:第九届全国体育科学大会论文摘要汇编(2)[C].2011:1.

③ 卢元镇.体育人文社会科学概论高级教程[M].北京:高等教育出版社,2003:8.

④ 刘华平.21世纪初的中国休闲体育[J].北京体育大学学报,2000,23(1):15-16.

⑤ 卢锋.休闲体育学[M].北京:人民体育出版社,2005:7-8.

⑥ 卢锋,刘喜山,温晓媛.休闲体育活动的分类研究[J].武汉体育学院学报,2006,40(12):59-61.

2）休闲体育类旅游项目基本特征

休闲时代需要更多的体育休闲项目满足大众休闲的需要。但休闲体育旅游项目不同于其他旅游项目,具有自身特征。

（1）以休闲为主要旅游动机

借助休闲体育项目,游客希望实现休闲健身和娱乐放松的动机,并不以实现体育专业竞赛的成绩和排名为目的。这个基本属性决定了其旅游资源、设施设备与专业体育的差异化和一定共享性。

（2）以体育活动为旅游的根本内容

与其他休闲方式不同的是,休闲体育类旅游项目以体育活动为特定的旅游内容,显示其旅游方式的特定性。与普通休闲活动的广域性旅游活动内容相比,具有一定的限制性,甚至需要特定的场地和器材。

（3）项目的拓展空间很大

如果说竞技类体育项目具有较强的稳定性,那么,休闲体育项目的灵活性和拓展空间则很大。这是因为该类项目以休闲为导向,不受制于竞赛规则的固化,一方面不断发掘民间体育养分,拓展其传统项目的来源和类型;另一方面,随着现代科技水平的发展以及高新科技手段、新材料、新设施等不断引入休闲体育项目中,现代休闲体育项目也迅速兴起。例如蹦极运动、深海潜水等项目的兴起。这正是此类旅游项目的魅力和前景所在。

（4）参与性强

由于各项体育活动本身的参与性,休闲体育项目建构起游客与体育设施、游客与游客、游客与东道主的良好互动,具有很强的参与性。这一点与观光休闲相比尤其明显。诚然,让游客更多参与休闲体育旅游项目,还需要较好的环境和条件保障。例如,韩国大田广域市民众积极参与休闲体育活动,主要原因就是其自然环境、充足的体育场馆设施及优惠条件、完善的自行车运动设施、人性化的健身与登山路、充足的闲暇时间及区别于传统的生活理念、多元文化的影响与冲击等。[①]对于我国而言,最为重要的是,增设相关的休闲体育设施,通过积分购物、奖励图书等种种措施提高人们参与休闲体育活动的积极性,使人们能便利开展和乐于参与休闲体育活动。

3）休闲体育类旅游项目的策划要点

2014年10月,国务院印发了《国务院关于加快发展体育产业促进体育消费的若干意见》,将全民健身上升为国家战略,把体育产业作为绿色产业、朝阳产业培育扶持,破除行业壁垒、扫清政策障碍,形成有利于体育产业快速发展的政策体系。明确提出要"促进体育旅游、体育传媒、体育会展、体育广告、体育影视等相关业态的发展"。旅游供给侧结构改革势

---

① 张得保.韩国大田广域市民众积极参与休闲体育活动释因[J].体育学刊,2014,(4):50-53.

在必行,作为旅游与体育融合的休闲体育产业迎来新一轮良好的发展契机。做好休闲体育类旅游项目的策划对于推动该产业发展至关重要。

（1）因地制宜,突出传统民族体育的特色

休闲体育类旅游项目的策划首先要做到突出地方传统民族体育特色,因地制宜发展具有地方传统优势、大众参与度高并富有娱乐性的特色项目,使之成为本区域休闲体育类旅游项目的品牌。我国民族丰富多样,不少传统民族休闲体育项目具有这个条件。例如汉族的龙舟、瑶族的射击、蒙古族的赛马、满族的珍珠球、维吾尔族的叼羊和独轮车等（表8.4）。

表 8.4　我国部分民族的传统体育项目

民族	主要分布区域	最有特色的传统体育项目	其他传统体育项目
汉族	中国各地	舞狮	武术、舞龙、围棋、象棋、赛龙舟、放风筝等等
蒙古族	主要聚居在内蒙古自治区和吉林、辽宁、黑龙江、新疆、甘肃、青海等省区	摔跤	赛马、套马（绳索和挥杆）、射箭、蒙古象棋等
回族	主要聚居在宁夏回族自治区以及其他西北省区,在全国绝大多数县市均有分布	摞石锁	赶木球、掼牛、爬木城、掷子等
藏族	聚居在西藏自治区和青海、四川、甘肃、云南等省区	赛牦牛	赛马、赛跑、摔跤、抱石头、马术、射箭等
维吾尔族	主要聚居在新疆维吾尔自治区	独轮车	摔跤、走绳（高架绳,维吾尔语称为达瓦孜）、打尕尕（打木棒）、较量、滑冰、叼羊比赛等
苗族	聚居在贵州、湖南、云南、广西、四川、海南等省区	八人秋	鸡毛毽、射弩、打禾鸡、打泥脚、上刀梯、接龙舞、"吹枪"等
彝族	分布在四川、云南、贵州、广西四省区	公鸡啄架	摔跤、磨秋、蹲斗、舞铃铛、跳火绳、玩场、顶扁担、顶肩等
壮族	92%分布在广西壮族自治区和云南、广东等省	高脚球	有"东方橄榄球"的抢花炮、同心板鞋、抛绣球、踩风车、打棍、跳桌等
布依族	主要聚居在贵州黔南、黔西南布依族苗族自治州和安顺市	跳把式（把式舞）	斗牛、扭扁担、拍线球、赛马、射弩、射箭、划龙舟、划竹排、划三板船、打水枪、水上漂石、打石仗、抱花腰（摔跤）等
朝鲜族	主要分布在吉林、黑龙江、辽宁三省,以吉林延边朝鲜族自治州为主要聚居区	秋千	足球、摔跤、滑冰、跳板、打秋千等
满族	以辽宁省人口最多,其次是黑龙江、吉林、河北、内蒙古等省区	滚铁环	赛马、跳马、跳骆驼、冰嬉、秋千、滑雪、赛船、角觝、击球、采珍珠等

续表

民族	主要分布区域	最有特色的传统体育项目	其他传统体育项目
侗族	聚居在贵州省,次之为湖南、广西等省区	抢花炮	"多高贝"（汉语意为"打柴头"）、抢花炮等
瑶族	主要分布在广西、湖南、云南、广东、贵州等省区	顶杆	射击、放木排、竹排、踩独木、拳术、剑术、打陀螺、打尺寸、游泳等
白族	主要聚居在云南大理白族自治州,贵州省威宁、湖南省桑植亦有分布	霸王鞭	赛马、松花会、秋千会、耍海会、赛龙舟等
土家族	分布在湖南省和湖北省西部、四川省东部、贵州省东北一带	抢贡鸡	舞龙灯、打飞棒、安石硪等
哈尼族	聚居在云南红河哈尼族彝族自治州和思茅、玉溪、西双版纳等地	花毽	坐骑秋千、摔跤、赛球、爬树赛、打陀螺等
哈萨克族	新疆伊犁哈萨克自治州和木垒、巴里坤两个哈萨克自治县	叼羊	赛马、骑马抢布、马上角力、姑娘追等
傣族	主要聚居在云南西双版纳傣族自治州、德宏傣族景颇族自治州和耿马、孟连等县	赛高升	赛龙舟、武术、赛马、斗鸡、堆沙、丢包、秋千、孔雀舞、敲象脚鼓、泼水等
黎族	聚居在海南省	跳竹竿	射箭比赛、打红、摔跤、盖冽（串藤圈）、打狗归坡（类似曲棍球赛）、大象拔河（又叫"拉乌龟"）、格斗、赛跑牛、登山抢姑娘、荡转车等

（2）因人而异,增强项目的市场针对性

由于各人体质不同,对体育活动的喜好各异,此类项目需要根据游客的不同性别、职业和年龄等,采取因人而异的原则进行项目设置,以增强其市场的针对性和有效性。例如,针对老年人可以策划太极拳、气功养生等健康娱乐产品。针对中青年阶层,可以开发出一些减肥瘦身和健美操等娱乐产品。针对生理缺陷的人群也要开发一些休闲体育产品,保障每个人都能够得到全面的发展,这对促进我国社会的和谐具有十分重要的意义[1]。

（3）借助现代科学技术,不断创新和丰富项目类型

科技性是休闲体育的重要特征之一。它是指在休闲体育活动的过程中,需要科技的支持和参与,科技推动了休闲体育的发展,为休闲体育的发展提供了物质上的保障,具体表现

---

[1] 蒋书君."休闲体育"发展研究[J].体育文化导刊,2017,（1）:48-51.

在休闲体育的场馆建设、活动器材及装备等都融入了科技的因素。[①]现代科学技术使人类征服了高山、两极、海洋和太空,同样地,相关休闲体育类旅游项目的发展,也需要借助先进的科学技术,不断创新项目内容和游赏方式,不断丰富项目类型,在休闲体育项目的求新、求变方面做出努力,使休闲体育项目呈现休闲性的同时,增加其趣味性、自主性、娱乐性,更加迎合新时代人们的休闲消费需求。

(4)竞技体育项目软化

让竞技体育回归生活,是现代休闲人的诉求,也是现代体育休闲项目创新的基本方法之一。软化竞技体育项目作为休闲内容,不仅是因为竞技体育的某些特质,如项目具有挑战性、锻炼方法的科学性、健身效果的实效性等为众人所熟知,更是因为竞技体育历史悠久的文化内涵深深吸引着民众。如马拉松,这项运动在早先只是专业长跑运动员的专利,而现在马拉松在国内每场比赛报名者众多,无原则控制参赛人数。究其原因,软化马拉松赛的强度、距离或形式是吸引大众参与该项运动的因素之一。[②]各城市举办的群众性马拉松,如广州马拉松赛事(简称"广马")乃至于民间微型马拉松赛(即 5 公里慢跑,简称"微马")的火爆场面正是这种软化的最好体现。这也为全民健身计划的实施以及竞技体育的人本化提供了重要路径。

(5)建立多样化的社团组织,推动项目的深化发展

休闲体育社团组织建设有利于增强休闲体育的专业性,增进共同兴趣游客的聚合力,进而推动休闲体育项目的深入发展,这一方面西方许多国家做出了榜样。例如,英国人参与休闲体育程度也相当高,约有 60%的英国人参加某种形式的体育锻炼活动。体育运动主要依托各种体育俱乐部开展,英国有多达 48 600 家足球俱乐部,300 万会员;网球俱乐部 2 000 余家,超过 200 万会员;此外斯洛克、棒球、保龄球俱乐部也数量众多。澳大利亚有 110 个体育社会团体,5 万多个各种体育俱乐部。[③]

【综合案例分析】

有趣的国外休闲体育

澳大利亚:健身运动——与鸵鸟为伍。鸵鸟被誉为澳大利亚的国鸟。近年来,澳大利亚人设计出种种与鸵鸟有关的健身运动。目前,最时兴的首推乘鸵鸟拉的四轮车在原野上兜风赏景。新鲜的空气、温暖的阳光和满眼绿意,使人心旷神怡,起到明显的健身之效。

加拿大:水中跑步——滑稽又有趣。加拿大流行"水中跑步运动"。在水中跑步气喘吁吁,却很难"跑动",看来确实有点笨拙可笑。参加者身体垂直悬浮于深水中。鼻孔仅比水面稍高一些,四肢在水中猛烈划动,好像鸭子在水中扑腾。经常在水中运动,可以延缓衰老。

① 李春月,董树立.休闲体育发展中的科技影响因素分析[J].科技成果纵横,2010,(4):48-49.
② 马思远,卢元镇.体育休闲项目的创新、传播与流行[J].体育学刊,2017,(1):87-91.
③ 周阳,谢卫.欧美发达国家休闲体育产业发展启示——以美英澳三国为视角[J].人民论坛,2016,(14):245-247.

水的导热性比空气强,在 12 ℃水里停留 4 分钟所散发的热能,相当于在同温度的空气中 1 小时所消耗的热能。所以水中运动是一种很好的"消化"多余热能的方法。同时,由于热能的大量消耗,就需要身体加快新陈代谢,补偿热量的损失,维持正常的体温,所以水中运动能锻炼人的体温调节中枢,增强身体的抗寒耐热的能力。

法国:街上滑旱冰——展示风姿。颇富浪漫色彩的法国人,最爱滑旱冰。他们在人行道上轻松自如地滑着前进,对马路上的堵车现象付诸一笑。春天更是那些城市旱冰一族在马路上大显身手的时候。冰刀式旱冰鞋成了最抢手的圣诞礼物之一。在临近春天的时节,巴黎旱冰鞋专卖店的营业额可增长近40%。在法国,滑旱冰的人已达 2 000 万。

从上述三则国外休闲体育案例,可以看到休闲体育花样繁多,创新领域巨大。而且其要素选择空间很大,既可以是地面上的运动,也可以是水上运动,既可以借助动物,也可以借助简单器材,如旱冰鞋等。休闲体育可以更多倾向于休闲观光,例如,澳大利亚的鸵鸟四轮车休闲;也可以更倾向于体育运动,例如加拿大的水中跑步休闲体育。实际上,从传统的民族体育活动,到现代化大众性体育活动,无不体现休闲体育发展的群体广泛性。由于休闲体育关乎全民健康,因此,我国亟待快速提升休闲体育的创新发展和教育水平。这也是促进我国健康观念由疾病医疗向日常保健转变的重要途径。

（晓利.有趣的国外休闲体育[N].中国质量报,2000-11-06(008).）

第9章
旅游节事活动策划

9.1 节事与旅游的渊源

9.1.1 节事活动

"节事"一词,按照字面可分解为"节日"和"事件"。国外学者通常把节日(Festival)和特殊事件(Special event)合在一起作为一个整体研究,称为"节事",英文简称 FSE(Festival & Special Event)①。节庆和事件存在包含关系,即事件包含节庆。一般认为,节庆着重于"节",是对某一节日的纪念、欢庆和传承,依据节日的主题策划一系列的活动,渲染节日气氛,传播节日的文化,传承历史。节庆可分为传统节庆和现代节庆。传统节庆是指那些在人类文明发展史上长期积淀形成的,能够全面、集中、形象地体现出民族的共同心理、性格特征、价值观念和理想愿望的节日②,如端午节、泼水节、乞巧节等。现代节庆是经济社会的进一步发展,特别是市场经济的产物,是各城市、地区和企业根据各自的资源和实际情况,人为策划举办的带有浓郁地方民族文化氛围的现代节庆活动③,如服装节、电影节、旅游节等。而事件涵盖内容更广,包括历史事件和现代事件。目前学术界基本一致的观点是:事件是指在现代社会中对经济社会发展有重大影响、对文化交流起重大推动作用的活动,除以上所说的节庆外,节事还包括奥运会、世博会、世界杯及各类大型活动的开幕式、大型表演或比赛等活动。因此,从一般意义上来说,节事活动即指紧紧围绕某节庆或事件开展的突出节事主题和内涵的一系列活动。

9.1.2 节事与旅游

无论是节庆还是事件,无论是传统节庆还是现代节庆,节事最开始只服务于节事本身。如泼水节,被视为傣族的新年,人们清早起来沐浴礼佛,在连续几日的庆祝活动期间,大家用

---

① 戴光全,保继刚.西方事件及事件旅游研究的概念、内容、方法与启发:上[J].旅游学刊,2003,18(5):26-34.
②③ 王重农.传统节庆与现代节庆的差异及互动发展[N].大众科技报,2008-07-17(A05).

纯净的清水相互泼洒,祈求消灾免难,互祝平安幸福,新的一年重新出发。这是傣族人民的节庆,在市场化之前,只属于一场文化活动。如大连国际服装节,脱胎于不定期的服装博览会,最开始是文化搭台、经贸唱戏的模式,主要致力于服装的展销。早期的节事注重节事的来源及其原本所代表的含义,属于"中规中矩"的自我发展,影响范围局限于本行业或本地区。

21世纪后随着社会经济的发展、市场化的深入,人们生活水平得到迅速提高,对休闲娱乐的需求空前膨胀,旅游业的发展也逐步得到政府的重视。2009年12月1日,国务院出台了《国务院关于加快发展旅游业的意见》,提出要把旅游业建设成为战略性支柱产业,近年来更有"旅游+"理念的兴起,各地政府和企业纷纷看到了节事活动所带来的经济效应和旅游效应,"节事旅游"迅速进入学界和业界的视野。

吴书峰、罗秋菊等认为,节事旅游是以各种节日、盛事的庆祝、举办为核心吸引力的一种特殊旅游形式,也称其为事件旅游或节庆事件旅游。[①]节事与旅游是相互交融相互促进的,节事旅游可以说是一种专项旅游形式。节事活动对旅游的发展有着重大作用。首先,节事本身作为旅游吸引物,有着独特的吸引力,有潜力的节事不仅吸引着旅游者,还拉动投资者和赞助者的参与,成功的节事可以带来多方面的牵动效应。更重要的是,节事活动还起到旅游市场营销的作用,在举办地的形象塑造和品牌传播过程中扮演着重要角色,成功的节事能够成为城市的一张特色名片。正如啤酒节联想到青岛,风筝节联想到潍坊,斗牛节联想到西班牙,等等。其次,节事旅游是综合性很强的活动,通过节事活动的举办,可以优化和配置旅游资源,这对改变举办地旅游活动的单一性有着极大的推动作用。

从过去"文化搭台、经贸唱戏"到近年来的"旅游+"体现的是一种思维的转变。节事活动从过去仅注重本身的情感表达或经济目的的达成,到现在从旅游的角度引领节事的发展,这是节事活动的一大革新,越来越吸引着更多游客的参与。为了满足游客对节事文化和活动的个性化需求,节事策划的要求也越来越高。

9.2 旅游节事策划的原则与方法

9.2.1 旅游节事策划的原则

1)文化导向原则

文化是旅游节事策划的核心,旅游节事是文化的表现形式和载体,整个节事活动都必须依附于某种文化,尤其是具有地域特色的文化,策划出明确的文化主题、浓厚的文化色彩,使游客感受文化氛围,从而深化节事的内涵。只有注入文化的旅游节事才是秀外慧中,否则徒

---

① 吴书峰,罗秋菊,蒋文晖.大型事件旅游的开发与管理研究[J].江西财经大学学报,2003,(6):87-89.

有空壳,虚有其表。

　　文化是旅游节事策划的一种理念,贯穿于整个节事策划过程中,即体现于主题宗旨的确定、商业模式的选择、活动内容的设计等各个环节,也贯彻于节事的申办、筹办、运作和善后。抽象的文化概念看似难以捉摸,实则需要通过主题、活动、人物和吉祥物等按照一定的逻辑清晰地表达出来,将其具象化,让游客理解、认同并传播。以文化为核心的旅游节事策划过程需要注意两点:一是注重当地文脉的准确把握,所谓"文脉"是指旅游开发的自然地理背景、文化发展脉络和社会经济背景所形成的"地方性"。[①]旅游节事的策划要充分调研和了解当地的历史、经济、社会和生活,挖掘和提炼出最具地方性的文化,将其融入旅游节事当中,通过活动内容和节日氛围表达出来,也可运用逆向思维,选取区别于地方固有形象的文化,做出突破性的策划,出奇制胜。二是体现策划者的思想哲学。节事活动是策划者思维下的一种产物,基于策划者对节事主题和文化的理解以及对客源市场、游客需求、社会发展趋势的判断,因而策划者的知识背景和思维方式也影响着旅游节事的策划。

2)准确特色原则

　　旅游节事的策划要求准确和具有特色,准确性指旅游节事要具有明确的主题、明确的目标市场、明确的目标和规范的运作,而不是盲目地跟风举办节事。目前,国内的旅游节事众多,但存在很多盲目跟风、敷衍了事、经不起考验的节事活动,往往举办过一次就难以为继。这类旅游节事的策划大多表现出较强的随意性和盲目性,对地方资源和市场的把握不够精准,主题牵强附会或杂乱无章、目标市场模糊不定、运作缺乏专业人士等。可见,准确到位的节事策划是一项节事活动成功举办并长期发展的关键。

　　旅游节事的策划要求具有特色,是指节事活动至少要有一个区别于其他活动的特点。特色是旅游节事的魅力所在,也是吸引游客的关键,更是差异化竞争的核心。节事活动普遍存在的一个问题就是雷同,缺乏特色的旅游节事说到底就是游客可看可不看的一场热闹,热闹过后一切归于平静,留不下深刻的印象。旅游节事的策划要遵循特色化原则,特色来源于创新,创新来源于生活,要善于发现和挖掘生活中的细节,学习历史,看向未来,归于当下。

3)市场化原则

　　市场化原则是市场经济环境下的产物,以游客的需求为出发点和落脚点,与政府的宏观调控相对。旅游节事的策划不仅要考虑文化的表达、传播和传承,主题鲜明,活动内容的个性化,还要注重经济上的可行性和社会的满意度和效应。市场化主要从节事运作的角度考虑,目前国内很多地方的节事活动仍然由政府包办,节事主题的选择、内容的设计、效果的评估等都由主办方一手包办,自娱自乐,不具开放性,也导致了执行力差、效率低、资源浪费的后果。戴光全等认为,市场化至少有三层含义:其一,目标客户市场化,观众和参与者要有一定的市场规模。其二,资金筹措多元化,不再仅仅依靠政府资金。其三,运作主体企业化,具

---

　　① 吴必虎.区域旅游规划原理[M].北京:中国旅游出版社,2001:480-481.

体活动交由专门的企业来承办。[①] 此外,本文认为市场化还表现为宣传手段多元化,不再仅仅依靠传统的媒体、线下的交易会和与旅行社、企业的合作,更多地借助了互联网、自媒体、新媒体的营销,可实现人人皆是宣传者的效果。旅游节事策划中遵循市场化原则会使旅游节事更具活力和竞争力。

4)社区参与原则

社区居民是旅游节事的参与主体之一,既是节事的服务者也是节事服务的享受者。作为节事的服务者,社区居民承担着推广节事的责任,要为节事的形象和文化传播贡献自己的力量。节事组织者应策划出激励机制或相关活动最大限度地调动社区居民的参与积极性,发挥居民的创造性,并通过合适的方式对居民进行相应培训,向游客展示出旅游节事和地方的形象。作为节事服务的享受者,社区居民是以一个本地游客的角色参与到节事中。节事组织者同样要考虑居民的需求,鼓励居民参与节事活动的互动,带动消费和参与的热情。此外,社区参与原则还应充分考虑社区居民的利益分配。社区居民为节事贡献的是生活环境,是旅游节事得以举办的基础和依托,节事活动在促进社区交通条件、卫生状况、地区形象改善的同时也带来了不同程度的负面影响,如交通拥堵、商业化气息日益浓厚、环境污染等,节事组织者应当妥善处理好与社区的关系,促成节事与社区的共赢局面。

5)绿色环保原则

绿色环保原则指的是旅游节事的举办要注重生态效益,坚持可持续发展。首先在策划理念上坚持绿色环保,选用的建筑材料、装饰配置等尽量循环利用,在允许的条件下尽量运用科技手段或思维减少资源的浪费和环境的污染。其次,在资金分配上应提供环境保护专项资金,用以进行环境保护宣传教育和环境污染的治理。旅游节事的策划遵循绿色环保的原则,也是对节事良好形象的一种塑造和宣传。

9.2.2　旅游节事策划的方法

如何开展旅游节事策划即旅游节事的策划方法将是我们接下来所要探讨的问题,不同学者对此有不同的看法。范晓君认为旅游节事的策划首先要有点子或者是创意概念,所以将旅游节事策划方法分为旅游节事概念创意方法和旅游节事策划方法。[②]

1)旅游节事概念创意方法

(1)头脑风暴创意法

所谓的头脑风暴创意法是指旅游节事策划者收集有关资源、目标市场、游客需求的信息,进而对材料进行综合分析与思考,然后打开想象的大门,形成意境,然后采用会议的形式,召集各方专家开座谈会征询他们的意见,把专家对过去历史资料的解释以及对未来的分

---

① 戴光全,张骁鸣.节事旅游概论[M].北京:中国人民大学出版社,2011:212.
② 范晓君.旅游节庆策划研究——以湖南省旅游节为例[D].长沙:中南林学院,2005.

析,有条理地组织起来,最终由策划者做出统一的结论,在这个基础上,找出各种问题的症结所在,提出针对具体的旅游节事策划创意。

(2)资源分析法

该项方法主要依据对旅游资源的认识进行节事策划。首先是策划组应该根据当地旅游资源状况,提出每种旅游资源能够开发成何种功能的节事活动,把所有这些项目都列举出来,并对其进行功能定义和整理实施的可能排列出各个节事活动的重要程度。

(3)市场需求分析法

要求从旅游者入手,询问旅游者对有关旅游的需求、问题和对项目策划、创意的想法,根据对市场的认识,分析出旅游市场状况可能会在某个项目出现制约因素,或者在一定的时期内会有制约以及市场价值存在问题。最后根据旅游者需求和市场价值来进行节事的创意。

2)旅游节事策划方法

(1)市场资源法

市场资源法是在所想到的节事种类的基础上,按市场选择、资源制约两大因素进行筛选,直到选定合适的节事活动,该方法简单易行,但对市场潜在需求、资源状况的了解可能会受工作条件、认识水平的制约进而影响策划的结果。

(2)创意激励法

创意激励法就是利用群体的力量,成立创意小组,加强小组成员之间知识、经验、灵感的互相激励,集思广益,从而激发创意。

(3)综合法

综合法是指以艺术、科学等线索,通过浓缩、拓展、综合再现等途径,塑造和提升旅游节事吸引力的方法,其重点在于正确把握符合当地条件、顺应市场需求的主线,并将之转化为形象生动、参与性强的形式,进而形成旅游节事的方案。

从目前国内各地已经开发的旅游节事来看,旅游节事的策划方法可以概括为"旧瓶装新酒""无中生有""拿来主义"等 3 种模式。[①]

"旧瓶装新酒"模式:"旧瓶"是指各种各样的传统旅游节事资源,"新酒"是指在其基础上重新定位的节事名称、节事理念以及所开发的活动内容。"旧瓶装新酒"就是指利用旅游节事的外壳,策划与开发能满足现实客源市场节事文化心理的具有现代性的旅游节事。这种策划模式既保护了传统旅游节事资源,具有民族风格和地方色彩,又赋予了现代商业与文化开发理念,追求时尚并富有时代气息。对源远流长的泼水节、火把节、庙会、龙舟节的重新策划与开发多属于此种类型。采取这种旅游节事策划模式时,一定要注意"旧瓶"与"新酒"的匹配,主要是主题内涵的协调、经济与文化目的的冲突等,避免节事策划看重经济目的而

---

① 李国平.地方旅游节庆策划研究[D].昆明:云南师范大学,2002:24-25.

忽视传统文化习俗的倾向,否则会出现"串味"的、不伦不类的旅游节事现象,严重缩短其生命周期。

"无中生有"模式:"无中生有"旅游节事策划模式是指对区域内各种现实和有潜力的旅游资源进行分类、分析,选择适当的节事载体,结合旅游节事开发的目标和功能,以时空为手段加以系统整合,通过赋予其特殊的"节事"含义并采取一定的节事组织形式,使旅游节事资源变为现实的旅游节事产品的一种旅游节事策划方法。这里的"无"并非真的没有,而是潜在的旅游节事资源在系统整合之前显得"散乱",没有围绕节事载体这个核心来组织,尚未充分出现在节事舞台上,没有形成节事表现形式。这里的"有"既包含完整的旅游节事,也包含旅游节事的重要活动内容。

云南腾冲的火山热海旅游节、青岛国际啤酒节、大连国际服装节、南京国际梅花节等都是采用"无中生有"模式的旅游节事产品,而上海旅游节推出的融古今中外婚礼服饰花车游行、"玫瑰情"婚礼仪式、婚俗表演和趣味游艺为一体的"玫瑰婚典",就是对传统旅游资源进行整合,用"无中生有"模式对旅游节事新内容进行策划的典范。一般来讲,采用"无中生有"与"拿来主义"模式进行策划的旅游节事都有商业性目的的初衷。

"拿来主义"模式:"拿来主义"模式是指直接引进或模仿其他国家和地区的节事名称或形式、内容,为我所用的一种旅游节事策划模式。采用这种策划模式可以大大拓宽本地旅游节事资源的外延,逐渐为我国所接受的圣诞节、情人节都是一种"拿来主义",它提供了一种新的节事开发思路。节事名称的"拿来"需要两地有相似的旅游资源,而节事开发内容的"拿来",既可以是相似的旅游产品内容,也可以是异域文化。例如,云南陆良举办的国际彩色沙雕节,就是在看到国内的舟山及国外沙雕节举办以后,结合本地的特色(彩色沙雕、爨文化),所开发的旅游节事产品;98上海旅游节则"拿来"了中国香港、泰国等地制作的反映当地文化的彩车、街景等节事内容;深圳华侨城的狂欢节以及一些漂流节、武术节等都采用了一定的"拿来主义"模式。需要特别注意的是,采用"拿来主义"模式策划的旅游节事应特别注意与节事取材地的竞争分析,"拿来"的同时应体现本地的特色。

概括来说,旅游节事的策划方法无非两种:模仿和创新。模仿国外或其他地区成功案例的主题、内容、运作和管理等。对于一项节事的策划,无论曾经是否举办过,无论策划者是否有过经验,都是一项新的策划,需要基于大量的市场调研,收集足够多的信息来支撑策划的内容,所以,从产生节事策划的想法开始,到主题的明确、内容的编排、组织结构的设计、运作的模式等,模仿是其第一步,包括对其他旅游节事的模仿,也包括对其他企业组织结构或其他类型策划的模仿。模仿只是旅游节事策划的第一步,只能形成节事的一个整体框架,而要填充其中的内容,则需要创新。创新可以是整体全面的创新或者是创造,也可以是部分的创新和再创造。结合本地的旅游节事资源、人文社会环境等在主题、体验项目、氛围、表达形式等方面花心思,着重细节,站在游客和居民的角度考虑问题,同时策划新颖独特的宣传手段和内容。事实上,模仿和创新也是旅游节事策划的两个不可缺少的步骤,只有将两种方法相互融合,才能策划出有意义的旅游节事。

9.3　旅游节事策划的程序与内容

9.3.1　旅游节事策划的程序

由于旅游节事的综合性、复杂性,牵扯的利益相关者众多,在节事举办前对其进行全面的策划和规划尤为重要。①

从策划意义上说,节事策划大致可分为两类:第一大类是节事设计,指节事从无到有,进行创意策划;第二大类是节事运作,指对已有的节事进行运作策划,推陈出新。现对两类策划程序分别进行讨论。

节事设计可分为前期准备、主题选择、节事定位和行动计划四个阶段,如图9.1所示。

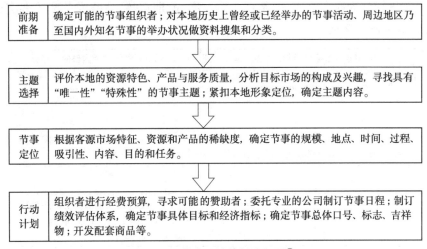

前期准备	确定可能的节事组织者;对本地历史上曾经或已经举办的节事活动、周边地区乃至国内外知名节事的举办状况做资料搜集和分类。
主题选择	评价本地的资源特色、产品与服务质量,分析目标市场的构成及兴趣,寻找具有"唯一性""特殊性"的节事主题;紧扣本地形象定位,确定主题内容。
节事定位	根据客源市场特征、资源和产品的稀缺度,确定节事的规模、地点、时间、过程、吸引性、内容、目的和任务。
行动计划	组织者进行经费预算,寻求可能的赞助者;委托专业的公司制订节事日程;制订绩效评估体系,确定节事具体目标和经济指标;确定节事总体口号、标志、吉祥物;开发配套商品等。

图9.1　节事设计策划流程图②

前期准备阶段,主要是进行市场调研和信息的搜集。对可能的节事主办者、组织者,节事的举办地、当前的节事举办现状以及外部环境、宏观政策和市场需求等进行全面调查分析,对可能影响节事举办的一切因素纳入考虑范围内。将搜集到的信息整理分类,以作后边节事主题选择、定位和执行的参考和依据。

主题选择阶段,主要是明确节事举办的主题,要求具有唯一性和特殊性。节事主题是节事策划的核心,一切活动的策划都紧紧围绕主题展开。确定好举办地后,根据本地的资源特色和独特文化,结合目标市场的构成和兴趣,选择具有代表性的特色主题。主题太多容易使人混乱,所以明确一个特色主题,抓住客源市场至关重要。节事主题明确后,就要策划一系

---

① Wall G. Event and Tourism: Seminar Report at Zhongshan University[C]. Guang Zhou,2002.

② 邢定康,李想.节庆是感谢上苍、宣泄快乐的一种方式　节庆的规划实施与绩效评估——中国南京国际梅花节启示录[J].市场观察,2000,(11):26-33.

列的活动内容来展示表达主题。

节事定位阶段,主要确定节事的规模、地点、时间、过程、内容、目的和任务。根据前期搜集到的信息和确定的主题,选择适宜的节事举办地,结合客源市场特征和举办地资源情况,确定节事的规模,科学合理地规划节事的举办时间。通过节事的举办希望达到什么样的目的,任务如何分配,内容如何开展,过程如何衔接流畅等都是节事定位阶段需要考虑的问题。

行动计划阶段,主要指寻求节事举办的资金保障和节事宣传的手段。节事组织者要进行经费预算,寻求适合的赞助商;要制订节事的具体日程;要制订绩效评估体系,确定节事的具体目标;还要设计节事的口号、标志、吉祥物,开发配套的商品,既是一种宣传手段,也是节事后续效应的体现。

节事设计好后,一项节事的框架基本建立,接下来更多的是操作性工作,也就涉及节事的运作策划。如何将一项节事的想法付诸实践,或者如何在往届举办的基础上推陈出新是节事运作策划的重点。

节事运作策划分为四个阶段,即制订总体方案、前期宣传、战略准备和节事实施与绩效评估,具体内容如图9.2所示。

制订总体方案	确定本届节事的规模、实践、地点(通常应固定);明确组织者内部的责任分工;制订宣传口号;确定节事内容,尤其是主打活动(多为开幕式、大型文娱表演等);制订突发事件应急方案;经费预算。

前期宣传	包括制作宣传品;对外发布节事新闻、邀请记者采访;吸引赞助商并协助制作赞助广告;对旅游业内及时通报解释信息;散发有关公关资料。

战略准备	制订各项子活动方案;开始环境布置,营造整体氛围;加大宣传声势,注意对特定景点(如主会场)、可选择性日程和举办地以外的相关目的地的推销;吸引相关活动;制订游客的日程安排;工作人员培训;邀请嘉宾、媒体;经费落实。

节事实施与绩效评估	节事全程实施;搜集所有信息反馈和节事报道;审核经费开支;追踪、评估与赞助商的合作;分析节事举办地的经济和社会影响;总结策划及实施各环节的得失。

图9.2 节事运作策划流程图①

除以上将节事策划划分为两类分别进行策划程序的探讨外,一些学者还将旅游节事活动的策划和运作归在一起做了具体的流程分析,如图9.3所示。

旅游节事活动的策划和运作一般包括以下规划步骤:

---

① 邢定康,李想.节庆是感谢上苍、宣泄快乐的一种方式 节庆的规划实施与绩效评估——中国南京国际梅花节启示录[J].市场观察,2000,(11):26-33.

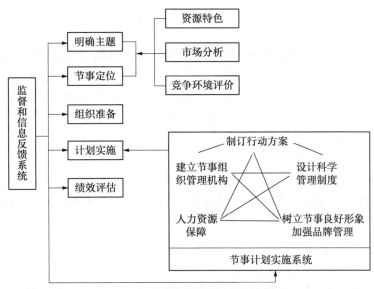

图 9.3　旅游节事策划和运作流程图①

1)准确的主题选择

评价旅游地的资源特色、产品与服务质量,分析目标市场的构成及兴趣,比较周边地区及类似旅游地举办的旅游节事活动,寻找具有"唯一性"和"特殊性"、可以张扬个性、体现特色的旅游节事主题;紧扣旅游地形象定位,选择和加工主题,确定主题内涵,务求卓尔不群。这要求旅游节事活动组织者具有敏锐的市场感觉以捕捉潜在的市场机会,并运用娴熟的商业运作经验,组织专业人员对主题进行提炼、包装和设计。

2)明确的旅游节事定位

结合资源特色评估、市场分析和竞争环境评价,确定旅游节事的名称、宗旨、指导思想、目的、任务、类型、组织原则、组织者、规模、地点、时间、过程、目标市场、活动内容、工作人员、经费、影响、预计效果等。

3)组织准备工作

取得有关部门的同意和支持(如公安、交通、消防、市政、城管等);成立组织准备工作筹备小组,明确组织者(包括主办单位、承办单位、协办单位等)的组织结构设立和内部责任分工;寻求可能的赞助者;制订旅游节事日程(包括主题活动日程、内容和配套活动的日程、内容);制订绩效评估体系,确定旅游节事具体目标和经济指标;预计接待人数、收入来源和收入预测等;确定旅游节事总体口号、标志、吉祥物;设计和开发宣传品、纪念品和配套商品;制订旅游节事活动管理的有关条例(包括游客管理、安全管理、环境管理、市场秩序规范、交通管理条例等);制订突发事件应急方案等。

---

① 吕莉. 我国旅游节事的策划与运作研究[J]. 商业研究,2006,(13):202-205.

4）实施行动计划

包括财务计划、消防及安全计划、员工培训计划、接待计划、环境整治及场地布置计划、交通管制计划、宣传促销计划、开幕式和新闻发布会计划、各主题和配套活动的日程安排等。为了有效地实施各项计划，必须制订详细的行动方案。此方案必须明确行动计划和战略实施的关键性决策和任务，并将执行这些决策与任务的责任落实到个人或小组。

5）开展节事活动期间的现场管理与控制

节事活动举办期间会出现很多意外情况，举办方必须不断做出调整，并对计划进行必要的修正，确保目标的实现和节事活动的顺利开展。同时，要不断积累经验，为以后的计划提供重要的参考材料。

6）组织评估与论证

搜集所有信息反馈和旅游节事报道；审核经费开支；追踪、评估与赞助商的合作；分析旅游节事举办的经济和社会影响；总结策划及实施各环节的得失；对成功举办的旅游节事活动进行品牌注册，开展品牌经营和管理。

9.3.2 旅游节事策划的内容

对旅游节事策划内容的阐述，卢晓对不同类型的节事活动策划核心进行了讨论，包括文化类活动、政治主题类活动、慈善募捐类活动、公关类活动四类。卢晓认为节事活动策划要注意把握节事活动的背景起因、目标受众、内容、组织方式、总体目标、盈利模式、内部管理、风险预测等。[①] 接下来，我们将探讨旅游节事策划的六大内容：参与主体、活动氛围、品牌形象、营销宣传、组织管理和绩效评估。

1）参与主体

旅游节事实际上是一项参与性极强、体现人与人广泛交往的社交文化活动。它涉及利益相关者众多，包括节事组织者、节事活动者、社区居民、游客、政府相关部门、赞助者、志愿者等，这里讨论的节事参与主体主要指节事组织者、节事活动者、社区居民和游客。一项节事的从无到有、从创意到运作都靠参与主体来完成，所以旅游节事策划的首要内容是对参与主体的策划。对参与主体的策划既包括对参与主体的定位、组织和协调，也包括对参与主体个性化需求的研究。

节事主办方、节事承办方和节事策划方都属于节事组织者，作为节事的发起人和总规划师，首先要明确的是节事举办的核心和目的，对旅游节事的意义和价值需要节事组织者来赋予。节事组织者扮演着统筹全局的角色，需要科学设置节事的组织结构、合理分工，协调处理好各方的利益关系、完善沟通机制，促使节事的顺利运作和成功举办。

---

① 卢晓. 节事活动策划与管理［M］. 上海：上海人民出版社. 2009：68-71.

节事活动者是节事的重要组成部分,主要提供节事举办期间各板块的服务,主要包括娱乐表演嘉宾和参与服务商(如美食节各个站点服务商)。节事活动者是节事活动的主要提供者,直接决定着节事活动的价值和吸引力。对节事活动者的策划要求根据节事的主题严格挑选和邀请合适的、个性的、有影响力的表演嘉宾和服务商,保证节事的吸引力和特色。

"人民群众是历史的创造者",节事文化基于地区文化。从某种层面上讲,节事就是某一地区社会居民精神面貌和生活状态的展现,社区居民是节事参与主体的基础。如何积极宣扬社区居民的主人翁意识、最大限度地调动居民的参与积极性、发挥人们的创造思维是社区居民策划的主要内容。

节事参与主体的游客既包括外来游客,也包括本地游客,这里主要讨论外来游客。旅游节事的客源市场定位时,主要针对的就是外来游客,目的在于吸引大量外来游客,促进旅游目的地和客源地之间的经济、文化、信息、技术、资本、人员的交流和互动。因此,在游客的策划研究上,应科学地定位和细分目标市场、留住现有客源市场、开发潜在目标市场,并仔细研究游客的个性化需求。

2)活动氛围

旅游节事创造的是一种不同于平常生活的环境和状态,来源于生活,又高于生活。好的旅游节事应当让游客脱离日常工作的忙碌,投入节事的氛围中,体验节事带来的愉悦。因此,节事活动内容的策划和氛围的营造尤为重要。

(1)节事活动内容策划

节事活动的策划应体现人的因素和文化的灵魂,了解游客的需求,注入文化内涵,以此确定活动内容及其表现形式。根据游客的参与方式可将节事活动分为观赏性活动和体验性活动。

观赏性活动主要包括开幕式、闭幕式、表演类节目、展览展示等。这类活动紧扣节事大主题,以小主题的形式在各个板块进行,目的在于展现节事主题和文化、营造节事气氛,以最直观的方式让游客了解节事、感受节事,满足游客求新求异求知的心理。体验性活动是游客与节事更深入的一种互动,包括节事期间举办的与主题相关的比赛、传承民俗技艺的手工制作,或是直接以体验性活动为主体的节事(如西红柿节、泼水节等)。这类活动能让游客更直接更深刻地把握节事的主题和内涵,将游客与节事紧密结合在一起。

节事活动内容的时空安排也是策划的重要内容之一,要考虑活动的整体空间布局和时间先后顺序的衔接。空间布局要注意讲究意境,注意节事活动与自然环境、人文景观和周围事物的协调,要科学合理规划各分场的活动范围,考虑服务节点的设置和与其他活动场所的呼应,还要考虑游览线路的设计,既要尽量做到一条线不走回头路,又要达到分流的效果。节事活动的时间顺序要考虑游客的身体和心理需求特征,以及节事高潮自然过渡的时序。

(2)节事氛围营造

节事氛围的营造主要是从游客心理感知的角度考虑问题,营造强烈的节事氛围,给游客一股强大的心理震撼力,以强调"节"的独特性。节事氛围包含两个方面——物的环境和人的环境。

物的环境指节事活动场景的设计和布置,包括主题颜色的选取、背景海报的设计、灯光的创意、装饰物的选取和布局、音乐的播放以及节事场所的整体印象等。从视觉、听觉、触觉、嗅觉、感觉各方面呈献给游客直观的节事氛围,这是从物的角度单方向地向游客传递节事氛围。另一方面是人的环境,人的环境指游客在与节事活动者和社区居民互动的过程中感受节事氛围。这就要求策划者创造条件推动人与人之间的交流,一方面激发节事活动者和居民的参与热情,向游客展示节事文化;另一方面鼓励游客积极参与到节事体验中去。

无论是活动内容策划,还是氛围的营造,在策划过程中都要注意以人为本、以文化为核心,突出节事的个性和特色。

3)品牌形象

节事越来越成为一个城市或地方的代名词,成功塑造一项节事的品牌形象便等于成功塑造了一个城市或地方的品牌形象。对节事品牌形象的策划包括节事主题、口号、标志、吉祥物,将区域内特色化的资源、服务、产品和文化进行整合优化和提炼,融入节事活动中。应当注意的是,节事的品牌形象代表的是地方区域的整体形象,而不是孤立的节事形象,要从系统全局的角度进行策划。

4)营销宣传

营销宣传策划是节事策划的一大重点,再好的节事活动和主题如果得不到有效的宣传和营销,就好比深埋海底的珍珠,得不到人们的重视。而营销的意义就在于让这颗珍珠呈现于世人眼前。营销宣传可以分为三个阶段,即节事举办前、节事举办期间和节事举办后,三个阶段的营销策划缺一不可。

节事举办前又可根据活动的准备进程分为三个阶段:准备初期、准备中期和节事举办前夕。① 节事准备初期,重点在于造势,打响预热战,将节事活动的主题、宗旨和意义告知公众,一般以概念营销为主。通常以媒体新闻报道的方式进行宣传,也可通过代言人的预选、公益活动的参与、宣传片的拍摄等吸引公众的关注,让各类潜在参与者了解节事活动中蕴藏的机会。节事准备中期,节事主办者开始参加各类旅游产品交易会,与旅行社、旅游公司、海内外批发商联系。可以利用招贴画、小册子和旅游节事宣传片、国际互联网、开办旅游节事咨询活动等途径来促销。同时,利用节事活动创造一定的商业机会,吸引商家的参与,借助商界人士达到营销目的。另外,宜根据活动的性质、资金运转情况有选择性地选择宣传媒体,并根据节事活动的文化内涵、经济联系、区位条件、客源市场需求特征来进行客源市场细分、采取有针对性的促销策略。节事活动举办前夕,应加大宣传的力度和密度,特别是在当地火车站、汽车站、机场等地的促销活动,与潜在和现实的参与者进行沟通,并采取旅游节事倒计时策略。这一时期的宣传应该是全方位、多层次的宣传,不仅包括主题、宗旨的宣传、还包括活动内容等具体性的宣传;不仅要有软性的新闻宣传、还要有硬性的广告宣传,加大宣传、包装

---

① 李国平. 地方旅游节庆策划研究[D]. 昆明:云南师范大学,2002.

和促销力度。总之,要为活动造势、引导和创造流行。

节事举办期间,运用新闻媒体跟踪报道,尤其对节事中具有特色的活动、最受游客欢迎的环节或事物、节事期间发生的有吸引力的故事等,要加大宣传,紧扣节事活动的主题和形象,同时还可收集游客对节事活动的意见和建议,为下一周期活动的举办造势。

节事举办后,很容易忽视营销的机遇,但往往这也存在着很好的时机。节事活动结束后,不会马上销声匿迹,仍会留有余波,可能是过分激动的兴奋,也可能是没能参加的遗憾或是不够尽兴的失落。抓住这些空隙,有针对性地采取相应措施,也可为下一次的活动创造意想不到的效果。另外在节事活动结束后,对整个节事进行回顾,对产生的效益和影响进行分析报道也能为旅游节事起到营销的效果。

5)组织管理

旅游节事的组织管理包括组织机构的设置与分工、节事活动的组织管理、宣传营销的组织管理、资金预算、资金筹备、志愿者的招募与管理等,策划的系统性至关重要,要求策划者协调好各方关系。组织管理的策划应当明确各组织机构的责任和义务,做到责任到人,保证效率和执行力。前期的资金筹备和志愿者的招募尤为重要。资金筹备的重要手段之一是与赞助商的合作,成功拉到合适的赞助商是一门不可小觑的学问,赞助商必须与旅游节事有着共同的理念和形象,双方才能达到共赢。志愿者是旅游节事的重要支撑者,从志愿者的选拔、培训到服务,都需要有严密系统的组织管理,培养一批长期固定的志愿者更是组织管理的一项艰巨任务。

6)绩效评估

旅游节事举办成功与否都需要对其进行绩效评估,建立科学合理的评估体系和奖惩机制也是策划的重要内容之一。对于节事利益的分配,利益相关者之间后续影响的处理等都需要进行认真的分析研究。

9.4　节事旅游与节事旅游策划

9.4.1　节事旅游

1)节事旅游的概念

节事旅游兴起于 20 世纪 80 年代,从字面上看,节事是"节日庆典"和"大型事件"的简称,其形式包括各种传统和现代的旅游节事。各国学者对节事旅游含义的界定也不尽相同。Ritchie 首次给出了节事旅游的定义:从长远或短期目的出发,一次性或重复举办的、延续时间较短、主要目的在于加强外界对于旅游目的地的认同、增强其吸引力、提高其经济收入的活动。① 国内学者认为,节事旅游是以举办地综合实力为基础,在政府积极配合、媒体高度关注、公众主动参与的前提下,围绕特定主题开展的大型活动。其主要目的是展示城市良好的形象,增加其吸引力和提高其经济收入。李国平认为地方旅游节事,是指以"地方精神"为基础,在固定地点或区域周期性举办,有特定主题,主要目的在于加强外界对该旅游目的地的认同,融旅游、文化、经贸活动于一体的综合性节日庆典活动。② 张培茵、张珂等认为节事旅游是以举办地综合实力为基础,在政府积极配合、媒体高度关注、公众主动参与的前提下,围绕特定主题开展的大型活动。其主要目的是展示城市良好的形象,增加其吸引力和提高其经济收入。节事旅游分类众多,一般说来,主要包括三个类型:节日类旅游,又包含政治性节日、宗教性节日和民俗性节日三类;事件性旅游,包括常规的商贸会展、体育赛事、学术研讨等;一次性活动,如奥斯卡之旅、新世纪的第一道曙光等。③

在界定节事旅游概念时,需要注意区分的是"节事旅游"与"旅游节事"。节事旅游是将旅游节事作为特定的吸引物的旅游活动。④ 旅游节事和节事旅游是相互联系但完全不同的两个概念,前者是指节日或特殊事件,后者是指由节日或特殊事件引发的一种旅游形式。⑤ 从研究的角度看,节事旅游也特指对节事组织运作、节事营销策略、节事参与者的消费行为、节事旅游效应等多个方面的研究综合形成的一个研究领域。因而我们可以认为,"旅游节事"是物,是一个点,是一项与旅游密切联系的活动。而"节事旅游"是态,是一种集合,是以旅游节事为依托而形成的一种旅游形式。节事旅游符合旅游的特点,包含了吃、住、行、游、购、娱六要素,可以作为一项旅游形式进行全面整合策划和开发。

2)节事旅游的特点

节事旅游作为一项专项旅游形式,区别于一般的旅游,具有其自身的特点:

(1)周期性和时间性

节事旅游最大的特点就是它的周期性和时间性,它不同于一般的旅游根据气候或节假日划分出淡旺季,而是它本身举办和持续的时间通常就是周期性和短暂的。节事举办期间就是旺季,节事旅游是在短时间内人流、物流、信息流迅速集中膨胀又迅速分散的综合体。又由于旅游的综合性和复杂性,开展节事旅游更加要注重跨行业的沟通合作,协调好各要素之间的关系,做好安全保障工作。有些节事的周期性和时间性由节事活动的性质决定,如依托气候资源的冰雪节,另外还要考虑在特定的时间如何安排节事活动使其达到最好的效果,如桃花节、葡萄节等。

(2)项目性

美国项目管理协会(Project Management Institute,PMI)认为项目是一种被承办的旨在创

---

① Ritchie, J.R.B. Assessing the Impact of Hall mark Events[J]. Journal of Travel Research, 1984,23(1):2-11.

② 李国平. 地方旅游节庆策划研究[D]. 昆明:云南师范大学,2002.

③ 张培茵,张珂. 节事旅游研究[J]. 对外经贸,2010,(7):120-122.

④ 马聪玲. 中国节事旅游研究——理论分析与案例解读[M]. 北京:中国旅游出版社.2009:18-19.

⑤ 戴光全,张骁鸣. 节事旅游概论[M]. 北京:中国人民大学出版社.2011:28.

造某种独特产品或服务的临时性努力。一般来说,项目具有明确的目标和独特的性质,每一个项目都是唯一的、不可重复的,具有不可确定性、资源成本的约束性等特点。Goldblatt 将活动项目管理类型分为市民活动、博览会、集市交易会和民间节日、标志性重大活动、宾客接待、会议和大会、零售业活动、社会生活重要几年活动、体育运动会和旅游。他认为节事管理包括调研、设计、策划、协调和评估五个阶段。[①]卢晓从项目管理的角度指出节事活动项目具有四个特点,分别是鲜明的目的性、范围的确定性、一次性以及运作程序和项目程序相同。[②]因而节事旅游区别于一般旅游的另一个特点就是项目性,我们可以借助企业项目的概念进行理解。企业不同的项目通常由不同的团队从策划、执行到结项全程跟踪,节事旅游也有类似的特点,不同地区、不同主题、不同时间的旅游节事活动相对独立,它可以由不同的团队统筹运行,却都有自己明确的目标和市场定位,活动主题和内容也都有自身的标签,在节事旅游中,各要素具有不确定性,需要管理团队的机智应对。

（3）灵活多变性

节事旅游的灵活多变性是指节事旅游不同于一般的旅游相对稳定、固化、成熟。旅游节事活动本身没有固定的模式,没有固定的内容,不像主题公园有固定的游玩项目,也不像自然风景区有"永不变样"的美丽风光,不同类型的旅游节事活动有不一样的主题、不一样的运作模式、不一样的表达方式、不一样的互动内容,同一类型旅游节事活动的每一次举办也都能呈现出不一样的感觉。节事旅游通常也没有固定和明确的游览范围,具有灵活和开放式的环境。

另外张培茵等从旅游节事的角度认为节事旅游还具有以下特点[③]:

第一,地域性

节事分布带有强烈的地方色彩,离开了必要的环境条件,其个性化的特殊吸引力就消失了。可以说,地域特色(地方性)是地方节事活动的魅力所在,能否最大限度地展现地方精神的独特性是关系节事活动成败的关键,也是节事策划营销应首先考虑的问题。

第二,参与性

节事活动的参与性表现在两个方面:一方面,节事活动的举办需要众多力量的参与,包括社区居民、各部门工作人员、企业等;另一方面,游客需要亲身参与节事活动才能获得体验。众多的参与者给节事旅游带来了活力,给目的地带来了经济收入。参与性也是节事旅游吸引游客的原因之一,他们通过参与各种活动可以满足自己的兴趣爱好,展示自己的特长,或学会当地特有的技艺。

第三,综合性

节事活动包含许多活动项目,涵盖了经济、社会、文化、科技等各个领域,包括各种形式的展览、论坛、音乐会、文艺演出、游乐性活动等,所涉及的参与者也来自不同的领域,在组织

---

① Goldblatt. J. J. Special Events：Best Practice in Modern Event Management[M], New York：John Wiley and Sons, 2003：8.

② 卢晓. 节事活动策划与管理[M]. 上海：上海人民出版社. 2009：46.

③ 张培茵,张珂. 节事旅游研究[J]. 对外经贸,2010,(7)：120-122.

和管理过程中会涉及很多部门。另外综合性还表现在效益上,一次大型节事活动的举办,既带来直接的经济效益,又带来间接的隐形的社会环境等其他方面的效益,会给举办地的发展带来多方面的推动。

第四,文化性

节事活动的成功与否与文化挖掘程度的深浅有很大的关系,纵观国内外成功的节事活动大都极力展现了地区的文化特色,节事活动主题一定要充分体现本地区、本民族独特的文化魅力,只有把独特的、有吸引力的文化元素渗透到节事活动中,才能塑造出充满生机和活力的节事活动。

节事旅游是一项刚刚兴起正在不断发展中的旅游形式,游客希望通过节事旅游得到探奇、求知、历险、交流、体验的感受,深刻地体验和领悟旅游目的地的文化精髓和内涵,我们应根据节事旅游的特点进行节事旅游策划。

3)节事旅游的意义

节事旅游呈现给游客的不仅仅是娱乐活动,更是一座城市一个地区的形象,节事旅游是一种旅游形式,也是一场大型的营销活动,它对一个国家或地区的发展具有十分重大的意义。[①]

(1)节事旅游有利于塑造区域旅游形象,提升旅游目的地的知名度

节事旅游作为举办地树立良好旅游目的地形象的活力源泉,它可以改善城市基础设施,为投资者和旅游者创造良好的投资与旅游环境;还可以创造和提升举办地在国际旅游市场的地位,建立在地区特色风格之上并定期举办的节事旅游,随着发展规模和影响力的不断扩大,节事活动很可能成为该地区的标志和象征。同时举小节事活动也是日的地形象的塑造过程,成功的节事活动的主题能够成为目的地形象的代名词,如一提到豆腐节,就会想到安徽淮南;一提到啤酒节,就会想到青岛。这也足以说明节事活动的成功举办能够迅速提升目的地的知名度。

(2)节事旅游可以促进旅游基础设施的完善,促进相关产业的发展

交通、通信等基础设施是节事活动举办的基础和前提,没有完善、便利、舒适的基础设施就很难有成功的节事活动。节事活动的举办客观上要求各地区加强基础设施建设,提高节事旅游发展的保障能力。另外,节事旅游涉及面广、综合性强,它的发展会带动一系列相关产业发展,如带动餐饮业、住宿业、交通运输业和其他商业服务业的发展,从而具有很强的辐射作用。另一方面举办节事活动可以极大地加快旅游地的交通、绿化等基础设施建设的步伐,优化旅游环境。

(3)节事旅游的多种牵动效应

节事旅游一方面可以优化旅游资源结构,完善旅游产品体系,形成精品旅游线路,打造旅游拳头产品,提升旅游营销策略,平衡淡旺季游客量,增加游客的消费额,带动旅游相关消

---

① 张培茵,张珂.节事旅游研究[J].对外经贸,2010,(7):120-122.

费,直接增加综合旅游收入,提高旅游的经济效益,在给旅游地带来显著经济效益的同时,还能为当地带来积极的社会效益。2008年北京奥运会就是最好的例证,北京利用举办奥运会这个契机,大力改善环境和基础设施,推广绿色环保理念,教育民众提高自身素质,使北京呈现出崭新的面貌。

(4)增强举办地居民认同感和荣誉感

虽然说旅游者是节事旅游的主体,但是当地居民在节事旅游发展中也起着十分重要的作用。只有得到当地居民的积极参与和大力支持,才能促进节事旅游的健康有序发展。节事旅游的开展使当地居民更加清楚地认识到本地节事资源的价值和意义,增强本地居民的地域认同感和荣誉感。印度尼西亚的巴厘岛号称"艺术岛",该岛几乎每天都有节日,有力地调动了当地群众的参与热情,故而使节日魅力无穷。

9.4.2　节事旅游策划

1)策划层次及要素

一般地,可以把节事策划从空间大小的角度分为三个层次:一是区域节事旅游规划,是指对县、市、省及跨省等区域的节事旅游进行的规划;二是旅游区节事活动策划,是指对某一旅游区的节事活动进行的策划;三是单个节事活动的策划,是指对某一节事活动进行的策划。[①] 而本文理解的节事旅游策划是指站在旅游的角度思考旅游节事的开展,除旅游节事主体外,还应考虑与旅游密切相关的旅游企业、交通以及其他相关服务业和支撑行业的合作与交流,还要关注和考虑节事活动开展的外部环境和政策以及内部社区的人员沟通,我们应根据节事旅游的特点进行节事旅游策划。

根据节事旅游周期性和时间性的特点,节事旅游策划应当考虑在节事举办期间的交通负荷量,与交通部门合作协调工作,采取分流措施和做好人员的疏散,保障交通的通畅。由于大量人流和物流的集中,环境错综复杂,节事旅游策划中更要注意做好紧急预警方案,做好后勤的安全保障。另外,对于季节依赖性强的旅游节事,要着重把握动态的发展,如何在最佳的时间利用好旅游资源,发挥出节事旅游的最佳效果是重点策划的内容。

根据节事旅游项目性的特点,节事旅游策划要求专业的队伍从事策划和运作,需要根据不同的节事主题聘请相关的专业人士当顾问,保证节事的专业性。旅游节事种类众多,主题不一,涉及的专业知识也不一样,旅游节事只有由相应的专业团队来策划,才能保证节事旅游的专业性和吸引性。

根据节事旅游灵活多变的特点,节事旅游策划应当运用多种营销策略,采取灵活的宣传手段,针对不同特点、不同主题的旅游节事,并结合当地的经济社会环境和资源情况来采取合适的营销策略,将其效益发挥到最大化。

节事旅游是一种社会现象,也是一种社会活动,应当放在社会大环境里来思考。节事旅游受外部环境影响,包括政府相关政策、国际或地区关系、自然灾害和疾病等,进行节事旅游

---

① 戴光全,张骁鸣.节事旅游概论[M].北京:中国人民大学出版社.2011.

策划时要注意从宏观环境把握发展态势,抓住机遇,利用有利环境,同时规避风险,将损害减少到最小。除大环境的考虑外,节事旅游也促进地区与外界之间以及社区内部之间的交流和联系,开展节事旅游时,应当注重构建双方交流的平台,提供足够的交流机会。

节事旅游策划就是要保障外部环境的顺畅和安全,保证内部环境的稳定,构建节事旅游开展的有利条件和保障节事旅游的顺利开展。

2)策划的步骤与内容

策划是一个系统工程。盖茨认为,节事策划和决策的基本框架包括对其基础和相应问题的综合考虑,节事旅游规划的内容和步骤包括规划任务、形势分析、蓝图和目标、市场研究、战略阐述、管理系统和战略优化等7个方面。[1] 卢晓认为节事活动策划工作流程大致分成3个阶段:节事活动前期准备工作,节事活动现场实施工作和节事活动后续总评工作,这是一个从策划到实施再到总结的过程。[2] 范智军认为节庆活动策划包括以下几个环节:策划问题的确定和策划人员的选择、计划制定和组织分工、相关调查和分析、主题创意和开发设计、策划方案的制定、策划方案效果测定与评估。[3] 下文阐述的节事旅游策划环节有其相似的特点,主要包括以下方面:

(1)市场调查

市场调查是节事旅游策划的基础性工作。在节事旅游策划前,必须系统、全面、准确地收集、整理和分析节事旅游市场信息,明确节事旅游市场的需求,包括现实市场和潜在市场的规模、特点和发展趋势,为节事旅游活动的主题、内容、形式、营销策略及各项活动方案的确定提供科学的依据。

(2)目标确立

目标是节事旅游策划的起点,要明确目标,指明所希望达到的预期效果,包括经济目标、社会目标和其他特定目标。

(3)主题要素设计

主题是节事旅游策划的核心内容之一,节事主题的确定为节事旅游具体活动的安排、活动形式的选择和其他事项的设计等提供清晰可见的方向。主题确定时应根据市场调查的结果和自身资源特色精准提炼,同时发挥创新精神,快速抓住市场眼球。要素则根据节事主题设计口号、标志、吉祥物、活动产品等。

【案例分析】

三亚缘何选择"婚庆节"

中国三亚"天涯海角国际婚庆节"是一项集大型婚庆活动和蜜月度假旅游于一体,在国

---

① Getz, D. Event Management & Event Tourism[M]. New York: Cognizant Communication Corporation, 1997:94.

② 卢晓. 节事活动策划与管理[M]. 上海:上海人民出版社. 2009.

③ 范智军. 大型活动策划与管理[M]. 上海:上海交通大学出版社. 2012.

内外享有盛名的节事旅游活动。当初,海南三亚市还没有形成自己的节事旅游品牌。为了加快三亚旅游业的发展,提升旅游消费层次和实现旅游市场多元化,发展节事旅游成了迫切需要考虑的问题。但是,首先必须找到一个切合市场需求的节事旅游主题。

通过周密的调研,三亚的旅游决策者把目标市场瞄准韩国这一发展迅猛的新兴旅游市场,并根据韩国旅游市场的需求特点和三亚旅游资源条件,逐渐细分出节事旅游的卖点。第一,韩国出境旅游多选择近距离目的地,且对我国有较高的认同感,有 65% 的韩国人都将中国作为首选旅游目的地。第二,在旅游的活动偏好方面更喜欢阳光明媚的海滨度假地,而三亚号称"东方夏威夷",是理想的度假天堂。第三,韩国年轻人结婚,一般多选择蜜月旅游的方式,而号称"幻想之岛"的韩国济州岛受季节影响,一年当中只有 6~9 月适合游泳,而且,一到夏季就会人满为患,根本没有度假的情调。这对于高收入的韩国青年白领来说,吸引力是较低的。与三亚资源相同,号称"蜜月天堂"的马尔代夫又距韩国较远,花费时间长,开支也大。第四,从距离上看,三亚对韩国新婚夫妇来说是非常合适的蜜月度假地,而且三亚是中国唯一的热带滨海旅游城市,其天涯海角景区更是情侣们表达爱情的圣地。第五,深受中国文化影响的韩国人对中国传统婚俗文化具有浓厚兴趣。于是,三亚决定把"婚庆文化"作为节事旅游的主题,推出了"天涯海角国际婚庆节",结果在韩国一炮打响,迅速赢得了韩国蜜月旅游市场的青睐。如今,该项节事旅游活动的国际客源市场已经扩展到俄罗斯、乌克兰、日本、马来西亚、美国、加拿大等十几个国家。

(节事旅游策划.[EB/OL].(2014-10-21).经济生活网.)

4)方案确立

节事旅游策划方案要包括节事主题要素、时间地点、人员分工安排、预估规模、预算费用、活动产品组合、营销策略、风险预估与防范等内容。

5)方案实施与调整

根据策划方案进行具体实施,并且根据实施进度和环境的变化灵活地调整与修正,以确保节事旅游成功顺利进行。

6)活动评估总结与反馈

节事结束后对其进行评估,做好节事活动的后期服务工作,重视游客的反馈,总结优点和不足,为下一次的推陈出新做好经验总结与准备。

9.4.3　节事旅游策划应注意的问题

节事旅游作为一项专项旅游形式,其策划与管理模式不同于一般的自然旅游、遗产旅游、度假旅游等,因此在策划时应当注意以下问题①:

---

① 田宝成. 我国节事旅游的策划与运作分析:2008"中国花文化学术研讨会"论文集[C].南京,2008.

1）明确主题,多形式、多层次、多专题发展旅游节事活动

节事旅游能够塑造和整合目的地形象。明确主题,是组织旅游节事活动的核心,节事旅游策划应当力求开发多形式、多层次、多专题的旅游节事活动,以加深游客在旅游地的体验感受。从形式上看,可以有常年固定的旅游节事活动,使这些活动成为旅游地永久性、制度化的旅游识别标志;从层次上看,既要努力创造条件,举办一些大规模、高品位、高档次的旅游节事活动,取得更显著的效应,又要根据实际情况,举办一些小型、分散的旅游节事活动,以一系列小的事件来吸引有各种兴趣的游客,做到大小并举,办出特色和效果;从专题上看,既要充分发掘和提高传统旅游节事,更要努力开发、创造新的旅游节事,形成各种专题旅游节事系列和网络。

2）采用市场化运作机制举办旅游节事活动,促进其市场功能开发

政府应积极转变观念,用可持续发展的思路,把举办节事活动变为发展节事旅游业,加强协调监控,减少行政成本,在确保社会效益的同时,争取经济效益的增长,实现节事活动的市场化和产业化运作。在实际操作中,要遵循市场化运作规律。

3）挖掘本地文化内涵,借鉴外来文化的精髓,提升旅游节事的文化品位

文化是旅游地不变的主题,同样也是旅游节事永恒的主题。保护与利用相结合,要求旅游节事不仅要凸显自己的地方性特色,而且还要与外来先进文化相融合,展现时代个性与创新精神。旅游节事本身应该是一个旅游地的"身份证",只有充分挖掘本地文化内涵,借鉴外来文化的精髓,提升旅游节事活动的文化品位,才能扩大旅游节事的影响,形成旅游地的品牌产品,打造核心竞争力。

4）追求创新和突破,以多样化、立意新颖的表现方式演绎旅游地文化和形象

旅游节事要吸引世人的目光,需要不断创新,具有独特的创意。创新是旅游地保持生命力的源泉。节事旅游策划应当站在旅游地的角度,以系统的观点全面考虑旅游的发展问题,根据市场需求的变化,不断推陈出新,不仅强调内容的丰富性和创造性,更着力于采用新颖的表达方式和包装手法,以多样化、立意新颖的表现方式演绎旅游地文化和形象,使旅游地主题明确、内涵丰富、形象突出,以独特的体验感受形成的吸引力影响游客的旅游偏好,让游客不断产生新奇的感受,以延长旅游节事本身的生命周期,从而增强旅游地的生命力和吸引力,实现旅游地可持续发展。

5）运用多种形式激发游客的强烈参与热情和兴趣,使其获得更多的体验享受

现代旅游者已不满足于传统的将游客置之度外的走马观花式的游览方式,而热衷于主动参与、亲身体验的现代旅游娱乐方式。但由于国民长久以来的文化和在这种文化下形成的性格,使得游客有着强烈的参与愿望却又不敢过于独树一帜独自参与到节事体验中去。因而节事旅游策划要更加着重节事氛围的营造,让游客感受到节事浓浓的气氛,很自然地融入节事体验中,而不会觉得很突兀,不会太在乎外界的看法。通过舞台化表演和剧场环境,

使之更加立体化、形象化、艺术化,从而深化主题,提高游客的体验质量。

6)加强节事旅游的管理,注重管理的严谨周密性

旅游节事虽然是一种动态的吸引物,但又必须在动态中寻求活动内容的确定性和管理的严谨周密性。在旅游节事活动举办之前,旅游地应该把旅游节事活动的相关信息公布于众,以使远道而来的各地游客可以事先选择好自己最喜爱的项目参加,并做好有关的准备工作。同时,在旅游节事活动举办期间,旅游地还要加强游客管理,有序引导游人,规范游览秩序;做好旅游地安全和环境管理,为游客参与活动提供一个舒适安全的环境;制定并实施系统的整体的交通管理政策,避免交通阻塞,保证旅游地畅通和活动的顺利进行;制定相应管理条例,严格执行有关法律法规,做好市场规范保障工作等。

7)借助传播媒介,推广旅游地形象和活动,形成市场轰动效应

旅游节事如何引起公众关注,吸引游客参与,形成市场轰动效应,不仅需要组织者具有创新意识,还需要借助新闻媒介的作用。旅游地可以通过大型焦点事件来吸引公众传播媒介,产生光环效应,把旅游地宣传成一个令人向往的目的地。借助报纸、杂志、网站等国内外知名强势媒体的高强度、大容量、全方位的宣传,大力宣扬旅游地的传统文化、资源特色、旅游节事活动等,从而提高社会公众对旅游地的关注度,有力提升旅游地形象和知名度,以此扩大旅游节事活动的影响范围和市场覆盖面。

8)系列推进、长远发展,达到以品牌造声势、以品牌拓市场的目的

品牌不仅要宣传,更要实实在在地做好内容,不能名声在外却徒有虚名。充实品牌内涵,重视游客利益和兴趣,丰富活动内容,赋予品牌情感,做到主题与内容相得益彰,考虑长远的发展,要始终把品牌的建设和维护放在重要位置。

【综合案例分析】

全球第一部全新概念的实景演出——《印象·刘三姐》

《印象·刘三姐》是世界上最大的山水实景剧场,是传唱最久远的民族山歌,是史无前例的桂林漓江风情巨献。大型桂林山水实景演出《印象·刘三姐》是锦绣漓江——刘三姐歌圩景区之核心工程,由桂林广维文华旅游文化产业有限公司投资建设、我国著名导演张艺谋出任总导演,国家一级编剧梅帅元任总策划、制作以及两位年轻导演——王潮歌、樊跃的加盟,数易其稿,历时三年半努力制作而成。她集漓江山水风情、广西少数民族文化及中国精英艺术家创作之大成,是全世界第一部全新概念的"山水实景演出"。演出集唯一性、艺术性、震撼性、民族性、视觉性于一身,是一次演出的革命、一次视觉的革命。

一、演出背景

(一)演出缘起

刘三姐是壮族民间传说人物。其传说最早见于南宋王象之《舆地纪胜》卷九十八《三妹山》。壮族民间口耳相传的故事与歌谣丰富多彩。虽然传说不一,但千百年来壮族人民对她

的尊崇与热爱之情却是一致的。三月三是壮族地区最大的歌圩日,又称"歌仙节",相传是为纪念刘三姐而形成的民间纪念性节日。1961年在桂林拍摄了电影《刘三姐》,影片中美丽的桂林山水、美丽的刘三姐、美丽的山歌迅速风靡全国及东南亚,形成了刘三姐品牌。

任何一个项目的运作,起初都只是一个概念。"中国·漓江山水剧场"原"刘三姐歌圩"的运作是从1997年开始的,当时广西壮族自治区文化厅有一个指示怎样利用广西原有的文化蕴涵"刘三姐"做一个把广西的民族文化同广西旅游结合起来的好项目。文化厅把这件事情交给了梅帅元(《印象·刘三姐》总策划、艺术总监)负责,并为此特别成立了广西文华艺术有限责任公司。策划方案出来后梅总去找中国著名导演张艺谋,"老谋子"对此很感兴趣,觉得"是一个事情"并于1998年底带了班子前来桂林选点,最终在阳朔选择了漓江与田家河的交汇处作为剧场,而此处正是当年电影《刘三姐》的主要拍摄之地。

(二)投资方介绍——广维的一个月成功抉择

广维,全名为广西维尼纶集团有限公司,是广西河池的一家化工、化纤企业。该公司是广西最大的化工、化纤企业,也是前几年公布的全国512家大中型企业之一。

经过一番周折,由于种种地方人脉关系,这个项目于2001年5月被介绍到广维。一个文化旅游项目最后被介绍到一家化工、化纤企业,此事颇有意味,更有意味的是,广维董事会仅用了一个月时间便做出了投资决定,并于6月下旬就将3 000万资本金打入了该项目账户。之后,广维才派出代表人员前去阳朔具体洽谈项目合作事项。

广维为何如此垂青"中国·漓江山水剧场"这一项目,桂林广维文华旅游文化产业有限公司董事长覃济清,在接受记者采访时主要讲了三个方面的原因:一是在贯彻落实广西壮族自治区党委、政府关于唱响漓江山水、拉动广西旅游特别是桂北经济旅游区的号召,按照"三个代表"的重要思想的要求从事先进文化工作,而刘三姐的形象正是广西的先进文化;二是从企业利益出发,广维介入旅游文化这一新的领域,既充分考虑到了这个项目所能产生的巨大社会效益,也相信这个项目能给公司带来良好的经济回报,同时,也是在为集团公司从事第三产业探索一条路子;三是广西企业对树立和推广刘三姐品牌的家乡情感因素。

在广维介入后,项目的建设进程大大地加快了。桂林广维文华旅游文化产业有限公司成立于2000年,由广西维尼纶集团有限公司和广西文华艺术有限公司共同组建是广西文化产业的旗舰企业。在四年的时间里,公司投资建设了全世界独一无二的"漓江山水剧场""阳朔东街""风雨桥""鼓楼""刘三姐民俗风情"等文化项目。制作了全球第一部山水实景演出《印象·刘三姐》,开创了中国山水实景演出的全新形式,被誉为最具创新精神的文化企业。

二、演出介绍

演出创造性采用了"全景式、大舞台、总调度"的构思,立足于源远流长的广西刘三姐民歌和世界级旅游名胜的漓江山水景观,把山、水、天、景、服、饰、歌、乐、舞、光、人、鹰、畜、桥、浮岛等各种要素创造性地组合起来。中国阳朔·刘三姐歌圩山水剧场坐落在阳朔城东漓江与田家河的交汇处,由书童山、玉屏峰、雪狮岭等12座山峰和1.654平方千米水域构成,构成迄今世界上最大的山水剧场。投资建造的目前国内最大规模的环境艺术灯光工程及独特的烟雾效果工程创造出如诗如梦的视觉效果。传统演出是在剧院有限的空间里进行,这场演出则以自然造化为实景舞台,放眼望去,漓江的水,桂林的山,化为中心的舞台,给人宽广的视野和超然的感受。传统的舞台演出,是人的创作,而"山水实景演出"是人与上帝共同的创作。山峰的隐现、水景的倒影、烟雨的点缀、竹林的轻吟、月光的披洒随时都会进入演出,成为美妙的插曲。晴天的漓江、清风倒影特别迷人,可烟雨漓江,赐给人们的却是另外一种美的享受,细雨如纱、飘飘沥沥、云雾缭绕,似在仙宫,如入梦境……演出正是利用晴、烟、雨、雾、春、夏、秋、冬等,创造出无穷的神奇魅力,使那里的演出每场都是新的。

在《印象·刘三姐》中,你也许看不到情节、人物,看不到你习惯的场面但你能看到一串印象,这些印象来源于山水和人民的生活,她是从这片土地里走出来的,她就是"刘三姐"。参与演出的演员共计600余人,他们是沿江5个村庄的渔民,白天在江上劳作,晚饭后划着竹排来表演,还有来自偏远山村的侗族小歌手和少数民族地区的姑娘,她们以原始的嗓音歌唱,以纯朴的动作舞蹈。山水之间,她们很美也很真实。

三、演出特色和创新之处

(一)旅游资源和文化资源的完美嫁接

刘三姐是壮族民间传说人物,是广西音乐文化的灵魂,其优美的歌声、迷人的故事至今令人魂牵梦萦、挥之不去。"刘三姐"已经成为当地独特的旅游文化资源。

(二)艺术表现与环境保护相结合

演出以"印象·刘三姐"为总题,大写意地将刘三姐的经典山歌、民族风情、漓江渔火等元素创新组合,不着痕迹地融入山水,还原于自然,成功诠释了人与自然的和谐关系,创造出天人合一的境界,被称为"与上帝合作之杰作"。

刘三姐歌圩坐落在漓江与田家河交汇处,与闻名遐迩的书童山隔水相望。广维文华公司与当地政府从歌圩建设一开始便达成了默契,既强调艺术的表现也高度重视环境保护,使整个工程建设与大自然融为一体。现在,歌圩几乎全部被绿色覆盖,里面种植有茶树、凤尾竹等,加上所植草皮,绿化率达到了90%以上。其中,灯光、音响系统均采用隐蔽式设计,与环境融为一体,水上舞台全部采用竹排搭建,不演出时可以全部拆散、隐蔽,对漓江水体及河床不造成影响。观众席依地势而建,梯田造型,与环境协调,同时也考虑到了行洪的安全。就连所设的两座厕所也引进韩国技术,建成目前全国最先进的生态环保厕所,厕所的污水并不直接排入漓江而是循环使用。另外,100多亩建设用地上,鼓楼、风雨桥以及贵宾观众席等建筑散发着浓郁的民族特色,据建设单位介绍,整个工程不用一颗铁钉,令人叹为观止。

四、演出经营与管理模式

(一)政府的先导性投资和综合扶持,与广维集团的优质资本和管理模式的结合

《印象·刘三姐》这部作品广西文化厅只给了20万元的启动资金,主要依靠非公有资本来运作。民营企业桂林广维文华旅游文化产业有限公司颇具慧眼,一开始就投资3 000万,后期又多渠道筹集了3 000多万的资金,参与《印象·刘三姐》的策划、创作和演出。而且是个大投资,整个《印象·刘三姐》项目投资近7 000万人民币,每场演出成本3万元;大舞台1.62平方千米的漓江水域,12座山峰;大阵容每场演出600多名演员……《印象·刘三姐》的成功运营单靠政府的力量是很难实现的,只有招商引资。《印象·刘三姐》是广西乃至全国利用非公有资本发展文化产业的成功范例。像《印象·刘三姐》这样有全新的创意、有强

烈的艺术魅力和感染力的艺术精品所带来的回报是十分丰厚的。

广西广维文华旅游文化产业有限公司董事长覃济清对记者说,当初投资就是看中了它的文化品牌和商业卖点,公司想运用自己的管理经验和运作模式,探索一条文化产业的新路子。广西在引导广维文华旅游文化产业有限公司这样的非公有资本参与文化产业经营时,注重在特色和精品上下功夫,着力挖掘和弘扬优秀民族文化,让非公有资本在文化产业中采到"富矿"。要让非公有资本乘着文化体制改革的东风,在文化产业的广阔天地里大显身手,就要营造出一个健康、科学、稳定、活跃的环境和氛围。政府在非公有资本进入文化产业的进程中除了"引路"还要"保驾护航"。可见《印象·刘三姐》的成功和政府的政策,还有非公有资本的介入及优秀管理是分不开的。

(二)优美山水及历史传说,与张艺谋、梅帅元等著名艺术家的品牌效应的结合

《印象·刘三姐》充分体现出"强强联合"的巨大优势——闻名世界的桂林山水为舞台、家喻户晓的"刘三姐"为品牌、知名度很高的张艺谋做导演……《印象·刘三姐》的每一个元素都抓住了人们的兴奋点。

(三)山水盛宴的完美演出,与建设旅游品牌的结合

《印象·刘三姐》早已不是一场单纯的演出。她已经逐步发展成了桂林旅游的另外一个招牌景点,吸引着每一位到桂林来旅游的国内外游客。就是说,《印象·刘三姐》已经不仅仅是以文艺演出的角色吸引观众了,她已经成为桂林山水这一旅游胜地中不可忽视的一个旅游项目,成为了桂林旅游的崭新品牌,为桂林旅游业的发展贡献出更大的力量。

(四)开发山水景观大舞台,与"以文兴农",建设社会主义新农村相结合

除了策划上的创意之外《印象·刘三姐》在运营上也有其独到之处。其剧组动用的600多名演员,原本都是桂林当地的农户,根本没有任何表演经验。所聘用的当地附近村庄里的村民做群众演员,他们白天在田野里耕作或在山水间捕捞,到了晚上,就扛着船桨来参加演出,以赚取一笔外快。从他们的脸上你可以清晰地看出,他们是快乐的,他们认为这个节目是真正属于他们的,是生活的一部分。当演出结束的时候,这些卷着裤腿、气喘吁吁的农民举着各自村庄的锦旗从你面前走过的时候,你突然会非常感动。每一场演出下来所有的观众都站起来为他们鼓掌。这是真正的文化,从山水和农民中诞生出来的文化。在商业上,它无疑是非常的成功——低成本、高收入,并富裕了邻近的几个乡村。同时,张艺谋漓江艺术学校的开办也是机制创新的一个良好表现,一个小学校撑起了一个大产业。利用广西文艺工作者的原有经验,意在建设一支多梯队、高素质的专业艺术队伍,同时又是对桂、黔、滇等老、少、边、穷地区的助学扶贫。从某种意义上说,正是这种可持续发展的战略眼光,因地制宜,借力使力,使得《印象·刘三姐》的发展才有后劲,有更广阔的发展空间。

(邹统钎.创意旅游经典案例[M].天津:南开大学出版社,2011:94-105.)

第 10 章
旅游商品策划

深受欢迎的旅游商品往往反映旅游目的地特有的自然及人文景观风貌,集浓郁的地域性、贴切的实用性及装饰性等于一身,让游客爱不释手。同时,旅游商品在传播旅游目的地形象、文化特色等方面发挥着其他媒介难以替代的作用。此外,开发旅游商品可以丰富旅游产业链,带动相关行业的发展。因此,对旅游商品进行策划就显得尤为重要。

10.1 旅游商品概述

10.1.1 旅游商品的含义

目前学术界关于旅游商品的定义有很多种,有广义和狭义之分。广义的旅游商品就是旅游产品,即供给者为游客提供的具有使用价值和价值的有形劳动品和无形的服务的综合。狭义的旅游商品是指游客在旅游过程中购买的各种物质性的产品。世界旅游组织给出了"旅游购物支出"的定义。

在中国《旅游资源分类、调查与评价》(CB/T 18972—2003)的标准分类系统中,"旅游商品"主类下的"地方旅游商品"亚类,实际上主要是"地方特色商品",包括菜品饮食、农林畜产品与制品、水产品与制品、中草药材与制品、传统手工产品与工艺品、日用工业品、其他物品等 7 个基本类型,多数是农业和手工业产品,因为只有农业和手工业产品的地域特色和民族传统比较明显。以至于克服了地域自然条件限制的现代标准化工业产品,特别是形成了地方品牌的商品,如法国的香水、意大利的服装、德国的汽车、日本的电子产品、广东的玩具等,同时如果又具有携带方便和纪念意义等特点的话,也可以作为地方旅游商品开发,否则只能是"商务旅游""工业旅游"对象了。[①]

10.1.2 旅游商品的特征

不同时代、民族、地区和国家的人们在其生存发展过程中,在地域环境和文化传统的影

---

① 肖星.旅游策划教程[M].广州:华南理工大学出版社,2005:180-185.

响下,创造了丰富多彩的地方特色产品,成为区域物产的典型,甚至区域文化的象征,构成了富有旅游吸引力的物产旅游资源,成为旅游商品的原料。中国历史悠久,幅员辽阔,民族众多,勤劳智慧的各族人民创造了数不胜数的地方特色商品,成为游客可以品尝、购买与观赏的对象,其品种多样、风格各异、技艺高超、举世无双。作为旅游商品,既具有一般商品的共性,又具备一般商品所不具备的个性。

1)地域性

旅游商品首先是地域环境的产物,打上地域自然环境和地域文化传统的烙印,能够反映地方的文化特色和资源特色。这些商品一般都是游客的首选。如无锡的胖阿福、贵州的蜡染、苏州的扇子、酒泉的夜光杯、潍坊的风筝、肇庆的端砚、新疆的葡萄干、东北的人参、广东的荔枝、海南的椰子等。

2)民族性

民族性与地域性是旅游商品的生命力之所在。一个民族的感觉、知觉、思维方式以及民族性格等,常通过物质形式表现出来,使地方特色商品成为民族文化的物质载体,甚至符号象征,体现民族文化的创造和传承,从而构成文化旅游吸引物。所以游客到异域他乡旅游时,总想买些该国该地富有民族性的商品作为纪念。例如,去苏格兰的游客,首选的是苏格兰短裙、风笛、威士忌等;去墨西哥的游客,首选的是宽边草帽、披风、特基拉酒、干辣椒、仙人掌等;到中国的游客,会选购丝绸、瓷器、古董、印章等。

3)艺术性

许多旅游商品具有独特创意和美的外观,富有艺术性。游客旅游的目的之一,是为了获得美的感受。旅游商品越有艺术性,其感染力就越强,对游客的吸引力也就越强。例如,中国的砚台本是砚墨用的,但有些高级砚台上经常雕刻一些麟凤龟龙、山水人物、梅兰竹菊等精美图案,所以这些砚台已不仅仅具备作为文具的功能,更是别具一格、可供陈列欣赏的艺术珍品。

4)纪念性

旅游商品是一个地方、民族物质商品的代表与文化传统的体现,因而最能代表游客在一个地方的旅游经历。游客的旅游购物动机之一就是为了让自己的旅游经历能够通过旅游商品进行物化。通常游客所选择的商品大多是与特定文化环境相一致的、具有明显的纪念性。故纪念性是旅游商品所具有的能够显示旅游所在地的某种特点,在事过境迁之后又能引起游客美好回忆的属性,纪念性是地方旅游商品的一个基本特征。比如,到苏州的游客,多会购买苏绣代表作——双面绣、手帕、枕套等;到福建的游客,多会购买安溪的铁观音、福州的寿山石等;到西藏的游客,喜欢购买具有藏族文化特色的饰品;到广东的游客,喜欢购买富有岭南文化特色的小商品;到桂林的游客,喜欢购买以桂林山水为内容的山水画、工艺扇和文化衫等。

10.2　旅游商品的类型

作为满足游客物质和精神生活需要的旅游商品,种类庞杂,内容丰富,一般包括了旅游纪念品、旅游饮食品和旅游日用品等三大类。

10.2.1　旅游纪念品

1)土特产品

一般指在一定自然条件下的直接出产,或经过进一步加工制作的间接出产,多为地方特色饮食物品。世界各地不同的自然环境和生产生活方式,孕育了富有地域和民族特征的土特产品,从而成为一个地区重要的旅游吸引物。中国地域广阔,自然条件不一,东西南北生产生活方式差异很大,土特产品相当丰富,是各地旅游和商业开发中的宝贵资源。主要包括:农副产品与制品,如广西沙田柚、广东荔枝、海南椰子等;畜禽水产品与制品,如湖北武昌鱼、湖南酱板鸭、江西白羽乌骨鸡等;中草药材与制品,如西藏麝香、新疆天山雪莲、宁夏枸杞、贵州苗药、山东东阿阿胶、吉林鹿茸等。

2)旅游工艺美术品

工艺美术是一种造型艺术,指对一定物质材料作艺术加工,主要表现为工艺与美术两者互相制约下的有机融合。中国工艺美术源远流长,种类繁多,异彩纷呈,是中华文化的瑰宝,为地方特色商品类旅游资源之一,是旅游纪念品开发的主要内容。其中,主要包括雕塑工艺品、陶瓷工艺品、编织工艺品、漆器工艺品、金属工艺品、花画工艺品、刺绣与抽纱工艺品、染织工艺品、珠宝工艺品等。

3)文物仿制品

文物仿制品是民族发展进程的见证,积淀了民族文化的智慧、精神和情趣,富有民族性与地域性特征,具有很高的历史文化价值。中国历史悠久、民族众多、文物丰富,许多既是文物旅游资源,也是地方特色商品旅游资源,可以开发为旅游商品。如石器、陶器、铜器、金银器、瓷器、漆器、玉器、书画等。

4)传统文化用品

文化用品,主要指文化创作的工具。具有中国传统特色的文化用品主要是文房四宝,这是对中国书画艺术创作的主要工具——笔、墨、纸、砚的总称。其中纸以安徽的"千年寿纸"——宣纸、湖南浏阳二贡纸、四川夹江国画纸最为有名;墨以安徽的"千秋光"——徽墨最为有名;毛笔以浙江的"毛硕之冠"——湖笔、安徽宣笔最为有名;砚以广东肇庆的"天下第一砚"——端砚、甘肃洮砚最为有名。

5）特色艺术品

作为地方旅游商品而言的艺术品,主要指造型艺术,如绘画、书法、雕塑等,不包括工艺美术品。一方面,指传统艺术品。例如,反映民族文化的各类书法、绘画、篆刻、拓片作品的"书画金石",是形象反映民族文化的艺术品,具有很高的收藏价值,可以开发为旅游商品。另一方面,以地方山水风景、历史文化和民俗文化为内容的摄影、绘画、雕塑、录像等艺术作品,不仅具有艺术性和纪念性,也富有民族性与地域性,属于地方特色旅游商品,如桂林漓江风情画、张家界风光碟等。

10.2.2　旅游饮食品

饮食的民族性与地域性极为突出。在世界上,不同地域由于出产不同,各个民族由于文化不一,饮食品和饮食习俗各有千秋,尤其以西亚餐饮、西式餐饮、中式餐饮最具特色,成为不同民族和地域宝贵的人文旅游资源。中国地域辽阔,民族众多,饮食烹饪历史悠久,文化深厚,技术精湛,物品繁多,形成品类繁杂的饮食品与饮食文化体系,成为各个民族与不同地域重要的旅游吸引物。

一般而言,饮食品包括饭菜品(如南米北面、八大菜系)、点心小吃(如包类、饺类、糕类、卷类、酥类、饼类、果类、粽类、馒头、馄饨、麻花、烧卖、面条等)、饮品(如水、酒、茶、咖啡、奶、浆、酪、果汁等)。

10.2.3　旅游日用品

许多日用工业品,要么是旅游目的地的特色商品,要么是旅游活动的必需品,因此也是旅游商品开发的重要内容。旅游日用品主要包括旅游装备品和旅游服饰品。旅游装备品是指为了更好实现旅游目的而购买的旅游用品,如手杖、风雨衣、太阳镜、旅游运动器械等;旅游服饰品是指在旅游活动过程中购买的服装、装饰等轻工业商品,如中国的旗袍、西班牙的斗牛裤、泰国的筒裙、日本的和服、美国的牛仔服、法国的香水等。

10.3　旅游商品的开发策划[①]

10.3.1　开发特色商品

旅游商品是旅游经济的载体,是旅游市场发展的产物,因此,只有立足于市场的旅游商品才是符合消费者需求的,这就要求旅游商品开发设计要符合旅游发展趋势,重视市场调

---

① 大地风景旅游研究院.如何创新旅游商品开发[EB/OL].(2014-11-17).全国旅游市场培训网.

研,在市场中寻找设计灵感,在游客消费行为分析中发现商机。

1)体现地方特色和民族特色

旅游业本身的差异性和异地性决定了旅游产业要具有地方文化符号,并且在一定程度上体现区域差异化发展,鉴于此,旅游商品的创意开发必然要求具备鲜明的地方特色和民族特色。将不同民族、不同地区的审美标准、生活方式、群体偏好和人际关系,通过创意设计表现出来,吸引游客,同时也将文化与旅游产业相结合,创新发展地方特色,增强市场吸引力和影响力。

2)大力开发绿色生态旅游商品

绿色生态旅游商品强调生态性、环保性、长远性和安全性,是实现旅游目的地环境效益、社会效益、经济效益协调发展的有效形式,符合可持续发展战略的思路。开发生态旅游商品主要是利用当地一些再生能力强的自然资源作为原材料,边利用边培育。例如,大力发展生态农业,根据自身的资源条件和环境基础,创建花卉园、竹园、经济作物园、果园、植物园、中草药园等生态农业,并利用这些资源开发生态旅游商品、绿色旅游食品等,让游客在乡村旅游中不仅可以接触大自然、领略自然风光、体验乡土气息,还能品尝传统风味小吃、购买土特产品和手工艺品。

3)符合游客审美标准和购物走向

旅游商品主要为游客及其旅游活动服务,因此,要充分考虑游客的审美标准和情趣,开发相应的旅游商品。中国著名导游王连义先生曾将中外游客购物的区别归纳为:中国人追求"大、洋、全、新、派",喜欢大件、成双成套;而外国人正好相反,追求"小、土、巧、古、异",喜欢精致小巧、古香古色、具有民族特色的商品。因此,针对国外游客开发旅游商品时,应注意将旅游商品的小型化、轻便化和多功能化与其艺术性、文化性相结合。

10.3.2　创新经营方式

随着科技在旅游产业中的不断应用,旅游商品发展要借助这股东风,打破传统的经营理念,在经营方式和手段上不断创新。

1)实现虚拟化经营

虚拟化经营是旅游商品经营企业所采取的有别于传统的新型经营模式。它在资源有限的情况下,为了取得竞争的优势,在组织形式上突破有形界限,仅保留有利于旅游商品开发、经营的关键功能,通过以销定产、授权生产等形式,借助外力进行组合弥补,充分发挥旅游企业在市场一线的优势。虚拟化经营可以将企业边界无限扩大,通过一个具体的任务或目标进行资源组合。旅游商品经营企业以一个资源组织者的身份,对企业内外一切可利用的资源进行筛选、吸纳和组合,满足旅游商品市场的需求,一旦目标实现或改变,可随时重新组合虚拟的各个部门。

2)进行连锁化经营

连锁化经营是实现规模经济效益的经营组织形式,店面、店貌、商品、服务标准化,经营决策专业化和管理规范统一化,即统一的采购配送制度、统一的企业识别系统(CIS)、统一的经营战略和统一的信息管理系统(如时点销售系统 DOS、电话订货系统 FOS、商业网络信息系统等)。连锁化经营能降低经营成本,服务规范,形成以大商业带动大生产的现代化格局,并给社会带来外部经济效益。

3)开展定制化经营

旅游商品的消费需求带有非常明显的个性化特点,满足游客个性化需求的最佳方案就是进行定制化经营,增加游客的参与程度。根据游客的个性需求设计旅游商品,甚至可以让游客亲自制作。如教游客制作陶艺、泥塑、雕刻、扎染、蜡染等,虽然作品水平一般不高,但由于是自己亲手制作的,很有纪念意义,游客会感到满足和自豪,并高兴地买下以作纪念,这样就大大刺激了游客的购买欲。在西安参观美陶厂时,游客一边听工作人员的讲解,一边观看仿唐三彩、仿兵马俑的制作过程,既了解了古代精湛的制作工艺,又有机会亲自动手制作,同时还能满足购物的欲望,将购物功能与旅游功能合二为一,形成优质服务体系。

10.3.3　完善产权保护

由于我国旅游商品技术创新资金投入不足,技术水平普遍较低,模仿抄袭现象较为严重,因此,要保证自主创新企业对新技术的独占性,仅仅依靠技术的自然壁垒是远远不够的,还必须借助专门法律保护,及时申请专利,以防侵权或者是其他企业抢先申请专利造成损失。同时,工商行政管理部门要加大对伪劣产品的打击力度,遏制假货的生产和销售,保证市场的正常经营秩序和旅游商品生产企业的合法权益。

10.3.4　强化协同创新

旅游商品内容涉及造型、工艺、主题、材料、包装和销售等各个环节,这就要求产、学、研各方面专业人才合作,进行优势互补,将工艺美学、心理学、营销学、管理学等众多学科结合,联手建立强有力的旅游商品研发机构,并将优秀作品推荐给旅游商品生产商、销售商和投资者,促进旅游商品市场转化率。在条件成熟的时候,以民营企业园区为基础,建立旅游商品孵化基地,广泛招商,吸引民间资本的参与。上海豫园商城与上海交通大学共建旅游商品研发中心,贵州省雷山县政府与苏州工艺美术职业技术学院共建苗族非物质文化遗产研发中心,这些都形成了产、学、研一体化,为协同研发旅游商品提供了很好的示范。

10.3.5　优化消费环境

旅游商品研制和开发过程时间长、投入大、生产批量小,需要政府的引导、扶持和财政的支持。因此要明确旅游商品发展方向和目标,并纳入旅游发展总体规划。积极发展规模经济,重点扶持优秀企业,使我国旅游商品从"浅、粗、散、小"经济结构逐步向"名、优、强、大"过渡。

1）加强旅游商品基础设施建设，引导投资走向

在统一规划的基础上，选择交通便捷，客流集中的旅游中心城市和旅游区开辟旅游购物步行街或购物中心，以适应国内外各层次游客的需要。同时举办各种文化节和购物节，既丰富了旅游活动，又促进了旅游商品的销售。

2）制订旅游商品产业政策，扶持旅游商品开发

对旅游商品开发实施优惠政策，除旅游商品项目立项、申报、审批从速，土地使用优惠外，有关部门可从税收、投资、信贷、外汇留成、材料供应等政策方面给予倾斜和支持，营造宽松环境，促进发展；设立旅游商品开发专项基金和开发奖励鼓励那些在旅游商品设计和开发中做出突出贡献的单位和个人，从旅游产业收入中提出一定比例资金作为扶持旅游商品开发的风险基金，随着旅游商品的发展逐步减少以至取消，等旅游商品发展到一定规模后再以其收入来促进旅游产业发展，实现滚动式发展。

3）逐步实现入境旅客旅游购物退税制度

为了尽快与国际接轨，还应借鉴国外购物退税的惯例，对入境游客实行购物退税制度，鼓励海外游客在华购物消费。据有关部门计算，每给海外游客退回 1 元人民币的税，可收到直接和间接利益 5.8 元。应该逐步扩大免税店的数量和分布范围，并在现有烟、酒、茶、工艺品、丝绸和保健药品等产品的基础上增加品种。

10.4　旅游商品的包装策划

好的旅游产品需要好的包装，好的包装也是一块金字招牌和最好的促销手段。通过对旅游商品包装系列化设计，促进品牌形象塑造。包装的旅游商品伴随着旅游者的足迹散布全球各地，既是对旅游地的宣传，也是旅游商品品牌的延伸。因此，在遵守相关法律法规和保障商品质量的基础上，既要考虑商品包装的一般特性，更要挖掘旅游商品包装的个性特点，通过个性化的包装，将商品的旅游功能延伸和扩散。[①]

10.4.1　强烈的品牌意识

品牌创造未来，品牌被公认为是不可模仿不可抄袭的"无形资产"。实际上，包装策划的附加值主要来源于旅游商品的品牌效应，良好的品牌形象是企业成功的奥秘之一。旅游商品的包装要让游客易识别、易记忆以及体验使用过程中具有的优越感。旅游商品包装策划，

---

① 方冰,许孝伟.关于旅游商品包装设计的思考[J].旅游论坛,2009,(03),446-449.

应立足整体,着眼长效,以品牌为统领,树立强烈的品牌意识,创品牌的包装。包装策划,明确定位,突出主题,导入 CIS(企业形象识别系统),树立旅游商品的良好形象;配合电视、广播、因特网、报纸、广告牌、灯箱等传媒宣传造势,营造良好的品牌氛围。这样,当实实在在的旅游商品及其包装呈现在旅游消费者面前的时候,人们才会毫不犹豫地优先购买。

10.4.2　浓郁的地域特色

旅游商品与普通商品不同,旅游商品与旅游商品之间也存在差异,这是由旅游商品的形象、性能、用途、销售对象等因素所决定的。旅游商品售卖时,策划者要做的是如何凸显不同品牌的个性特点,这也就是我们所说的地域特色。具有浓郁地域特色,注重本土化、民族化的旅游商品包装策划往往更吸引旅游者的眼球,受到瞩目、青睐,体现出明显的竞争优势。旅游商品作为旅游体验过程的一种延续载体,应该集地域性、民族性、文化性与纪念性于一身,成为唯此处独有的地域标签。因而,浓郁的地域特色,是旅游商品包装策划的灵魂。旅游商品的地域性体现,其包装策划是最直观的。包装策划的地域特色文化的反映主要可以从包装造型、包装材料、包装结构、包装图形设计、包装色彩等方面着手。当然必须首先搞好创意设计,充分利用当地丰富的自然资源和人文资源,根据当地的风土人情、历史传说、文化底蕴、风景名胜、传统产品,策划出风格独具、具有鲜明民族风格和浓厚地方特色的包装。

10.4.3　独特的视觉效果

旅游商品包装策划,要充分考虑旅游消费者群体的审美心理因素,最大限度地满足旅游者的情感个性需求,在品牌意识的前提下,准确定位,明确地域特色,设法创造出具有独特视觉效果的旅游商品包装设计。旅游商品包装设计是以造型、影像、图案、色彩、文字、编排等艺术形式,突出旅游商品的特色和形象,力求造型精巧、图案新颖、色彩舒适、编排恰当,塑造出独特的视觉效果。包装设计的独特视觉效果需要创新,创新是包装设计的灵魂,堪称具有创新的包装设计是能恰如其分、完美无缺地实现创作意图,体现时代特点,包含旅游商品特色和品牌文化,并能引起消费者共鸣的设计,是"白里透红,与众不同"的设计。

独特优秀的旅游商品包装设计,是包装造型设计、包装结构设计、包装装潢设计三者有机的统一,三者都可以作为包装设计创新的切入点。在满足包装的基本功能的前提下,融入策划者自身个性和设计风格,运用对比统一、对称均衡、节奏韵律、尺度比例等美学法则,遵循差异化策略原则,运用好的创意制造兴奋点。从而突出旅游商品自身的特色,创造出独特的视觉效果,给旅游消费者带来赏心悦目而又与众不同的美感,使旅游商品在同类商品中脱颖而出,进而促进旅游商品的销售。

10.4.4　绿色的环保意识

旅游商品包装策划过程,如果不顾实际,一味求异、求变,其包装可能既不能保护旅游商品,又增加成本,还破坏环境。旅游商品包装作为社会经济活动的重要组成部分,必然走上可持续发展的绿色包装之路。也就是说,包装策划需要绿色的环保意识,注重包装材料运用的环保性。包装材料的纹理和质感,往往影响旅游商品包装的视觉效果。利用不同材料的表面变化或表面形状可以达到旅游商品包装的最佳效果。但包装材料运用不当,会给我们的环境带来压力。包装材料和包装工艺不一定是最好最复杂的,但应该是安全和合理的。我国早期使用的包装多取材于大自然,比如流传千年的粽子,一直沿用箬叶包裹糯米的方法,味道清香、自然,很受人们的喜爱。旅游商品包装策划过程,应树立绿色环保意识,树立美观、实用、环保以及引入国际标准的策划理念。在材料运用上,注意包装材料的生产加工及包装废弃物的回收处理等多方面问题。结合当地实际,寻求具有本土特色的绿色包装材料,比如竹、木、陶、藤、丝、麻、纸、绳等材料,走可持续发展之路。

【综合案例分析】

迪士尼玩具的成功之道

迪士尼公司成立于 1929 年,是世界第二大跨国传媒娱乐集团。2015 年福布斯全球品牌价值 100 强的排行榜上,迪士尼排名第 11 位,品牌价值达 346 亿美元。迪士尼是世界上最大的玩具授权公司,其占据全世界十大授权商品系列中的 6 席——迪士尼公主、星球大战、小熊维尼、汽车总动员、米奇和他的朋友们以及玩具总动员。仅 2013 年,这六大授权商品便为迪士尼公司带来了 35.6 亿美元收入和 11.1 亿美元净利润。2013 年 11 月 27 日首映的《冰雪奇缘》,一年内为迪士尼带来了 12.7 亿美元的票房收入,成为迪士尼历史上最卖座的动画电影。最重要的是,"冰雪"商品的大卖让迪士尼找回了长久以来的商业魔杖。

开发模式:迪士尼凭借自身强大成熟的 IP(Intellectual Property)链和商业开发模式,把一部作品做成 IP 并延伸扩展到相关领域进而影响全球。从内容上说,是刻画人物、讲故事,并融进顶级的电影制作技术;从商业模式来讲,则是线上线下联动,各大业务板块紧密配合,全产业链式的开发运作。

销售渠道:迪士尼构建了全球庞大的零售网络体系,随着电影的热映,《冰雪奇缘》玩偶随即铺货亚马逊、沃尔玛、塔吉特、eBay 等零售商城,沃尔玛和玩具反斗城分别拥有 700 种和 300 种不同类型的《冰雪奇缘》玩具。据美国国家零售协会统计,安娜公主(Anna)和艾莎女王(Elsa)打败了美泰旗下拥有 56 年历史、以马尾辫时尚少女为标志形象的芭比娃娃,成为最受小女孩欢迎的玩具。

衍生开发:除了传统的化妆品、服装、玩偶、道具等衍生品之外,迪士尼还发布了 16 款全新的《冰雪奇缘》主题食品以及医疗保健品,包括水果、酸奶、创可贴、牙线。2014 年 12 月,迪士尼给出的数据显示,电影中 Anna 和 Elsa 所穿的公主裙共在全美卖出 300 万条,这让迪士尼获得了约 4 亿美元的收入。此外,瞬间销售几百万张原声唱片,震动了平静的音乐市场。每天上演 7 次的现场舞台表演,真人版的冰上音乐剧表演,也为迪士尼带来了不菲的收入。

形象授权:迪士尼依靠不菲的授权费用获得巨大收益。授权模式是迪士尼向合作方收取授权费用,然后按照专门的设计生产商品,合作方负责铺设零售点和管理营运,有时候也可能涉及销售收益分成。迪士尼在全球共有 3 000 多家授权商,销售超过 100 000 种与迪士尼卡通形象有关的产品。中国内地就拥有 100 多家授权经销商。玩具厂商若想成为其授权商，需要在制造、经销、零售方面以及相关专业产品方面有 5 年以上经验。

品牌包装：迪士尼以故事为品牌基础，以快乐为品牌核心，坚守创新、品质、共享、尊重的品牌理念，独具特色的卡通形象和品牌个性使迪士尼产品的包装更加富有内涵。把快乐变成商品传遍全世界，为消费者提供最好最特别的娱乐体验。

成功关键：迪士尼对每一款商品形象的塑造，就是对当时消费者心理的一次精准捕捉，以精雕细琢的故事和普世的价值文化唤起最大范围的观众共鸣，赢得最多观众的青睐，最后转化为最强大消费的热情，获得商业上的成功、成为行业翘楚。为品牌注入内涵以及与时代同步的精神文化，是赢得大众认可的关键。

（陈列君.电影衍生品金矿谁来挖掘［EB/OL］.（2015-09-24）.北京商报网.）

第11章
旅游景观创意策划

　　鉴于旅游发展的成功与否是以游客的体验来衡量,而这与景观带给游客的情感共鸣有着直接的联系。这样,旅游景观创意策划在旅游景观的规划开发中就显得举足轻重。因为意境艺术是最能体现人的本质的,最没有目的性的自由艺术,也是最能体现人的情感的艺术。①然而,作为一项主观能动性的活动,创意策划并非个人意志的独断专行,而是建立在对游客心理和流行时尚分析基础上的科学行为,是有着严谨而丰富联想的创造性活动。

11.1　旅游景观创意策划的价值

11.1.1　旅游景观创意策划的概念

　　旅游景观创意,通常是指对现有旅游景观进行文化包装,即创设出旅游景观的文化意境,达到对主体景观进行烘托和渲染的效果,使静态旅游景观变得更加富有情调和境界,更加生动形象、引人深思。

　　广义的旅游景观创意策划是指在景观开发之前,通过名称隐义、主题确定、布局创设等手段,对旅游景观进行全方位的意境设计,力图使旅游景观变得更加富有个性特色,具有丰富的文化色彩或者强烈的参与体验感。显然,无论是广义的景观创意还是狭义的景观创意,都有其一致的根本目标,就是使游客游览之后,由悦目悦耳的视觉和听觉享受达到由衷悦情悦神的境界,获得"览于目而会于心""触景生情""神游物外"的超然感受,从而达到愉悦心情、陶冶情操之目的。

11.1.2　旅游景观创意策划的意义

　　我国在旅游景观建设中特别注重这种情趣和意境追求,其原因主要是受我国民族审美意识影响。②在长期封建社会统治下,中华民族形成了内敛含蓄、感情深沉、思维严谨的民族

---

① 方锡球."美的艺术"与意境形态[J].江淮论坛,1996,(3):87-93.
② 舒长根,罗先诚.谈我国旅游景观的意境追求[J].江西社会科学,2001,(11):92-94.

性格,这种性格反映在景观审美意识上则表现为,习惯以情悟物、寄情会神、自然人格化、抽象具象化的思维。结果在中国人的眼里,无机世界被赋予人性,静态景观变得生动活泼,人间天上礼相通,室内室外情相连,灵性的具体景观具有了激发人们遐想和对美好事物追求的无限意义。正如中国写意画是中国对世界艺术的杰出独特贡献一样,强调意境抒怀而不是临摹写实成为其突出特征。柳宗元曾言"美不自美,得人而彰"。因此,在营造和改造景观时,应极力使景观层次多样化,使景观的"自然—技术"构成转变为"文化—审美"构成,给游客含义悠远,意味绵长的意境,旅游景观创意的根本意义即在于此。

总之,旅游景观创意策划就是立足于思维创新,围绕景观深入发展目标,以景观内涵创意和意境的设计为基础,运用新颖的方法出其不意地造成特殊的新景观。

11.2 景观创意策划在中国的发展

11.2.1 景观创意策划的肇始

中国景观创意策划始于何时,并没有明确的文献记载。笔者认为,景观创意策划在中国的出现至少不晚于造园艺术的时代。中国传统园林的建造,就其实质而言,就包含景观创意策划行为。众所周知,中国古典园林最讲究意境。与中国传统文化的内敛特性相呼应,中国传统园林强调尊重自然生态,将人工建筑和自然生境和谐同构,试图达到"虽为人作,宛自天开"的意境。中国传统园林采取利用自然素材,而又经过人工加工、剪裁而表现出一个精炼概括的自然手法造园,具有含蓄、高于自然的诗画情趣,意境蕴涵绵长等造园特征,显著地不同于西方园林的特征。中国古典园林始于殷周时期帝王苑囿,至隋唐时期,发展为写意山水阶段,可以看作是景观创意的标志。

11.2.2 地方"八景"的兴起

地方"八景"文化的兴起成为景观创意发展的重要转折。"八景""十景"等以数字称谓景观的表达方式,形成中国所特有的一种文化,也有学者称之为中国景观集称文化①。但显示地方性的集称以"八景"为主,故不妨称为地方"八景"文化。始于北宋、盛于明清的"八景",是基于文化传统的一种景观文化的再创造,它之所以能够在北宋问世并迅速风靡全国,是与中国山水文化传统、文人文化的积累及城市社会生活的兴起等诸多因素密切关联的。②"八景"文化的出现首次将景观作为地方的标志,进行了文化性的包装,以单体景观为主,凝练了地方文化精华,也取得了深化地方印记的作用。其包含的文化内涵十分丰富,如传统美学内涵、传统哲学内涵、儒、道、释的理想境界等。不论是其称谓还是内容解释而言,

---

① 吴庆洲.中国景观集称文化[J].华中建筑.1994,12(2):23-25.
② 赵夏.我国的"八景"传统及其文化意义[J].规划师,2006,(12):89-91.

各地"八景"的任何一景,都足以让人顿生情愫,意欲游赏。如燕京八景之一的太液秋风、关中八景的灞柳风雪等。故作为地方文化的象征符号,不少地方"八景"写进了其所在的地方文献中。这些"八景"日益走下文人的诗词歌赋的圣坛,伴随旅游的大众化时代到来,不仅成为地方的重要旅游景观,也在一定程度上引导着旅游景观的营造,直到现代依然如此。这一时期的景观创意主要是称谓方面的概述和景观精神的提升,并未对景观自身进行改造,但是这一历史性的选评,却为"八景"所在的地方今后旅游景观的发展无形地打造了标准。

11.2.3 景观创意策划的现代发展

近现代的景观创意策划与产业经济有着千丝万缕的联系,景观创意策划的功利性和营销行为增强。景观创意策划不仅用之于旧景观的改造中,更多用之于新景观的建造中。创意产业时代新思维如潮水般涌现,创意思维在旅游景观的运用不断深入而广泛。主题公园的诞生,其实是景观创意策划在旅游领域运用的最好例子。高科技水平的创意受到旅游景观开发实践的极大欢迎,并与传统文化的发掘一起渐次成为旅游景观创意的关键所在。这对于客源丰富而景观资源天然不足的城市具有独特的吸引力。

事实上,原生的旅游景观是极其有限的,而人类的创意是无限的,通过创意形成的新景观不断投放旅游市场,造就了景观生长的无限空间。旅游景观的现代创意策划已经深入景区方方面面。以景观形象创意为核心,旅游景观的选址、主题、空间和活动项目等都在创意策划之列。创意涵盖的时间维度跨越了旅游景观建设的一切时段,建设之前的发展定位、旅游形象等的策划需要创意;建设之中需要创意的实施,将创意效果与实际效果比照,以取得预期效果,甚至改变原有创意的部分内容;建设之后,需要活化景观,创意活动项目带动景观的休闲开发,并在景观评价的基础上,改进不适的景观,创意新因素,策划开发新景观。

如果说,古典园林是中国传统旅游景观创意策划的标志,那么大众旅游时代的今天,各类文化主题公园则成为创意景观的主体。甚至,自然景区的开发也不断运用创意理念深化自然景观的内涵,尤其是在那些文化名山的景观开发实践中。如鹰潭龙虎山恢复历史时期惊险的悬棺安装表演;孝感嘉伦河温泉以孝义故事为蓝本,建造孝义亭等无不是景观创意策划的绝好实践。

11.3 旅游景观创意策划的内容、方法与程序

11.3.1 创意策划的内容与方法

创意是创新和创造的过程,旅游景观创意是旅游景观的生命所在。因此,旅游景观创意策划要从景观的多视角和多层面进行。从目前的研究观察,旅游景观创意策划内容似乎无穷无尽,漫无边际。对于景观或旅游创意的内容论述颇多,但并未总结出系统实用的创意内

容。学者较多注意各自领域的创意内容①②③,而从宏观层面总结的较少。

从旅游景观创意策划的系统构建角度,应该明确旅游景观创意的内容主要分为称谓创意、文化内涵创意和环境协调创意等三个方面。它们各自的创意内容十分明确,并具有自身各自特定的创意策划方法。

1)称谓创意及其方法

称谓创意或称主题创意,是景观创意的基本内容和首要环节。将形象定位的口号文字提炼也归为此类,因为在本质上,它们也是一种称谓,只是较长的文字称谓罢了。

现实中景观的名字形形色色。从称谓的来源看,小景区常以景区名称替代景观名称,大景区的各个景观根据自身的个性各有其名称,但不一定都很贴切,有的甚至与其景观功能或者景区的发展相背离。从称谓的内容看,景观的称谓或直指其物或其用,如象鼻山、剑门关、摩天岭、鸣沙山等;或形神兼备,如清朝康熙皇帝为避暑山庄景点命名"烟波致爽""梨花伴月""水流云在""远近泉声""云容水态"等;或取其抽象文化寄意,如南京雨花台、清华园、香格里拉等。前一种情况常见于自然山水景观的称谓,后两者多用于文化景观的命名。从命名的形式看,有因方位命名、因形状而命名、因物产而命名、因突出特征而命名、因历史事件或神话传说而命名、因人物而命名、以诗词名句命名、以美愿命名、因颜色而命名、因功用而命名等。④舒千提出景观名称的美质概念,指建筑、景观名称所表示的美学内容的实质,是对建筑物及其周围环境的功能美、景观美和教化作用的高度概括,也是一种人文观点和语言艺术的综合体现,认为建筑、景观名称所含的美质内容包括传递历史壮丽史实、传递历史文学与优秀文化、传递宏伟美质、传递壮丽美和纤细美共存质、传递寓意哲理美质等④,深刻揭示了景观命名意境的营造方向。

中国传统园林在景点称谓的创意最值得深思回味。常常通过命名、题咏、匾额、碑刻、对联、楹联等文学艺术形式概括园内景观的主要特征或提示最佳的观赏时节,这种艺术手法被称为"点景"。"点景"是深化意境的重要手法。"点景"的手法赋予园林以诗情画意,能提升和深化人们对自然美的认识。诗文艺术直接参与园林景观的营构,使中国传统园林的格调更为高雅,对自然物象的观赏升华到审美的精神高度。苏州拙政园的湖山上植有梅树,园中一亭名为"雪香云蔚亭",闻之便油然而生出踏雪寻梅的诗意(图11.1)。所以,从文化意识流的角度解构中国传统园林的意境,形境、色境、声境、香境和味境构成其主要内容,而"点景"成为园林意境的"催化剂"⑤。的确,好的景观名称本身就是一种成功。一来名称是景观的第一形象,是对外营销的首要载体。对于游客而言,不管通过何种途径了解旅游景观,都是"未见其身先闻其名"。这样上口上心的景观称谓自然成为引发游兴的第一因素。换言之,如果把景观的旅游吸引进行元素性的解构的话,称谓可以称为景观的第一吸引元素。二

---

① 刘建. 论旅游资源规划开发中的文化创意[J]. 桂林旅游高等专科学校学报,2001,12(2):77-80.
②④ 张勇. 中国风景名胜的命名研究[J]. 桂林旅游高等专科学校学报,2002,13(4):24-27.
③ 牟红. 旅游景区吸引力的符号化策划方法及实案研究[J]. 重庆工学院学报,2005,19(6):19-21.
④ 舒千,尹道新. 浅论建筑、景观命名美学[J]. 古建园林技术,2002,(2):34-37.
⑤ 罗翔凌,江金波. 浅析中国传统园林意境的构成[J]. 华南理工大学学报(社会科学版),2006,8(6):70-73.

图 11.1　传统园林艺术的"点景"实质就是称谓的艺术
（苏州拙政园　罗翔凌摄）

来好的景观称谓易于传播,对于旅游景观的营销推广具有良好的增强效果。这样的例子不胜其数,如"香格里拉"一词是云南迪庆中甸县(后更名为香格里拉市)的藏语,意为"心中的日月",它是藏民心目中的理想生活环境和至高至尚的境界。这个诗画般的名称,吻合了英国人詹姆斯的小说《消失的地平线》所描绘的人间仙境,具有强烈的旅游情脉和地方文脉合璧的效应,使其旅游发展态势良好。

　　然而,改革开放 40 年来全国各地新建的一些旅游设施和景点,相当一部分在命名上存在如下问题:一是把没有的说成有的;二是把平庸无奇的说成天下第一;三是把有序的说成杂乱无章的;四是把雅的说成俗的。[①]旅游设施和景点命名出现如此混乱状态,说到底就是景观命名的文化缺失,称谓创意的重要性可见一斑。

　　良好的创意能够使旅游景点景观通过名称表现出来其应有的境界和情调。景观命名的创意方法主要有两种。

　　一是创造新的称谓。即在目的地景观没有称谓的情况下,创造新的称谓或保留原有时代性的称谓而寻求历史文化信息的别称。这种方法常用于新开发建设的景观或者部分没有命名的自然景观。如陈传康先生曾将北京密云水库的旅游形象口号确定为"北京的旅游卫星城",高度概括了其作为全市最大水库和"京师第一山"所在的地理文脉。再如在给西安取别称时,吴宏岐认为,"凤城"既吉祥又吻合西安长期成为都城的历史,在杜甫、李商隐等诗句中均有称呼,因而更有意义[②]。笔者在对广东龙门县城郊区策划的一处以竹文化为主题的旅游区中,曾将其取名为"竹家庄",比附"祝家庄"的高知名度,进而点化其以竹文化为主题的景观特征[③]。总之,为旅游景观创造新称谓,需要打破常规,结合景观的主要功能进行命名创意。

① 陈文君,曾大兴.旅游设施和景点的命名问题[J].生产力研究,2006,(4):141-142.

② 吴宏岐.西安历史地理研究[M].西安:西安地图出版社,2006:512-513.

③ 江金波,黄兆明,等.龙潭镇旅游发展总体规划(2007—2020).2007.

二是改造原有称谓。就是对原有不适合的景观称谓进行部分或者全部的置换,使之更加符合景观的内涵,突出景观的特征,迎合景观的营销对象,增强其吸引力。如广东九连山的旅游控制性详细规划中,笔者将原有一处旧称为"锅洞"的谷地,改名为"叠翠谷",直观反映出该地芦草青青、叠翠梯田的景观层次感,形象逼真,美丽动听①。改造原有景观名称需要十分谨慎,更多地需要充分尊重地方文脉和史脉,结合现代旅游审美需求,进行一定程度的创新。

2)文化内涵创意及其方法

这是景观创意的主体内容,是景观设计时需要重点考虑的。其具体内容包括景观文化主题的拓展、丰富及其创意意境的表现两大部分。在上述景观主题创意确定的前提之下,也即确立了文化创意的大致方向框架,但是文化主题需要以更具体的文化内涵深化,需要以细化的子题延续主题(即景观称谓),这就是景观文化主题的拓展和丰富问题。发掘民间文化,编织故事传说,将优美的故事传说引入景观,使无生命的景物变得具有灵性,使人与物交感、情与景交融,从而把游览者引入某种境界,就是常见的文化内涵创意手段。例如,为了表达"竹家庄"旅游区的竹文化主题,其文化创意主题深化拓展为竹书画文化、竹数象征文化和竹饮食文化等,共同支撑着竹文化主题,使之成为文化景观的有机系统,展示竹文化旅游丰厚的文化体验。②可见,景观文化主题的拓展、丰富是景观的文化内涵创意的关键所在。正因为如此,景观文化主题的拓展、丰富成为景观增加旅游附加值的重要途径。相反,旅游景观的初级开发,必然使得景观滞留于价值贬值的开发阶段。例如,位于国家级风景区四面山西部的朝源仙谷,开发的初级性使景区价值无法体现,景区原生意境和衍生意境都没有展现出来,朝源仙谷精品景区成为没有精加工的原材料被贱卖。考虑到,朝源仙谷与道文化有一定的历史渊源,对"道"文化元素的应用,可增加文化底蕴。道文化嫁接于朝源仙谷,既有一定的文脉内涵又有一定的可操作性。这成为其主题形象提炼和景观创意的途径。围绕"道学休闲谷"的主题,策划水口寺"石造天地"入景工程、三倒拐"生命本源"意境工程、三道河"道文化"图腾、一线天"心灵放飞"自由空间、鹰嘴植物精气养心园、鸳鸯瀑情调园等6个区域子题,较好地展现了旅游区"坐望深山,神游世外"的新形象。③

景观文化主题的拓展与丰富并没有规制,由于不同性质的景观,其文化内涵深浅不一,其景观文化主题的拓展与丰富有很大的差异。景观文化主题的拓展与丰富,最为困难的是,那些需要重新设计、完全依靠思维想象的景观主题。但景观文化主题的拓展与丰富的基本原则与方法是有章可循的。如需要遵循服务主题的原则,最大限度发掘文化内蕴的原则以及景观内涵与景观外形相呼应的原则等。

创意意境的表现,又包括以景观自身的造型、结构、色彩、高度、体量等的意境表达,姑且称之为创意的宏观表现;以及其他途径的意境表达如景观内壁和外墙装饰、点缀、文字解释、

① 张俐俐,江金波,等.连平县九连山主峰旅游区控制性详细规划(2005—2020).2005.
② 江金波,黄兆明,等.龙潭镇旅游发展总体规划(2007—2020).2007.
③ 牟红.旅游景区吸引力的符号化策划方法及实案研究[J].重庆工学院学报,2005,19(6):19-21.

图画和模型等,可以称之为创意的微观表现。意境的表现务求使创设的文化内涵具象化,多层次提升现场的意境感,使旅游景观的文化主题与文化内容转变为游客直接认知的形象,包括总体形象和局部形象、主形象和次形象。可见,创意意境的表述方法一般是围绕景观内容,从景观实体的宏观外貌及其烘托和内在形象细节展示等的文化形象设计的配套而进行。

3)环境协调创意

这是景观创意内容的必要组成部分,对景观起着场地归宿和意境审美诱导的作用。环境的协调创意包括自然元素与园林小品的运用,也包括声、光、色、影等装点景观的运用。前者在于白天展示景观的地方性和生态性,后者在于夜晚为景观增色,强化夜景观的文化内蕴。

环境的协调创意绝不只是绿化的单一手法,即使绿化也必须具有创意性,为景观的主题及其内容服务,成为景观内容的辅助和绝配。良好的景观环境协调创意,应该在空间多样景观的统一协调性的前提下,对绿化树种及其层次、景观的入口、各类游道、铺地材料及其面积、景观视线及其审美效果、景观的错落层次等综合考虑它们所孕育的特定的意境,这种意境可以使主体景观的意境达到明显的诱导、强化和延续。如韶山毛泽东故居前的山冲稻田依依重叠,春夏绿浪滔滔,是为与毛泽东诗句"喜看稻菽千重浪"的田园意境的印合(图11.2);再如湖北汉阳的古琴台,是为纪念俞伯牙弹琴遇知音钟子期而修建的纪念性建筑,配合故事意境,亭台与湖水组织的环境相得益彰。这些都是景观环境协调创意中自然元素的运用典范。

图 11.2　环境的协调创意关键是与景观内容相呼应

园林小品在景观环境协调创意中,是一种常见的艺术手法。雕塑、盆景、假山和标牌等利用最为广泛。需要注意的是,这些园林小品的运用切不可喧宾夺主,应为景观创意而营造。故应巧于立意,体量适度,将小品巧妙地熔铸在景观造型周边,使之耐人寻味,并尽量使人工自然成一体,使小品寓用于欣赏之中。如作者曾于竹文化旅游区规划设计的竹林七贤雕塑分散隐于竹林之中,直接写意竹园文化的君子情缘,就是一种典型的环境协调创意中园林小品的运用手法。①

景观的三大创意内容,具有一个层级递进关系(图11.3)。一般而言,名谓的创意是基础、是前提,文化内涵的创意服务于名谓的创意,是对名谓包含内容的具体化,是对景观的贴身写意,特别的景观内容进行文化装饰,是景观的内包装,达到"文"如其"名"的作用。环境协调创意,作为景观的映衬,是对景观进行的外包装。一方面更加突出景观的视觉效果和审美意境;另一方面协调景观与景观之间的关系,凸显景观空间的总体效果。三大创意各自都包含许多创意的子内容。特别是后两者具有更丰富的创意内容,不同的旅游类型需要不同的文化内涵创意和环境协调创意与之配合。

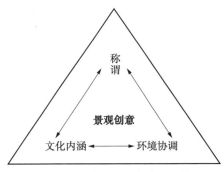

图11.3　旅游景观创意的三足鼎立

11.3.2　创意策划的基本程序

景观创意策划是创意者在原有景观积累基础上,根据自身的实践经验,运用发散式思维方式,突破常规进行的创造性劳动过程。归纳米看,景观创意策划遵循以下基本程序。

1)地方文脉的研究

地方文脉的研究是景观创意的文化基础。没有这一文化基础的支撑,就谈不上对景观进行好的创意。我国不少历史文化旅游景观的意境都展现了东方文化神韵和丰富多彩的地域文化精神,甚至成为不朽的世界文化遗产,这正是立足于深厚的民族文化土壤,获得地方文脉支撑的结果。只有努力增添旅游景观的文化底蕴,重神韵,求意境,化景物为情思,才能展示地方旅游景观的独特风采,使之获得强大生命力。相反,片面追求经济利益,大搞缺乏创意的景观建设,势必成为景观创意误区。由于景观设计是创造性活动,文脉的研究也就是夯实景观设计者传统文化和理论素养的作用,而增强文化底蕴和创立新思维比传授景观技法和景观历史更为重要。② 因此地方文脉的研究也是景观设计者进行创意设计的必修环节。

旅游景观创意策划,不论是着眼于新旅游景观的初始开发,还是原有旅游景观的振兴改造,都必须首先深入研究地方文化特征,了解景观所立足的区域文化发展历史及其文化风格,特别是当今时代地方文化的新发展、新内容。较之于发掘目的地历史文化底蕴,提升旅

---

① 江金波,黄兆明,等.龙潭镇旅游发展总体规划(2007—2020).2007.

② 刘龙.文化底蕴是景观设计创新的基础[J].中国勘察设计,2007,(3):28-30.

游地形象(参见第 4 章),创意对地方文脉的研究不是完全为了复古和发掘旧的素材,更多的是参考其研究结论,旨在提升意境,将历史素材充分利用为景观创意服务,深入把握创意主题的走向,处理景观中历史文化的延续,构建创意的风格,处理好景观设计中文化内质的新旧关系,使之造成和谐统一的整体形象。特别值得指出的是,作为景观创意的起点,地方文脉的研究要落实在为景观承载的文化意识流的统一性上,即创意走向是该景观地方文脉的自然延伸,切忌所创"新意"与文脉对立,造成对景观完整意境的切割。文脉研究不是一句空话,正如对于山脉形势的考察一样,需要在历史文化长河中俯视。提炼其本质,划分其阶段,凸显景观在地方文脉时空中的地位。此外,自然景观意境的创设,既取决于自然景观形成过程的揭示,也取决于地方文化的附丽。自然景观的最佳意境取决于上述两者的同向呼应。而对于人文景观,鉴于现代建筑的趋同化及其造成的场所感的缺失,现代景观设计应尝试运用隐喻或象征的手法来完成对历史的追忆和集体无意识的深层挖掘,成就景观的"叙事性",成为"意义"的载体,①将意境紧紧依附景观自身,并成为审美的最佳内容。如对珠海石景山山顶的改造,项目设计者通过史料研究发现珠海的象征——渔女是因为爱上当地青年海鹏而变身为渔女的,而海鹏与渔女就是因为反抗残暴的海龙王而英勇献身的。为此在山顶设计了海鹏雕塑,与珠海渔女雕塑形成对应关系,一阴一阳,一高一低遥相呼应,完整地诠释了历史传说,延续了地方文脉。②一水相隔长相思,但留真情在人间,这一文脉发掘利用十分成功。

2)主题方向的确定

在假设创意内容为地方文脉的前提下,旅游景观创意具有不同的主题方向,包括称谓方向的创意、形体(或形体改造)方向的创意、色彩方向的创意、空间方向的创意、事件活动方向的创意等。不同的旅游景观,视其具体类型、景观性质和市场需求的不同,需要不同的创意主题,并不需要面面俱到。对于特定地域的旅游景观,往往是以一种创意为其突破,吸引游客市场。运用矛盾论,景观创意的主题方向就是景观创意的主要矛盾,而景观创意的内容则是其矛盾的主要方面。

称谓创意既有前述,不再重复。形体创意包括形体改造方向的创意,是运用新的景观形态表现陈旧的景观,使之发挥景观文化的新功能,焕发时代气息。建筑景观的体量和高度被认为是重要创意方向,而对于自然景观而言,改造其景观形态方法有改变景观观赏入口和观赏点,建设建筑小品等。色彩创意需要达到渲染主题内容的目的,绝不只是视觉的一时冲击。空间创意要达到在大地上书写景观文化氛围的目的,调动旅游者欢快愉悦或激愤压抑的观赏情绪。由于事件活动易于迎合时尚,加之其灵活多变性,日益成为创意的重点之一。传统节事活动的恢复是其中的创意方向之一,更多的是通过原创,新设众多的旅游新事件活动。前者如广州近年于农历七月初七恢复历史传统节庆——乞巧节(图 11.4),后者如举办车展、脐橙旅游节等。

---

① 张振.现代景观设计中的继承与创新[J].世界建筑,2003,(11):75-80.
② 易西多.景观创意设计[M].武汉:武汉理工大学出版社,2005:97.

图 11.4　仪式的恢复成为传统节庆创意的定式
（广州乞巧节　江金波摄）

　　显然,上述五大主流创意方向,任何一项都必须围绕地方文脉进行。实际中,常常选取最能表达地方文脉和景观文化精神的创意方向作为创意的主题方向。可见,确定创意的主题方向是文脉研究之后的景观创意的重要步骤,也是确定创意项目的必然工作流程。

3)分解创意项目和分工协作设计

　　创意的主题方向一旦确定,就需要进行分解创意项目的工作。任何一项创意,最终表现为特定的内容,由特定的创意项目反映。例如,景观的空间创意,一般分解为空间平面形态创意、重要节点创意、路径创意和景观组群创意等项目;色彩创意分解为主导色调创意、副色调创意、色调露头创意等(表 11.1)。

表 11.1　不同主题景观创意的项目分解与专家来源

创意主题	创意项目	专家来源
称谓创意	创造新的称谓 改造旧的称谓	文学专家
形体创意	造型创意 体量创意 规模创意 高度创意	建筑设计专家
色彩创意	主导色调创意 副色调创意 色调露头创意	美术专家
空间创意	平面形态创意 重要节点创意 路径创意 景观组群创意	旅游规划专家

续表

创意主题	创意项目	专家来源
事件活动创意	自然事件活动创意 节庆活动创意 文化事件活动创意	策划传播专家

景观创意本身就是一项系统工程,需要多学科的协同合作。因此,在创意项目分解之后,由不同学科专家分头进行创意设计就成为必然要求。

4)创意合成与创意的效果统一

创意合成是指将分解的创意项目进行协调统一,以期获得独特的创意效果,这是创意策划的最后一步。首先,创意主题与次主题之间需要协调统一;其次,任何一种创意项目,都应该是创意主题的强化,而不能弱化创意主题;最后,对于不和谐的创意项目,需要在效果统一的原则下进行必要的删减。创意的合成必然是对主题的准确写意和隐喻传达,使得主题内容与符号形神统一,将丰富而深刻的历史文化内涵与外在的视觉景观表现融为一体,故宫和天坛等中国古典建筑就是此类景观的绝好典型。虽然最初它们并非为现代旅游而兴建,但它们成为今日最著名的旅游胜地之一,重要因素乃是其建筑视觉景观所传达出来的文化内涵,这些内容不仅构成当今最深入人心的导游解说,而且成为景观传情达意的重要内容。受此启发,景观创意合成要有"出俗"的文化塑造内心的意识,不能仅就近考虑游客的视觉需要,更重要的是,植入丰富的文化内蕴,达到创意效果的优化。

【综合案例分析】

案例1　变丑为美：基于场地精神的城市废弃地景观策划

为应对日益紧张的土地资源和减少封存的垃圾填埋场对居民生活的影响,"实现城市生活垃圾以及填埋场场地的开发再利用"成为很多城市需要实现的目标。以宁波铜盆浦垃圾填埋场地块改造为例,结合国内外垃圾填埋场改造经验,探讨城市边缘区垃圾填埋场的生态恢复和活力重塑问题,以期为相关城市的垃圾填埋场改造提供参考。该垃圾填埋场原为宁波市奉化江铜盆浦航道,后经截弯取直,筑坝堵水后,将奉化江改道,利用原航道空间作为生活垃圾填埋场地。随着城市建设的西进南拓和宁波市垃圾焚烧发电厂的投产使用,铜盆浦垃圾填埋场已不能适应发展需要,同时严重影响周边的生态环境,市政府于2001年底停止填埋生活垃圾。

城市绿化景观一直以来是宁波市城市建设的一大亮点。铜盆浦垃圾填埋场具备良好的景观价值,原本就是奉化江航道改建而来,紧邻奉化江畔。同时,地块位于鄞州新城区中央绿化轴与奉化江的交叉点,使其有潜力成为城市重要的景观节点。

改造方案是在恢复生态环境等物质空间基础上,重点放在理顺地块与城市关系、打造特色公园、重塑地块经济活力的着力点上。其中打造特色公园是方法,也是核心内容。

一方面,充分利用基地东侧的奉化江自然景观背景和场地标高的优势,加强城市景观廊道与滨江地区的生态联系,延续城市生态肌理,将铜盆浦垃圾填埋场地块融入城市生态格局,保证城市生态廊道的畅通。另一方面,通过打通城市路网脉络,完善城市路网结构,使基地与城市成为有机的整体。主题策划方面,研究国内外其他城市公园建设的潮流和宁波市目前的公园建设情况。将片区定位于"城市荒野"的主题公园,弥补宁波市城市自然公园的缺失。地域景观特色和乡土植被引入城市,形成独具特色的、低维护投入的城市生态基础设施,为城市提供一处充满特色的个性场所,为市民提供一处更具亲近感与贴近自然的原始景观。

(刘慧军. 基于场地精神的城市废弃地景观策划. 转型与重构——2011 中国城市规划年会论文集.)

案例2 借鉴西湖景观营造艺术,开拓现代文化景观建设模式
——山东省莱芜雪野旅游区规划实践

山东省莱芜市雪野旅游区位于山东省中部,莱芜市市区北20千米处。雪野旅游区地域历史文化悠久,雪野湖旅游区从建设伊始就非常注重文化景观的营造和主题挖掘,并注重项目的文化积淀与可持续发展。在旅游项目的设计与安排上吸取了地域传统文化与现代文化的多种营养,因地制宜进行项目建设与游憩设施的安排。在注重场地山水自然环境保护的基础上,重点展现具有深厚地域内涵的历史文化、民俗、科技、生态等特色内容。

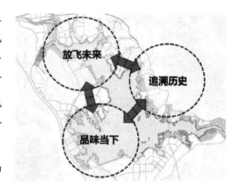

主要文化旅游项目的规划思路包括以保护优化地区生态与自然景观为文化景观建设基础,营造富有地域场所感的文化景观序列与人文活动空间,塑造具有诗情画意的情境景观环境,引导地区非物质文化的积累与传承等。

环湖公园文化景观一览表

展示阶段	历 史	当 下	未 来
主题	伯益封地,嬴秦祖里	感悟生活,活在当下	放飞自我,面向未来
展示内容	历史人文的追根溯源,重点打造嬴牟文化历史进程,嬴牟故里风土人情等文化景观	潮流生活的品位体验,重点打造展现雪野近现代水库建设、渔业发展等历史印记	结合国际航空园赛事、科技展示等内容,集中展现嬴牟文化蓬勃发展的未来形象
对应景区	文昌盛典	左岸渔乡、雪湖览胜、蓝湾知鱼	航空乐园、碧水通天、动感绿茵
主要文化景点	文昌阁、文昌岛、嬴牟历史名人园、嬴牟文化展示区、音乐广场	左岸码头、渔乡餐饮街区、渔家客栈、天鹅湾、渔湾公园	国际航空文化园、国际航空运动赛事基地、航空主题小游园、通天河湿地公园等

总之,文化景观是旅游区的亮点与灵魂,是提升旅游区品牌形象的重要手段。其规划建设的好坏对于许多旅游区的发展都有着至关重要的作用。借鉴中国传统景区建设的优秀经验并根据时代特色和要求进行拓展和延伸,对现代旅游区的发展将产生积极的意义。中国传统景区重视人与自然高度和谐,景观建设与历史、文学、绘画等相关人文艺术高度融合,以及注重非物质文化的积累与传承等特点,对于现代旅游区文化景观的建设都具有重要的启示。在现代旅游区规划建设实践中继承我国传统景区的成功经验,将有利于塑造旅游区的特色形象,丰富现代文化景观的人文内涵,并提供旅游者以深层次的体验内容。

（洪治中.湖泊型旅游区文化景观策划与规划浅议——西湖传统文化景观解析与雪野旅游区规划实践[J].北京园林,2013,29(3):16-19.）

案例3　旅游建筑景观策划与设计运用地理文脉的三大基本原则

一是富有创意。创意即旅游建筑景观总的设计意图有一个中心主题,这个主题要有文化意蕴和美学品位。它是对旅游地的各种地域信息(资源特色、地理位置、文化氛围和环境条件)解读或地理文脉把握和游客审美心理需求分析后所产生的一种设计理念,应具有独创性。例如,位于素有"中国名茶之乡"之称的贵州省湄潭县的"天下第一壶"酒店,坐落于湄潭县天壶公园火焰山山顶,于1999年开始建造,2006年4月完工。为钢筋混凝土结构,壶高

48.2米,底座高25.6米,总高73.8米,壶身最大直径24米,体积28 360立方米。建筑总占地面积60 000多平方米,总建筑面积5 000平方米。2006年获上海大世界吉尼斯总部认证的"大世界吉尼斯之最"称号。科学而艺术地运用该地的地理文脉进行建筑景观的策划与设计,很好地体现了湄潭深厚而鲜明的茶文化文脉。

二是人工与自然的和谐统一。自然风景区的旅游建筑设计应"以自然为本",人工为辅,巧加点缀,顺应自然,师法自然,将建筑与环境融为一体。建筑在造型风格特点、体量、比例、尺度、色调处理上要服从环境整体,以自然为主,不喧宾夺主。建筑物宜低不宜高,宜小不宜大,宜分散不宜集中,宜淡雅的乡土之风而不可取华而不实的商业气息。"建筑要像从地里自然生长出来的那样"(美国建筑大师莱特)旅游建筑景观设计应遵从自然,体现文化。旅

游建筑景观设计就是领悟自然,洞察人性,让人与自然互为镜像;旅游建筑景观设计就是解读地脉、阅读大地,设计人与自然和谐的体验场景。例如,海南亚龙湾人间天堂鸟巢度假村,以原生态的天然建材为元素,以热带风情为建筑格调,建筑景观外部质朴,内部奢华,成为建筑与自然和谐统一的旅游建筑景观典范。

三是体现地域文化特色。由于地域分异规律的作用,地理环境存在明显的地域差异,如我国的地理景观具有"北壮美南秀丽、东精致西粗犷"的特色。一方水土养一方人,一方水土育一方文化。在旅游建筑景观设计中,应注重体现地域文化风格与特色,运用有意味的形式在旅游建筑景观设计中的表达。例如,在我国大西北地区进行旅游景观设计时就应该体现粗犷、豪放、神奇的风格;在江南地区进行旅游景观设计时就应该体现秀美、精致、婉约的风格;在青藏高原进行旅游景观设计时就应该体现神秘、神圣、原生态的特色。

(曹诗图,杨丽斌,刘雪珍.基于地理文脉的旅游建筑景观策划与设计探讨[J].旅游研究,2014,6(4):35-39.)

第12章
旅游线路策划

12.1 旅游线路策划的基本原则

旅游线路策划是旅游经营者或者旅游者都会面临的首要问题。目前我国大众旅游已经成为人们身心放松、学习交友、增长见识、丰富人生的重要渠道。一条旅游线路的形成是需要经过前期的调查和综合包装的。为满足游客求新求异,旅行社怎样做才能创新产品,提升品牌影响力、创造经济效益。

旅游是旅游者离开常住地、去旅游目的地,进行以游览、休闲等非营利目的的活动。无论旅游者是自助游还是跟团游,都需要在有限的时间和财力内安排好活动线路,并利用交通工具,开展畅通的行、游、住、食、娱、购六方面的旅游活动。[①]而旅游线路策划则是在一定的旅游区域内,根据现有旅游资源的分布状况,依托旅游线路策划者思维,整合旅游资源,分析、选择、组合各类旅游内容,将其生产并包装为综合性的旅游产品,并使旅游者在旅游过程中获得最丰富的旅游经历的过程。[②]

那么旅游线路策划存在哪几条基本原则?通常我们认为旅游线路策划有6条基本原则。

12.1.1 市场需求原则

"十三五"期间,我国旅游业将呈现以下发展趋势:

消费大众化。随着全面建成小康社会持续推进,旅游已经成为人民群众日常生活的重要组成部分。自助游、自驾游成为主要的出游方式。

需求品质化。人民群众休闲度假需求快速增长,对基础设施、公共服务、生态环境的要求也越来越高,对个性化、特色化旅游产品和服务的要求也越来越高,旅游需求的品质化和中高端化趋势日益明显。

---

① 戴斌,杜江,乔花芳. 旅行社管理:第三版[M]. 北京:高等教育出版社,2010:15.
② 黄安民. 旅游学概论[M]. 北京:清华大学出版社,2015:20-22.

竞争国际化。各国各地区普遍将发展旅游业作为参与国际市场分工、提升国际竞争力的重要手段，纷纷出台促进旅游业发展的政策措施，推动旅游市场全球化、旅游竞争国际化，竞争领域从争夺客源市场扩大到旅游业发展的各个方面。

发展全域化。以抓点为特征的景点旅游发展模式向区域资源整合、产业融合、共建共享的全域旅游发展模式加速转变，旅游业与农业、林业、水利、工业、科技、文化、体育、健康医疗等产业深度融合。

产业现代化。科学技术、文化创意、经营管理和高端人才对推动旅游业发展的作用日益增大。云计算、物联网、大数据等现代信息技术在旅游业的应用更加广泛。产业体系的现代化成为旅游业发展的必然趋势。

以市场为导向。旅行社必须首先对市场需求进行充分调研，以服务游客为宗旨，不断开发出新的旅游目的地和创新产品。① 扩大旅游产品新供给，或者对原有旅游线路注入新元素和新亮点，以保持对旅游者有持续的吸引力而获取利益。开发并不断完善休闲度假游、乡村旅游、红色旅游、自驾车游、海洋及滨水旅游、冰雪旅游、工业旅游、扶贫旅游、研学旅游线路等。因此，线路策划者必须对市场具有敏锐的感应能力，做到市场需要什么，旅行社就策划生产什么。另外，旅游线路策划者要对旅游市场进行细分，找出自己的优势，集中力量进行策划和销售，即经营旅游专线，而发展成为某一个细分市场领域的批发商，开创性地引导游客消费。而调查了解研究市场，采用"走出去、请进来"的方法是行之有效的方法。

例如，为响应习近平主席提出的"一带一路"战略思想，2015 年广东省中国青年旅行社总经理带领 40 名下属各分店负责人，乘坐南方航空公司包机到南太平洋岛国斐济进行实地考察，既参观自然风光，考察接待设施，又与原住民联欢，饱览当地风情。回国后还邀请斐济的航空公司、酒店、地接社负责人来到中国，进行旅行社业务指导培训。因为组团社了解客源地市场需求，而供应商熟悉目的地，两者联手把当地第一手旅游资源进行特色组合包装，策划出"浪漫斐济海岛游"线路，该旅游线路一经推向旅游消费市场，很快组织到国内旅游团前往斐济旅游。因为精心策划了线路，所以满足了这部分游客好奇尝鲜的欲望，同时也为一些中国投资商到斐济考察投资提供了旅行服务。这样，该产品成为出境高端海岛线新亮点，该旅行社也由此获得了政府的开发"一带一路"斐济旅游专项奖励。

12.1.2 特色突出原则

如何寻找和发现主题、亮点及特色，把它融入旅游线路中，加以放大、包装以吸引游客，是旅游线路策划的灵魂所在。这主要是因为有主题和特色的旅游线路受众面广，形成系列团队而具有强大的市场竞争力和生命力。

怎样形成旅游线路产品特色突出这一原则？这就需要对旅游线路的资源和形式做出精心选择，力求充分展示旅游的主题，做到特色鲜明，以新、美、异吸引旅游者的注意，以产品差异化代替价格竞争。②

---

① 郑双庆.香港旅行社管理与运作[M].北京:旅游教育出版社,2001:5-9.
② 李锋,李萌.旅游策划理论与实务[M].北京:北京大学出版社,2013:13-17.

例如,有的游客不愿意跟团游,于是旅行社策划出了"私人定制"旅游线路;有的游客不愿意跟团参加购物活动,旅行社则策划出了"纯玩团","零购物、零自费"便是突出卖点以满足消费者的需求。如湖南张家界旅游新线路是突出"挑战世界最高的大峡谷玻璃桥",再加上零购物、零自费、住五星、一价全包这样的承诺,让新产品从普通产品中跳跃出来,满足游客追求新奇的欲望而吸引了不少回头客。

利用各类节庆、赛事寻找旅游主题,是旅游线路策划的一个思路。[①]如在圣诞节前后推出"到世界屋脊数星星"这样一条"西藏拉萨双飞五天游"线路,利用西藏冬季旅游价格特别低而制订出综合团费合理的价格,吸引了许多消费层次有限但又充满浪漫情怀的年轻人报名前往,以实现他们人生中"必到圣地西藏一趟"的梦想。又如广州每年一度的迎春花市吸引着国内外游客来赏花看花,"广府过大年,粤游越有趣"线路受到众多外地游客青睐。

12.1.3　经济效益原则

旅游线路的策划,既要注重市场效应,又要注重经济效益。游客总是在寻找价廉物美的旅游线路。所以,策划中首先尽可能缩短旅途时间,尽量采用直飞或高铁直达的大交通,直奔旅游目的地,即旅短游长。其次,科学设计游览顺序,在大交通费用最少的情况下,尽量不走回头路。景点选择不重复,形式不雷同,使游客对旅途留下物有所值的美好印象。最后,发挥旅行社统一采购的优势,以数量争取优惠价格,人数多成本低。抱团采购可以得到优惠价,从而让利于游客,为旅行社和游客争取优惠价格,实现旅游经营者、旅行社中介者和游客三方面达到利益均衡。

比如,到海南旅游基本上有三种走法:海口进出、三亚进出和海口进三亚出。若从旅游舒适度和游览广度来说,最后一种走法比较好,且团费居中。但是对于第二次到海南旅游的游客来说,第二种走法比较休闲,但由于从旅游城市三亚进去的飞机票价较高从而团费居高。费用最低的则是第一种走法,因从海口进出飞机票价便宜,但是走了回头路,少花钱而是以时间和体力为代价。通常旅行社根据游客的需要,尤其是旅行费用预算来策划编排旅游线路的。游客在报名参加海南旅游时也要比较线路走法和航班时间不同,其旅游价格也会有所不同。

12.1.4　季节变化原则

旅行社常常可以根据旅游目的地的不同季节、自然景观、当地物价等发生的变化而策划出应时节的旅游线路。[②]这样做的目的是注意季节波动,保持客流淡旺季平衡。一般需避开旅游热点和高峰旅游人群。比如湖北省世界自然遗产地神农架风景名胜区由于四季自然景色不同而玩点不一样,旅游线路策划也不一样,分别是:冬季滑山雪、秋季赏红叶、夏季避暑地、春季看山花。因此建议每位游客至少要去神农架 4 次才能看遍全部的自然美景。

旅行社一般是利用旅游目的地淡季游客少、价格低等优势,策划规模较大的自驾车游、

---

① 陈嘉隆,张凌云.台湾地区旅行社的经营与管理[M].北京:旅游教育出版社,2009:21-25.

② 吴国清.旅游线路设计[M].北京:旅游教育出版社,2006:5-7.

专列游、包机游等主题线路。例如,新年元旦前后广东虽然是冬季,但与北方比较还是气候温暖的,惠州、阳江等海边进入旅游淡季,度假酒店或公寓房费价格低、接待能力强,旅行社就针对北方旅游市场组织策划了到广东海边来避寒的专列团或者包机团,让北方游客花较少的费用,既能避开寒冬又能亲临大海、品尝海鲜、观赏鲜花,而广东海边度假酒店又能补充冬季客源,从而解决了淡旺季带来的经营问题。相反在每年夏季,旅行社则开通海边沙滩直通车或包团游线路,以满足当地游客去海边度假的需要。又比如地处于南半球的澳大利亚、新西兰、斐济和汤加等国家的季节与中国恰好相反,旅行社就把气候条件作为旅游卖点,提前与航空公司、酒店、景点等谈判,策划出内容和价格都能为市场接受的线路产品,组织游客到澳大利亚等国"夏避暑、冬避寒",从而取到了较好的持续经营效果。

【案例分析】

春回西藏·花醉林芝2017粤港澳圆梦青藏桃花包列游

我国人民历年来都有春天踏青赏花的习俗。近年来西藏林芝市桃花节在政府和企业共同策划推动下,旅行社包专列组织游客去林芝观赏那大片绚丽的桃花,把自然与文化融为一体,打响了西藏淡季旅游品牌。

策划思路:利用西藏旅游季节的变化,以每年3月林芝桃花节为主要吸引物,以火车专列的交通方式,组织南方大批游客前往西藏赏花旅游。

旅游资源:3月西藏天气预报晴朗,高山地区或有下雪,早晚0 ℃左右,白天15～16 ℃。太阳辐射最强,春回大地。林芝有密密匝匝的野生桃花形成了一片片桃花云。拥有世界最先进的青藏铁路列车、世界文化遗产布达拉宫、天然氧吧卡定沟等。

线路名称:青藏铁路景观、西藏江南林芝、卡定沟、桃花村、尼洋阁、秀巴古堡、拉萨布达拉宫双卧10天专列游。

活动主题:坐上火车去拉萨,去林芝看雪域桃花。

精心策划:举行藏式欢迎仪式,访林芝桃花村,赏醉美雪域野生桃花,感受广东援藏23载成果;举行神山挂经幡祈福仪式;拜访藏族村寨,喝酥油茶。

行程安排:

第1—2天　广州火车站乘坐青藏列车

在广州火车站乘青藏旅游列车前往拉萨(约53小时)。途经广东—湖南—湖北—河南—陕西—甘肃—青海—西藏,沿途观赏祖国壮丽河山。

第3天　青藏铁路—拉萨(住拉萨)

于火车上沿途观赏青海湖、昆仑山景、长江源、可可西里、错那湖景、藏北羌塘大草原、世界上最长的高原冻土隧道——昆仑山隧道、世界上海拔最高的唐古拉火车站等。

第4天　拉萨—林芝(约420千米,车程约9小时,住林芝)

沿途欣赏拉萨河谷风光,翻越米拉山口(海拔5 013米)于山口欣赏壮丽的经幡,体验藏式祈福仪式,后游览卡定沟。

第5天　林芝(住林芝)

参观藏族村落桃花村,桃花从山坡绵延至村庄或青稞田。参观尼洋阁俯视林芝八一镇。

第 6 天　林芝—拉萨(住拉萨)

藏族村寨家访和秀巴古堡,乘汽车返回拉萨。

第 7 天　拉萨市内一天(住拉萨)

参观布达拉宫、藏医药文化博览中心和地矿博物馆或奇圣土特产店。

乘车前往扎基寺祈福,逛八角街,乘车返回酒店。

第 8—9 天　拉萨乘青藏铁路列车

上午自由活动,乘汽车前往拉萨火车站,搭乘青藏铁路列车返广州。

第 10 天　返程火车约下午 19:26 分抵达广州。

(西藏环球旅行社)

12.1.5　合理安排原则

旅游者对旅游线路选择的基本出发点,是以最少的旅游时间和旅游消费来获取最大的旅游有效信息量和旅游享受。因此旅游时间和空间要合理安排,旅游线路中应包含必要数量的、著名的、最有价值的旅游地,特别是自然环境和人文环境与客源地有较大差异的旅游地。[1]比如冬季组织南方游客到冰岛、芬兰、加拿大等国追逐北极光,在线路策划上就特别安排在可能看得到极光的地方如冰岛的维克小镇连住 3 个晚上,以求主要目标的实现。

旅游线路时间安排是否合理,要看主要内容所占时间是否恰当。行程安排有张有弛,主要景点停留时间长些,次要景点停留时间短些,最好有半天自由活动,让旅游者休息或自由发挥。对于老年团、单团人数多的大团,活动时间要预留足够的集合时间,安排景点不宜过密。将购物地安排在最末一站,既有利于旅游者大量采购特产,又没有中途携带不便的困难。

旅游空间移动一般有直线型、环形和放射型 3 种走法。[2]可根据地理位置、旅程长短、交通可行性和目的地精彩度和费用预算而做出选择,尽量避免走回头路。比如华东五市游线路有多种走法:杭州进上海出、杭州进南京出、无锡进杭州出等,主要看哪对进出点大交通价格和时间合理。另外,景点之间距离要适中,车程 2 小时内为宜,尽量避免车距过长等,最好每天有旅游亮点,这样游客才会越游越有兴致。如策划内蒙古旅游 4 日线路:第 1 天抵呼和浩特,市内游览;第 2 天草原;第 3 天沙漠;第 4 天回到呼和浩特游览加购物后返程。这条线路是环形设计,可以让南方游客在短短 4 天时间内,既体验到大草原的壮丽,又探索了大沙漠的神秘,而选择从同一个城市进出,往返机票便宜些。安排用餐也要多样化,标准菜单不要重复,一般还安排 1~2 次当地特色风味餐。

12.1.6　旅途安全原则

出门在外,安全第一。安全包括人身安全和财产安全。因而在旅游线路策划时,应遵循

① 吴国清.旅游线路设计[M].北京:旅游教育出版社,2006:10-12.

② 戴斌,杜江,乔花芳.旅行社管理:第三版[M].北京:高等教育出版社,2010:13-15.

"安全第一"的原则。[①]旅游安全涉及旅游目的地、旅行社、旅游饭店、旅游车船公司、旅游景点景区、旅游购物商店、旅游娱乐场所等。特点是涉及面广、综合性强,要层层抓好安全。策划线路时一方面要避免游客发生拥挤、碰撞而阻塞线路,甚至造成事故;[②]另一方面要避免气象、地质等非人为灾害的影响,选择安全可行的道路和旅游项目。对于特种旅游线路,如峡谷漂流、海滩游水、沙漠滑沙、骑马、滑翔、热气球等,要提前做好提示,关注天气预报,要有一套应急预案。出国旅游更要关注时事政治,不去尚未与我国建立外交关系的国家;对于不安全的国家,坚决停止或推迟出团。重大节假日如国庆、春节黄金周出外人多,更要关注各种风险的规避:一是与游客签署书面合同,行程变更时请书面确认,并对变更行程风险评估给予足够的书面安全警示。二是关注行程对游客身体健康的要求,并在行程中给予足够的重视。三是关注旅游目的地天气、客源预警、治安等变化,并给予足够的警示和防范。四是根据旅游行程安排,提醒游客购买保障全面的旅游意外险。五是关注出入境口岸和道路安全与出行时间的配置。六是提醒游客报名前选择正规旅行社和购买旅游意外保险。

12.2　旅游线路策划的主要内容

旅游线路有很多构成要素,从旅游供给角度来考虑,各旅游线路都是由旅游资源、旅游设施、旅游可进入性、旅游时间、旅游价格和旅游服务等要素所构成[③],它们就是旅游线路策划所要研究的主要内容。下面我们分别叙述之。

12.2.1　旅游资源

旅游资源指旅游地吸引旅游者的所有因素的总和,不仅涵盖旅游景点,还包括接待设施和优良的服务,甚至旅游交通条件也涵盖在内。

旅游资源是进行旅游线路策划的核心和物质基础,是旅游者选择和购买旅游线路的决定性因素,旅游资源的吸引力决定了旅游线路的主题和特色。旅游线路的策划必须最大限度地体现旅游资源的价值。

旅游资源的分类标准很多,如按资源特性作为分类标准,可以分为自然旅游资源和人文旅游资源。其存在形式,既可以表现为具体的实物形态,如自然景观、历史古迹,如名山、大海、沙漠、温泉、冰雪、故宫等;也可以表现为不具有物质形态的文化因素,如各地区节事活动、民风民俗、风情表演等。比如:贵州省旅游资源最经典组合是中国第一苗寨——西江苗寨风情和亚洲第一大瀑布——黄果树,桂林旅游资源是自然山水和壮族文化;上海旅游资源集中在外滩的大都市景观和海派文化;广州旅游则以城市旅游、商务会展为鲜明特色;南极

① 吴国清.旅游线路设计[M].北京:旅游教育出版社,2006:15.
② 戴斌,杜江,乔花芳.旅行社管理:第三版[M].北京:高等教育出版社,2010:17-18.
③ 王衍用,曹诗图.旅游策划理论与实务[M].北京:中国林业出版社,北京大学出版社,2008:13-16.

旅游资源除了冰河、冰川、岛屿外,还有南极"原住民":企鹅、信天翁、海燕、海豹、鲸等极地动物。

12.2.2　旅游设施

旅游设施是指完成旅游活动所必备的各种设施、设备和相关的物质条件的总称,是旅行社向旅游者提供旅游线路所凭借的服务性载体,旅游设施不是旅游者选择和购买旅游线路的决定因素,但它能影响旅游活动开展得顺利与否以及旅游服务质量的高低。[①]

旅游设施一般包括专门设施和基础设施两大类。专门设施是指旅游经营者专为旅游者提供服务的凭借物。通常包括住宿、餐饮、娱乐、购物、游览、活动设施等。基础设施是指旅游目的地建设的基础设施,主要包括道路、桥梁、供电、供热、供水、排污、消防、照明、通信、路标、停车场等,还包括旅游地在环境绿化、卫生等各方面的建设。比如有的古建筑群设立许多小摊档占道经营,环境脏、乱、差、停车难,这种地方是不合格的旅游设施。[②]

在旅游线路策划中必须充分考虑旅游者的客观条件与旅游过程中设施的数量、种类、质量、消费档次,以及空间布局的方便性等因素,使旅游者获得最佳旅游体验。

12.2.3　旅游可进入性

旅游可进入性是指旅游者进入旅游目的地的难易程度和时效性。旅游者是否能够按时顺利到达旅游目的地是构成旅游线路设计的重要因素。因此旅游可进入性是连接旅游者需求与各种具体旅游产品的纽带,是旅游线路实现其价值的前提条件,旅游可进入性的具体内容包括交通状况、通信条件、手续的繁简程度、旅游地的社会环境。比如:内蒙古额济纳旗秋季胡杨林十分壮美,但是交通和接待设施十分有限,所以是一条只适合策划少数游客前往的旅游线路。

外国签证的放开有利于旅游者的进出。例如,2016 年开始印度尼西亚(以下简称"印尼")有 6 个口岸对持有中国公民护照的游客实行免签证政策,于是我国出境旅游组团旅行社积极争取国内外航空公司加大飞往印尼的航班密度,并选择国内主要客源地,开通直飞巴厘岛、包机直飞美娜多等航线,策划不同档次消费的旅游线路,已经吸引成倍的中国游客前往。同样道理,韩国济州岛自 2016 年对我国游客实行免签证后,游客人数也增长了 6 倍!

12.2.4　旅游时间和旅游价格

旅游时间包括旅游线路总的旅游所需的时间以及整个旅游过程中的时间安排。因旅游客源地、旅游目的地、旅游者闲暇时间、旅游者出游目的、旅游季节等不同,旅游线路中的时间安排也不一样。从旅游经营者角度,考虑旅游时间与旅游消费的关系,旅游者逗留的时间越长,游客对目的地经济贡献也就越大。一般深度游或休闲游在某一地或某一个国家停留

[①] 黄安民. 旅游学概论[M]. 北京:清华大学出版社,2015:8-9.
[②] 戴斌,杜江,乔花芳. 旅行社管理:第三版[M]. 北京:高等教育出版社,2010:19-20.

时间较长,而常规观光游在某地或某国家时间可以安排短些。①

旅游价格(费用)是旅游者为满足其旅游活动的需求所购买的旅游产品的价值货币表现。它受到很多外在因素的影响,如旅游目的地整体生活水平、旅游季节淡旺供求关系、市场竞争价格、旅游人数和天数、汇率变动等因素,都会对旅游价格产生一定的影响。②比如同样天数的旅游线路,日本旅游价格就比韩国旅游价格高,这是因为日本的生活水平较韩国的高。一般旅游线路价格主要由旅游交通价格、旅游饭店价格、旅游景区景点门票价格、旅行社价格、旅游保险价格、旅游商品价格等相关价格要素构成,出境旅游还有签证费用、小费等。其中旅游交通价格占旅游价格比重较大。

12.2.5　旅游服务

旅游服务是旅游经营者向旅游者提供劳务的过程,旅游服务质量直接影响旅游线路的质量。司机、导游、服务员等提供专业的旅游服务水平,让游客在陌生的环境中尽快寻找到梦想中的美景,因而旅游服务是旅游线路策划的核心内容,旅游服务的存在与旅游线路策划的实现密切相关。

旅游保险能为出行提供安全赔付保障,降低旅途发生意外而造成的经济损失。旅行社责任保险是必须每年购买的。旅游意外保险和航空保险等是游客自愿购买。

12.3　旅游线路策划的流程和技术

旅行社对一条主题型线路的策划一般需要提前半年至一年时间,季节型线路的策划则需要提前3个月时间。策划旅游线路工作流程大致如下:

首先,选定一个主题或者先选定一个或多个旅游目的地。

其次,根据主题找相关的旅游元素(包括景点、活动设置、交通、住宿、用餐等元素)。

再次,根据费用预算进行内容提炼。包括把每天相关元素进行诠释、选择。比如夏令营主题产品,就需要把每天的主题以及相关教育内涵进行提炼,并进行成本核算,定价格。

最后,进行相应的产品排版、包装及推广检验。

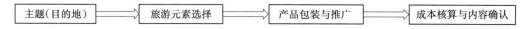

图 12.1　旅游线路策划的流程

旅行社对现实客源、需求市场和目的地景区(点)的特点调查是旅行社策划旅游线路的前提。下面我们分别谈谈旅游线路策划的流程和技术的一些操作细节。

---

① 李锋,李萌.旅游策划理论与实务[M].北京:北京大学出版社,2013:3-7.

② 吴国清.旅游线路设计[M].北京:旅游教育出版社,2006:20-21.

12.3.1 寻找卖点是旅游线路策划流程的关键

在一定的时期内,一个地区的旅游资源、旅游服务设施和其他客观条件是相对稳定的,关键是旅行社如何根据市场需求,经过科学的分析和巧妙的构思,策划出吸引旅游者的产品,引领消费潮流。

首先,广泛的市场调查是旅行社拟订与选择旅游线路策划方案的依据。[①]旅行社可以从政策导向、市场大数据、旅游者和从业者的反馈、统计资料等材料中获取有关的信息,甚至可以亲自前往旅游目的地"踩线",从旅游需求市场、旅游供给市场、旅游竞争市场三个相互依存的市场出发,通过对获得信息的分析、研究,从中激发新线路、新产品策划的创意,保证旅行社策划的产品贴近市场接地气,符合市场需求而能产生经济效益的前提。[②]

其次,旅游线路策划方案的拟订可帮助旅行社形成线路、产品的构思,只有具备创造性的构思才能拟订出具有竞争力的旅游线路策划方案。确定线路名称,突出创意性思维和特色亮点,吸引消费者眼球。然后旅行社对策划方案进行筛选:确定合理价格、选择合适的交通工具、适当安排住宿、购物和娱乐活动以及配备合适的导游等几个方面。[③]

12.3.2 根据主题查找、采购相关的旅游元素

1)旅游目的地的选择

前期市场调查包括主要旅游资源的类型、级别、主要游览景区特色等。选择旅游目的地主要条件是:符合旅游时尚、拥有交通便利、能够容纳大型旅游团体且种类与价格各异的酒店餐厅、政治环境安全、气候景色宜人或差异性较大等。一般飞机或高铁、高速公路、邮轮等主要交通的开通、世界遗产地、国家 5A 级景区、国家新开放的中国公民旅游目的地是旅游目的地的首选。比如:柬埔寨吴哥窟是世界文化遗产地,它的知名度比柬埔寨首都——金边大,线路策划有两种:金边吴哥联游、吴哥一地游。由于金边到吴哥之间公路交通状况较差,所以吴哥一地双飞四天的线路受到游客欢迎。又比如国外一些海岛如印尼美娜多是世界十大潜水胜地之一,旅行社就选择美娜多为新旅游目的地,策划美娜多包机旅游。

品牌景点对旅游景区能够起到画龙点睛的作用,形成景区主题,提高景区品位,突出景区亮点,吸引游客观赏。[④]比如湖南张家界景区因张家界大峡谷内的世界最长玻璃桥开通,而再度吸引游客前往挑战一番。品牌景点的牌子叫响,其他景点紧连在一起,使得湖南张家界再度成为旅游热门目的地。

2)交通工具的选择

调查前往旅游目的地有什么便利的大交通,即乘飞机还是搭火车、邮轮,飞机航班排期

---

① 黄安民.旅游学概论[M].北京:清华大学出版社,2015:22-25.

② 吴国清.旅游线路设计[M].北京:旅游教育出版社,2006:20-25.

③ 王衍用,曹诗图.旅游策划理论与实务[M].北京:中国林业出版社,北京大学出版社,2008:23-26.

④ 陈嘉隆,张凌云.台湾地区旅行社的经营与管理[M].北京:旅游教育出版社,2009:23-27.

密度和票价,航空公司的信誉,火车有无高铁或动车,时间和票价如何,邮轮级别与舒适度如何等。一般说来,距离在500公里以内,选择汽车或火车,500~1 000公里,选择火车、飞机或轮船,大于1 000公里,选择飞机或轮船。①

下面讲讲目前几个主要的航空公司、高铁、邮轮基本情况及采购方法:

(1)航空公司

航空公司是指以各种航空飞行器为运输工具,以空中运输的方式运载人员或货物的企业。我国有十大航空公司:国际航空、南方航空、东方航空、海南航空、深圳航空、厦门航空、国泰航空、港龙航空、长荣航空、台湾中华航空。国际航空公司有许多线路,其线路特点及组合方法也较多样,比如去欧洲有法国航空AF,其航空枢纽为巴黎戴高乐机场、奥利机场(国内航线);从巴黎航空枢纽出发,又可以飞往世界各地。又如荷兰航空KL,其航空枢纽为阿姆斯特丹。以阿姆斯特丹这个航空枢纽出发,飞往世界各地。旅行社或者票务公司往往采取切机位即整年度或半年内买断某航空公司的某航线某时段一定数量的往返机位,这种有限的计划位卖完之后,就申请零售机位,其价格比计划位要高。对于热门旅游目的地的旺季或者单团人数超100位的大团,可以与信誉良好的航空公司洽谈包机业务。这样做的好处是保障大交通且机票价格优惠,但是也存在风险,即收客不满时或有些航空公司因内部矛盾而突然停飞时,就造成游客和旅行社较大损失。

(2)高铁动车

到2015年底中国高铁运营总里程将突破1.8万千米,居世界第一,暂时仅宁夏、西藏无高铁,足迹遍布大半个中国。随着高铁的发展,区域内的空间距离和时间距离将被缩短,短线旅游路线将成为主要线路。比如贵广动车开通后贵阳至广州的列车运行时间缩至5个多小时。旅行社策划多条相关短线旅游线路,以招来不同层次旅游者,使得到访贵州的游客人次增长70%。另外自助游、周末游的游客数量也大幅增加,这就需要旅行社及时做出相应调整。吃、住、行、游、购、娱包销售的传统旅游产品不能适应所有游客的需要,为抓住旅游市场,旅行社已经将传统产品拆零散卖,方便游客单独购买其中的一个项目,如预订酒店。旅行社或者票务公司往往也采取切位或留位高铁票、甚至包专列的做法。包专列计划一般需要提前半年申请,比如黄山旅游专列等。

(3)邮轮

邮轮原是指海洋上定线、定期航行的大型客运轮船(shipping-liner),有配备齐全的生活、娱乐、休闲与度假的各类设施。本质上,邮轮是一种"漂浮的酒店",是漂浮在海面上的"超五星级宾馆"。世界邮轮产业竞争依然处在寡头竞争阶段。最著名的三大邮轮公司为嘉年华(Carnival)邮轮公司、皇家加勒比(Royal Caribbean)邮轮公司以及丽星/挪威(Star/NCL)邮轮集团,占世界邮轮产业80%的市场份额。从消费市场来看,北美是最大的邮轮市场,最著名的旅游目的地是加勒比、地中海和阿拉斯加等。中国大陆(不包括港、澳、台地区)已建成上海国际客运中心、厦门海峡邮轮中心、三亚凤凰岛国际客运中心3个设施较为齐全的邮

① 吕宁.中国旅行社业市场开放研究——从专营市场到完全竞争市场[M].北京:中国经济出版社,2012.

轮港口。天津、大连、海口、广州、深圳、珠海、宁波、秦皇岛、青岛等沿江城市也陆续开通国际邮轮旅游业务。选择乘坐大型国际邮轮出境休闲观光旅游已经成为一种时尚。比如歌诗达邮轮"维多利亚号"已经开通广州南沙至日本冲绳和八重山诸岛 6 天旅游线路。旅行社或者票务公司往往采取代理船位或包邮轮的做法。比如广东某旅行社为接待某公司 4 000 多人到国外进行奖励旅游,而包下了整个邮轮的船位。

(4)当地用车

旅游大巴和中巴必须具备交通管理部门批准的旅游包车营运牌照,否则被视为"黑车",是违法用车。旅行社将根据团队人数安排 4～55 座旅游车,保证每人 1 正座,乘坐率 80%～90%。一般车辆安排要求:4 人→5 座车,5～6 人→7～11 座车,7～10 人→12～15 座车,11～15 人→15～19 座车, 16～19 人→20 座车,20～28 人→30 座车,29～40 人→42 座车以上车型等。特殊要求还有行李车。对于因山路较多且地理环境较特殊的线路,只适用底盘较高的国产旅游车。国内大型旅行社或汽车公司拥有旅游大巴和中巴,但是国外旅行社一般没有自己的车队,要向汽车公司租用,比如泰国旅游大巴全部由旅游购物商店所有,泰国旅行社要向商店租用旅游大巴,客人要进商店才会有大巴来接迎,这就是为什么泰国旅游要进购物店的缘由。对于小包团泰国旅游可以避免类似问题,但是费用要提高许多。另外还有自行车、摩托车等。

3)统筹分配时间

时间统筹分配是否合理是旅行社衡量旅游线路质量高低的重要指标之一。旅游线路的时间分配主要包括三个方面的内容:一是旅游线路中各个景区(点)的时间分配。可以根据旅游者景点自身的构景特征、观赏时间不同,以及旅游者人体生物节律性等来设计出各具特色的旅游线路。二是景区(点)间交通方式的衔接。在旅游线路设计中要有效地发挥各种交通工具的特长,以及交通工具本身所具有的游览性,尽量做到"游览长,路途短,行游结合"。三是合理分配游览、娱乐、购物等活动的时间。旅行社可以根据旅游线路的具体情况和旅游者的要求合理安排,各类活动所占时间要恰到好处,切忌比例失调。四是还要注意使整个旅游活动的节奏适宜,有紧有松。游览的节奏太松,游客觉得时间没有充分利用而不满意;节奏太紧,则不仅产生审美疲劳导致游览效果不佳,且容易出现各种事故。要为导游执行旅行社的安排留有余地,允许导游根据某些特殊情况,如堵车、修路等,在征得旅游者同意的前提下适当调整时间。[①]

4)景区(点)游览顺序安排

同样的景区(点),由于串联组合的方式不同,在风格、质量、品位等方面各有差异,最后给游客形成的游览感是大相径庭的。首先,不同的串联方式,由此便会组成不同的游览路线。即使旅游区内的所有景点正好排列成一个环形游路,也还存在着对此环线是采取顺时

---

① 吴国清.旅游线路设计[M].北京:旅游教育出版社,2006:27-30.

针游,还是逆时针游的不同旅游方式。旅行社在策划旅游线路时,可以把质量、品位高的景区(点)和相对差的景区(点)间隔搭配、串联组合。这样会持续刺激旅游者的游兴,使旅游者形成对旅游线路的良好印象。其次,发挥一条游线上的若干旅游点各有其不同的旅游功能,而每个旅游点的旅游功能又各有其不同的最佳发挥时间。比如温泉的主要旅游功能是让旅游者放松身心,应当尽量安排游客在晚上和早上为妥。而登山等类参与性的活动,由于其运动量大,游客自身产热耗能多,则最好安排在上午进行。再次,朝霞夕晖的借重。我们在游览路线的策划上,在可能的情况下,应尽量安排早晨向东方出发,或傍晚向西边行进靠站。这样就为游客提供和创造了在湖边、平原、丘陵、山区等空间广阔的自然环境中,欣赏朝阳初升或夕日晚霞的机会。①

5)住宿与餐饮安排

住宿与餐饮安排是否合理,关系整个旅游活动能否顺利完成;关系旅游者的旅游效果以及对旅游线路质量高低的评价。旅行社安排住宿与餐饮一是要以旅游者的经济条件和消费水平为依据,划分不同档次;二是要选择地理位置优,信誉好,卫生、安全、舒适,价格多样的酒店,在一条旅游线路上应符合"越来越好"的趋向;三是所选择的用餐点要干净、卫生,有特色,能充分体现当地特色。此外旅行社还应考虑一些能够体现当地特色的自费餐饮项目,供旅游者选择。②

(1)关于旅游路线策划中旅游酒店的选择

国内酒店按国家旅游局统一评定标准有挂牌白金五星级、五星级、四星级、三星级、二星级、一星级,还有不挂星级的,但装修设施按相应星级标准打造的。国外许多国家的酒店是不挂星级的,但可以按国际五星、当地五星等词来区分级别。这里我们列举目前一些知名酒店信息供大家悉知。

国际高端酒店品牌分别是:喜来登、香格里拉、希尔顿、威斯汀、万豪、洲际、四季、瑞吉、艾美、皇冠假日。

国内高端酒店品牌分别是:锦江、开元、海航、华天、建国、世纪金源、桔子水晶、绿地、开元名都、碧桂园、华侨城。

精品酒店品牌分别是:悦榕庄、裸心、英迪格、书香府邸、安缦、安达仕、花间堂、涵碧楼、URC、帐篷客。

全服务中档酒店品牌分别是:假日、豪生、诺富特、维景、华美达、最佳西方、福朋喜来登、粤海、万怡、戴斯。

有限服务中档酒店品牌分别是:维也纳、全季、书香世家、雅乐轩、智选假日、锦江都城、和颐、星程、美豪、麗枫。

经济型酒店品牌分别是:7天、如家、汉庭、锦江之星、格林豪泰、布丁、速8、莫泰、宜必思、五彩今天。

---

① 管宁生.关于游线设计若干问题的研究[J].旅游学刊,1999,(3):32-35.
② 戴斌,杜江,乔花芳.旅行社管理:第三版[M].北京:高等教育出版社,2010:25-30.

近年来也有旅行者寻找另一种最新时尚的居住方式,比如度假别墅、房车、野外帐篷、草原蒙古包、傣族竹楼、树上木屋等。地方政府也正在推进具有地方特色的民宿建设,如浙江莫干山民宿、武夷山民宿等。

(2)关于旅游路线策划中旅游餐饮的选择

美食是人们所喜爱的,也可以使一个地区声名远播。旅游餐饮是指在旅游活动中主要满足旅游者需求的餐饮服务。旅游酒店主要经营中餐、西餐、中西自助餐,或其他如日餐、法餐、韩餐、印尼餐等正餐餐厅,也包括地方风味小吃等特殊餐饮,后者一般集中在旅游地的美食街、风味小吃一条街等社会公共场所。策划线路时在就餐方便的地方或者在旅途中可以让游客自理用餐。

中国与法国、土耳其烹饪并称为世界三大烹饪体系。中国最具影响和代表性的是八大菜系,即湘菜、粤菜、闽菜、川菜、鲁菜、徽菜、浙菜、淮扬菜(有关细节请见表 12.1)。

表 12.1　中国八大菜系简表[①]

菜系名	来源地	代表菜	口　味
湘菜	湘江流域、湘西、洞庭湖	麻辣仔鸡、红煨鱼	咸、辣、酸
粤菜	广州、潮州、东江	烤乳猪、盐水鸭	鲜嫩、爽滑、脆
闽菜	福州、泉州、厦门	佛跳墙、醉糟鸡、酸辣烂鱿鱼	原汁原味
川菜	重庆、成都、自贡	回锅肉、宫保鸡丁、麻婆豆腐	麻、辣
鲁菜	济南、胶东地区	九转大肠、德州扒鸡	咸、香
徽菜	沿江、沿淮、皖南三地区	符离集烧鸡、雪冬烧山鸡、毛峰熏	味道醇厚
浙菜	杭州、宁波、绍兴、温州	叫花鸡、东坡肉、西湖醋鱼	清、香、鲜
淮扬菜	苏州、扬州、南京、镇江	盐水鸭、松鼠鳜鱼、清炖甲鱼	浓而不腻、咸中带甜

餐饮方面除了八大菜系外,还有风味小吃。风味小吃则主要分为南北两大体系。区分南北的主要根据在于主食,南方的主食为米,北方的主食为面。即用米和面做出来的各种点心和小吃,种类诸多。[②]比如宁夏回族风味羊杂碎、山西的刀削面、甘肃兰州的牛肉拉面、武汉的热干面、广州的生滚粥、昆明的过桥米线、四川的担担面、天津的狗不理包子、上海南翔小笼包、青藏的酥油茶等。

开发利用本地特色餐饮系列是旅游线路策划的主要内容之一。根据旅游线路的消费层次,一般会选择社会餐厅或星级宾馆餐厅。对旅游餐厅的基本要求是干净、卫生、安全、出品味道正、就餐位置容量较大、价格优惠,具备干净的卫生间和较大的停车场。根据用餐费用的不同,分为标准团餐、风味团餐、点心餐等。国内旅游标准团餐一般为八菜一汤,出境旅游则为六菜一汤。

---

①② 戴斌,杜江,乔花芳.旅行社管理:第三版[M].北京:高等教育出版社,2010:31-38,40-41.

6）购物和娱乐的安排

购物和娱乐活动是一个完整的旅游过程所不可缺少的重要环节。购物和娱乐活动能圆满实现，不仅能为旅游目的地起到宣传的作用，也能让旅游者获得心理上全面的满足。比如：云南的《云南映象》、桂林的《印象·刘三姐》、贵州的《多彩贵州风》并称为"西南三部曲"，以新颖的形式呈现既有深厚文化底蕴，又有超强视觉冲击力的视听盛宴，令人久久难忘。

购物和娱乐虽然是旅游过程的重要环节，但一定要掌握原则。首先，按照《旅游法》在安排购物娱乐活动之前，应先征得游客的书面同意。因为购物娱乐活动虽然也属于六大要素之一，但并不是每个游客都必须接受的活动。其次，旅行社安排的购物娱乐活动一定要注意保障旅游者的生命和财产安全，应注意将线路上旅游商品最丰盛、购物环境最理想的场地，尽量安排在游线所串联的较后面的景点餐厅里面或附近，物品最好是土特产。这是因为在旅游活动即将结束之前，游客想给亲朋好友带些手信，因此购物欲望是最强烈的。但是对于主要目的是去欧洲、美国等国或前往中国香港地区购物的客人，则安排在免税商店逗留较长时间。合理安排购物和娱乐活动，能让旅游者获得最大的满足。

为了更好地理解旅游路线策划中购物和娱乐的安排，下面我们看一个案例。

【案例分析】

购物线路策划案例

针对家庭主妇有足够时间又想到农村走走，购买新鲜土特产的需求，旅行社可以结合农村资源策划观光购物游线路，比如连山金子山天梯、农产品批发市场、菜心王基地、瑶族晚会两天游线路。

行程特色：参观广东连山天梯飞雪凝霜，君临一览众山小；感受粤北地区最大的年货集散批发基地，重温旧时采购年货情景；参观连州菜心王蔬菜基地，赠送3斤连州菜心。

第一天：前往粤北明珠——清远市竹荟生态馆，展示高新科技农业产品，有竹炭制成品、竹纤维产品、芦荟制成品等。前往天鹿园养生园，各种鹿制品如鹿茸，可以同梅花鹿亲密接触。午餐为东山羊肚鸡煲。下午前往连州菜心王基地。连州秋冬季节昼夜温差大，种植出来的菜心具有香甜、细嫩、爽口、汁多特点。再前往连州农贸产品批发市场，自由活动。晚餐自费品尝连州菜心、腊味、星洲米粉、山坑螺、粉角等美食。晚上安排独具特色的瑶族篝火晚会，以篝火的形式展示瑶族风俗和民间歌舞艺术，并与当地人一起同歌共舞。住：连州或连南三星标准或同级。

第二天：前往连山县国家3A级景区金子山原生态景区，登金子山，尽览粤湘桂三省区边城风光。500米天梯陡坡直通山顶，坡度约有80°，几乎是垂直挂在悬崖绝壁上。午餐为瑶族客家及第大盘菜宴。下午前往清远同仁堂，店里设有观光讲解厅，可以让游客从视觉和听觉上了解到一些基本药品的特性和功用，是一间集观光、购物于一体的旅游地。送团。

（中国国旅广东清远旅行社）

7）提供旅游服务

主要以前期销售和代办签证服务、旅行中导游领队服务、行程结束后服务质量跟踪。旅游服务的好坏，直接影响旅游线路的质量和旅游活动的效果，具体是各类信息要对称。即广告宣传与实际操作之间、销售人员与计调人员之间、导游人员或签证人员与游客之间、导游人员与司机之间、旅游项目与旅行社之间、地接社与组团社之间等的信息是否一致。[①]

导游人员是团队旅游线路执行者，是团队旅游过程的灵魂。认真负责，耐心热情，较好的讲解能力、协调能力，是一个称职导游人员应具备的基本素质，但具备了这些素质也不一定讨客人喜欢，让客人满意。所以旅行社在给游客配备导游时，应综合考虑导游人员带团特长，如有的导游擅长带公务政务团、有的导游擅长带学生团、有的导游擅长带普通常规团等，在电子导游证上有标注。配备与游客需要相应的导游人员，是旅行社计调人员应该注意的细节。出境领队也要掌握目的地语言。另外，国家规定 15 人以上出境旅游团，组团社一定要派出一位领队，而小包团可以不配领队，在当地配备司机兼导游。

12.3.3 制订合理价格

旅游线路价格一般有全包价、半包价、自助游套票三种方式，也可以应消费者要求进行分项报价，但要看市场。旅游线路宜采用以需求为中心的定价策略。[②]

旅游价格具有综合性、季节性、垄断性的特点。旅游价格的综合性是由旅游产品的综合性决定的。旅游产品的综合性一方面体现在它是由多种旅游资源包括自然、历史、人文、地理等资源，设施与服务构成；另一方面也是由于旅游产品的供给又是由众多部门和行业组成，因此，旅游价格必然涉及以上众多内容，既有交通运输费、餐饮费，又有旅游景点费及各类服务费等，综合性特点突出。旅游产品的高度可替代性使得旅游需求具有较高的价格弹性。这就决定旅游价格要随着旅游市场的季节而调整，实行季节差价。在旅游旺季，可适当提高旅游价格，在旅游淡季，则可适当降低价格以吸引那些注重价格者。此外，旅游者常有针对性地选择一些具有独特自然景观、历史遗迹和民俗文化的旅游目的地。这些旅游产品的价值量与投入劳动量的大小无关，但正是因为其独特才成为吸引游客的资本，因而也就成为旅游企业制订垄断价格的依据。[③]比如天宁塞班线由天宁皇朝公司独家经营航空和酒店，其价格具有垄断性。

旅游市场价格的运作机制主要从价格目标、策略和市场条件三方面考虑。旅行社产品即旅游线路定价策略应以成本和需求为中心，采用理解价值定价法和区别定价法。理解价值定价法是指完全不考虑旅游线路成本，而是根据游客对旅游线路价值的认知来确定其价

① 吕宁.中国旅行社业市场开放研究——从专营市场到完全竞争市场[M].北京：中国经济出版社,2012：16-18.
② 郑双庆.香港旅行社管理与运作[M].北京：旅游教育出版社,2001：20-25.
③ 黄安民.旅游学概论[M].北京：清华大学出版社,2015：35-40.

格。区别定价法是指根据旅游者的需求程度和对旅游线路价值的认识,对同一旅游线路制订出两种或两种以上的价格。比如可对散客和团队客人制订不同的价格、不同季节、时间实行差别定价,不同的服务提供差别定价。比如策划旅游特价线路时,可以不包部分景点门票、部分用餐等,以达到降低直观销售价从而吸引游客的目的。①(详情见附录 1 的旅游线路报价单)。

12.3.4 线路包装与宣传推广

将策划线路中的亮点突出,利用简短文字和亮丽图片,制作成微信版广告,在朋友圈中传播,或者利用传统新闻媒体在客源地主流媒体、灯箱广告、旅行社门店、旅游展销会等渠道进行宣传收客,还可以举办新产品说明会进行推介(详情见附录 2 的旅游线路评估表)。以兴起的微信宣传推广为例加以说明。微信是什么?一个特别的信息载体,有着自己的独特性。微信的基因是社交,微信的优势是互动(腾讯公司《微信力量》)。连接力从哪里来?这种新兴的力量可以称为"连接力",能串联所有节点,将一个个孤悬的岛屿编织成彼此互通的立体网络(腾讯公司董事会主席兼首席执行官马化腾)。旅游线路的微信宣传是利用图片"说话"、图文并茂,传递快乐,传递美景,乐于贡献价值,以达到宣传品牌、共享产品、粉丝报名旅游的目的。怎样做到与微信粉丝互动?发挥自媒体快速的优势,即将策划线路、软文或公司重大活动及时做成微信上传,内容要求积极向上传递正能量,还可以把销售人员有温度且真实的生活适当上传,让潜在客户对销售人员熟悉,对旅行社熟悉,从而增加客户报名率。微信效果怎样最大化?把握发布微信黄金时间段,留意点赞和评论,提醒重要客户查看,经理做标杆,高效率来于复制。

12.3.5 产品检验与质量反馈

首发团是产品口碑传播器,应该给予足够的重视。策划线路人员最好跟着首发团踩线,在实际操作中发现细节问题,及时修正,并为下一批团队的操作提供第一手目的地资料。旅游产品和一般商品不同,在旅游者消费之前,无法预知其效用,也不可能有"退货"的机会,旅游者必须亲自参与消费,至于一次旅游经历究竟给旅游者带来了多大的效用,多大的满足,只有等整个旅游过程结束后,才能得出答案。②

旅游效用只是一种主观心理评价,旅游者之间的差异会导致不一样甚至相反的评价结果。为了使这种主观心理评价客观化,旅行社可以列出一系列旅游者满意度指标,采取对每个团队都进行问卷调查或访谈的形式,在散团前请游客填意见反馈表(见附录 3 团队质量意见表),得到相对客观的结果,从而为以后的旅游线路策划提供科学依据,不断完善旅游线路③。

---

① 吴国清.旅游线路设计[M].北京:旅游教育出版社,2006:41-45.

② 龚军姣.旅游线路设计研究[D].长沙:湖南师范大学,2005:26.

③ 吕宁.中国旅行社业市场开放研究——从专营市场到完全竞争市场[M].北京:中国经济出版社,2012:30-38.

【案例分析】

杭州修学游线路

政策背景：中小学生研学旅行是由教育部门和学校有计划地组织安排，通过集体旅行、集中食宿方式开展的研究性学习和旅行体验相结合的校外教育活动，是学校教育和校外教育衔接的创新形式，是教育教学的重要内容，是综合实践育人的有效途径。开展研学旅行，有利于促进学生培育和践行社会主义核心价值观，激发学生对党、对国家、对人民的热爱之情；有利于推动全面实施素质教育，创新人才培养模式，引导学生主动适应社会，促进书本知识和生活经验的深度融合；有利于加快提高人民生活质量，满足学生日益增长的旅游需求，从小培养学生文明旅游意识，养成文明旅游行为习惯。（2016 年 11 月 30 日，教育部、国家发展改革委等 11 部门印发《关于推进中小学生研学旅行的意见》）

线路名称：西湖论剑　杭州六日修学游

穿越宋城、品双世遗、励志浙大、品读国学、未来科技、机器人拼装大赛

产品理念：以杭州的历史轨迹为时间线索，以杭州著名景点为依托，以人文科技为内涵，培养学生爱学习、懂科技、勤动手、善表达等核心素养；策划机器人拼装大赛和演讲比赛。

线路行程：

第 1 天　学生报到，专人专车迎接，举行开营仪式。参观宋城景区并观赏《宋城千古情》。

亮点：标准规范的开营仪式，实现自我管理的启发；身临其境了解宋文化。

第 2 天　探觅世遗，岳王庙，钱塘江，京杭大运河。

游览世界文化遗产地西湖景区，爱国主义教育基地岳王庙，世界文化遗产地京杭大运河，制作手工艺画脸谱或画团扇或做纽扣，刀剪剑博物馆。

亮点：深品杭州"一条江、一面湖、一条河"，不同维度了解杭州。

第 3 天　寻访名人，品读国学，绍兴鲁迅故居。

体验身着传统服装，在鲁迅故居学习国学，游览百草园、三味书屋，周恩来纪念馆。

第 4 天　浙江省科技馆，梦想小镇，机器人拼装大赛，培养科技兴趣、动手能力。

第 5 天　筑梦浙大，励志人生，演讲比赛。

由各小组派出代表以见闻与感受为主要内容，进行演讲、评比、总结、颁奖。

亮点：参观百年浙大，筑梦励志，体验浙大食堂，感受大学生活；自导自演，培养表达能力。

第 6 天　送团。

（杭州远景旅行社）

12.4　大尺度旅游线路策划和案例

一般来说,旅游线路距离大于 1 000 千米被划分为大尺度旅游线路,如国内跨省游、出境旅游都属于这类型。目的地知名度和吸引力是策划源泉,可进入性如签证、大交通是策划关键。

12.4.1　旅行社要与外国领事馆建立良好的合作关系,熟悉各个国家领事馆签证所需资料和办理签证的流程

客人签证资料必须真实,签证结果由领馆决定,如果拒签,签证费用不予退还;如果要收押金的签证,要事先告知客人。一旦发生客人在外国非法滞留不归,旅行社将受到领事馆经济处罚并停止 3 个月至半年的签证业务。

12.4.2　大交通以飞机、火车、国际邮轮为主

线路时间以 5 天至半个月甚至 3 个多月的环球旅游,费用在几千元至几十万元人民币不等,其中大交通费用占 60% 以上。为了提高可进入性,旅行社往往先集中采购关键的旅游要素,如采取控制大交通即向航空公司买断全年某时段部分机位的做法,再分销给零售旅行社。同样道理,旅行社也可以向当地酒店包销房间晚数,再分销给零售旅行社。比如冬季马尔代夫、春季日本樱花节、秋季内蒙古额济纳旗等住房资源紧缺时,旅行社看准后就投入资金先买下一些房源,再策划旅游专线,批发给零售商,定额收散客,即散拼团。比如市面上销售的美国常规游、欧洲常规游线路等。另外个性化小包团(10 人以下独立成团)则要量身定做,先策划后采购,流程与技巧是:

一是首先了解客人要什么旅游目的地,比如欧洲分东、南、西、北欧等有不同的旅游线路。明确小包团是安排司机兼导游的。

二是了解客人有什么特殊要求,例如景点要哪些,要住什么类型的酒店,要乘坐什么航空公司的飞机,要特殊线路还是常规线路。

三是尽快交资料给领事馆办签证,查飞机情况,同时尽量把行程做出特色。

四是做出一份报价给客人,跟踪反馈,如果客人在别处可以做到较低价格,那就尽量多找几家地接社核算价格,看下怎么调整,其中机票和酒店的文章很大,最终做到客人和旅行社都能接受的价格。

五是如果有超过成本的要求,如自费项目就事先同客人说明实情。

【案例分析】

追寻北极光冰岛荷兰之旅 14 天

策划师寄语:冬季能遇见天空绿光就会给人生带来好运——极光的魅力!从远古的北

欧神话一直延续到今日。近年太阳活动较活跃,带来了高频率的极光爆发。地处北极圈的北欧、北美地区特别是冰岛是观赏极光的胜地——冰岛维克小镇,待上几天"等运到",小木屋、铁皮屋等住满世界各地前来猎奇的游客。旅行社推出的极光团全程都有专人包办,游客省心又省时。

专属定制:6 位游客小包团,根据客人要求冰岛段旅游全包,荷兰段只包机票和酒店。配备当地专属旅游用车,当地专属司机兼导游;飞机四程,选择航空公司、时间、价格,即定即买;行程和接待标准根据客人的实际需求设计定制,游览时间灵活机动,先看极光,再休闲游即先冰岛 8 天,后荷兰 4 天,飞机上 2 天,共 14 天。

参考价格:每位游客人民币 3 万 ~ 4 万元(春节期间)

行程:

第 1 天　香港—阿姆斯特丹

第 2 天　阿姆斯特丹—雷克雅未克。下午在蓝湖泡个温泉放松一下

第 3 天　雷克雅未克—黄金圈—维克小镇

游览火山口、盖锡尔间歇喷泉、黄金瀑布、议会旧址、辛格韦德利国家公园、丝浮拉大裂缝。

第 4 天　维克小镇——观看极光最佳点

塞里雅兰瀑布、森林瀑布、黑沙滩

第 5 天　维克小镇—杰古沙龙湖—瓦特纳冰川—维克小镇

上午驱车(200 千米)2.5 小时前往冰河湖,主题活动是破冰船游湖,坐上水陆双栖破冰船,像火星探索号一样,向着浮冰之湖进击!如果天气好,还可以看到上岸晒太阳的小海豹。

下午游览瓦特纳冰川-斯卡夫塔山自然保护区,主题活动:冰洞探秘,冰与火如何共存。

第 6 天　维克小镇—索尔黑马冰川—霍夫

主题体验:一路向西,驶向陆地尽头,感受冰岛 1 号环岛公路的美!当地餐厅用午餐,下午索尔黑马冰川,主题活动:冰川摩托是冰岛最有特色的挑战项目,面对凹凸不平的雪地和阻力,需要全身的协调与技巧才能适应。后前往雷克雅未克,晚餐后入住酒店。

第 7 天　霍夫—雷克雅未克

主题体验:乘观鲸游轮,看到巨大黑肤的鲸鱼向高空喷出水柱,破水而出,几次起伏带起巨大的浪花,最后一次高高跃起。

第 8 天　雷克雅未克一日游

极地音乐会、哈尔格林姆斯教堂、冰岛国家博物馆、市政厅、特约宁湖。午餐:龙虾餐厅。下午哈帕音乐厅和会议中心、太阳航海者、珍珠楼。

第 9 天　雷克雅未克—阿姆斯特丹

早餐后前往机场,飞往阿姆斯特丹,自由活动。

第 10 ~ 12 天　阿姆斯特丹。自由活动

第 13 ~ 14 天　阿姆斯特丹—香港,结束愉快行程

(广东省中国青年旅行社)

12.5　中小尺度旅游线路策划和案例

12.5.1　中尺度旅游线路策划及案例

一般来说,旅游线路距离小于 1 000 千米但大于 500 千米的被划分为中尺度旅游线路。[①]比如邻省旅游,大交通有多种选择:高铁、动车、飞机、自驾车。线路时间以 3 ~ 5 天、标准团费用在人民币 1 000 元左右为宜。以湖南崀山旅游线路策划案例加以说明。

【案例分析】

案例 1　湖南崀山旅游线路策划

崀山旅游资源,位于湖南省新宁县境内。南与桂林相连,北与张家界呼应,是国内最为典型的丹霞地貌风景区,2009 年入选世界自然遗产地,国家重点风景名胜区,国家地质公园,总面积 108 平方千米,境内国道、省道贯通,交通便利,服务设施齐全,是观光休闲、避暑度假、科学考察的理想去处。

大交通:广州南—桂林北动车

崀山景点:天一巷、辣椒峰、夫夷江、八角寨、紫霞峒、天生桥六大景区

策划与实施:由于政府大力宣传,民众积极参与,旅行社及时介入,加之近两年广桂动车的开通,使旅游人数逐年增加:2015 年全年人数较 2014 年增长 51%,2016 年较 2015 年增长 65%。为了能更好地打造崀山专线的品牌,2017 年一级代理旅行社又推出私人定制包团 2 天、3 天、4 天专列大活动和广西联游等计划,如果兴资高速公路开通,届时车程约缩短一半。

案例 2　玩转两省——丹霞崀山、名镇兴安水街双动车 3 天休闲游

策划亮点:全程一站式高铁动车,仅需 3 小时高效抵达;游览广西拟立法保护世界上最古老动河之一——水街;游览湖南世界自然遗产——崀山;体验崀山民俗风情"瑶王宴"表演;品尝血酱鸭、猪血丸子、柴火腊肉等美食。

此线路得到广大客户好评,既能游览桂林千年古镇,又能游览湖南世界自然遗产,行程安排较轻松,适合 3 天游或周末出游。

线路行程:

第 1 天　广州—桂林—兴安水街—新宁崀山

乘动车前往桂林北或桂林西,抵达后用中餐,乘车前往兴安水街。游毕乘车前往世界自然遗产地——崀山(车程约 3.5 小时),晚上体验崀山民俗风情"瑶王宴"。晚上住新宁。

---

① 吴国清.旅游线路设计[M].北京:旅游教育出版社,2006:47-55.

第 2 天　辣椒峰—骆驼峰—八角寨—瑶王宴

远观辣椒峰、白墙青瓦江南村落民居、丹霞群峰;攀登骆驼峰(游 2.5 小时)。午餐后游览八角寨景区(游览 2.5 小时,缆车索道费用需自理)。观崀山六绝之一"丹霞之魂　国之瑰宝"——鲸鱼闹海大峡谷绝景群。晚上住新宁。

第 3 天　特产城—天一巷—桂林—广州

参观崀山土特产,续而游览天一巷景区(游 2.5 小时),午餐后乘汽车前往桂林(车程约 3.5 小时),下午乘动车返广州。

(广州市任我行旅行社)

12.5.2　小尺度旅游线路策划及案例

一般来说,旅游线路距离小于 500 千米的被划分为小尺度旅游线路。[①] 比如省内旅游,大交通多选择汽车或自驾车,线路时间以 1 ~ 3 天,标准团费用在人民币几十元至 500 元左右为宜。大节假日旅游酒店住房是策划旅游线路的关键。旅行社经常采取包销酒店、度假村客房晚数的做法,策划出具有价格优势的短线旅游线路。在此基础上寻找当地文化元素,提升旅游品质。

【综合案例分析】

案例 1　梅州客家千人舞会两日游

策划资源:梅州客天下专业艺术团带领游客学习跳杯花舞(广东省非物质文化遗产);参观一代名将叶剑英元帅故居;体验客家文化,赠送客家三宝。

旅游行程:

第 1 天　客家博物馆—千佛塔—客天下

导游接团,午餐品尝客家大盆菜,前往中国客家博物馆参观,后往千佛塔、客天下文化产业园。于统一时间在客天下记忆广场,参加"跳舞让灵魂转动,醉美客天下"活动,千人齐跳兴宁杯花舞;欣赏客家山歌、客家风情表演。晚上住梅州。

第 2 天　叶剑英故居、纪念馆—云水谣—围龙屋—梅县土特产店

游览叶剑英元帅故居、纪念馆、素有梅州"云水谣"之称的白宫河、客家围龙屋济济楼、梅县区游客服务中心土特产商店自由选购客家娘酒、白渡牛肉干、大埔苦丁茶、平远梅菜干等,乘车返回温馨的家。

(梅州浙商旅行社)

案例 2　贵州旅游线路策划

一、贵州是全国旅游资源最丰富的省份之一

据统计,2014 年贵州省接待游客人数 3.21 亿;2015 年 3.76 亿,其中省外是 1.66 亿;

---

① 吴国清.旅游线路设计[M].北京:旅游教育出版社,2006:66-68.

2016 年 4.2 亿左右。这一成绩的取得与近年来贵州政府带领旅游企业联合打造全省旅游,成功策划旅游线路,使贵州旅游由冷线转变成热线。

地理位置:贵州省,简称"黔"或"贵",地处中国西南腹地,与重庆、四川、湖南、云南、广西接壤,是西南交通枢纽。世界知名山地旅游目的地和山地旅游大省,国家生态文明试验区。辖贵阳市、遵义市、六盘水市、安顺市、铜仁市、毕节市、黔西南布依族苗族自治州、黔东南苗族侗族自治州、黔南布依族苗族自治州。

气候条件:贵州的气候温暖湿润,属亚热带湿润季风气候。气温变化小,冬暖夏凉,气候宜人。省会贵阳市年平均气温为 14.8 ℃。从全省看,通常最冷月(1 月)平均气温多在 3℃ ~6℃;最热月(7 月)平均气温一般是 22℃ ~25 ℃,为典型夏凉地区。降水较多,雨季明显,阴天多,日照少。

交通环境:2014 年 12 月 26 日贵广高铁正式通车,贵州跨入"高铁时代"。2015 年 6 月 18 日沪昆高铁贵州东段正式开通,贵州全面融入高铁网;同年底,贵州省提前 3 年实现 88 个县(市、区、特)通高速的目标,成为西部地区第一个实现县县通高速的省份。贵州省民航系统已形成"一干八支"机场布局,干线机场是指贵阳机场,8 个支线机场分别是遵义新舟机场、铜仁凤凰机场、兴义万峰林机场、安顺黄果树机场、黎平机场、荔波机场、毕节机场、黄平机场、六盘水月照机场。

旅游景点:世界自然遗产地 3 个,国家级风景名胜区 18 个,省级名胜区 40 个;5A 级旅游区 3 个即黄果树风景名胜区、龙宫风景区、百里杜鹃风景区,4A 级旅游区 24 个,生态博物馆 4 个,自然保护区 10 个,国家重点文物保护单位 71 个,而且绿色和红色旅游资源丰富。旅游景点分布成东线、西线、南线、北线和中线。

东线旅游景点有杉木河、镇远古镇、舞阳河风景区、黎平侗寨、堂安侗寨、岜沙苗寨、梵净山自然保护区、铜仁九龙洞、西江千户苗寨。

西线旅游景点有黄果树景区、龙宫景区、双乳峰、格凸河、兴义万峰林马岭河景区。

南线旅游景点有荔波樟江风景名胜区、都匀斗篷山、茂兰喀斯特森林自然保护区。

北线旅游景点有遵义会议会址、茅台国酒城、赤水风景名胜区、息烽集中营。中线旅游景点有黔灵山、甲秀楼、红枫湖景区、花溪湿地公园、天河潭景区、南江大峡谷、青岩古镇。

二、按照全省旅游资源策划旅游线路

东南线旅游策划线路 3 条:常规线路 荔波大小七孔、西江苗寨动车 3 天;自然山水 荔波大小七孔、镇远、梵净山动车 5 天;民族风情 岜沙苗寨、黎平侗寨、堂安侗寨动车 3 天。

北线旅游策划线路 3 条:红色线路 遵义会址、娄山关、赤水、丙安古镇动车 5 天;文化线路 遵义会址、茅台国酒文化城动车 4 天;自然线路 遵义、赤水大瀑布、桫椤、四洞沟动车 5 天。

西线旅游策划线路 4 条:赏花线路 罗平油菜花(1—2 月)、龙宫油菜花(2—3 月)、毕节百里杜鹃(3—5 月);自然风光 黄果树、兴义马岭河、万峰林动车 4 天或黄果树、威宁草海动车 4 天;5A 级景区组合:黄果树、龙宫、百里杜鹃动车 4 天;特色景点 黄果树、威宁草海、乌蒙大草原动车 5 天;西线常规 黄果树、龙宫、天龙屯堡动车 3 天。

西线是贵州接待条件最成熟的,拥有双 5A 级景区,良好的气候条件,利于夏季避暑。

三、贵州最精华旅游线路：荔波大小七孔、西江苗寨、黄果树、天龙屯堡动车5日游

案例分析：为了一次出游就能游览贵州省两大世界自然遗产地黄果树瀑布和荔波大小七孔，外加中国最大的苗寨西江千户苗寨，可以采用以省会贵阳为中心的环形走法，大交通选择高铁动车从都匀进贵阳出或者贵阳进出；安排在荔波、凯里、贵阳、安顺各住一晚，共5天行程，这样可以把旅游地区之间的汽车程控制在4小时以内，游客不会太辛苦；普通团队选择当地未挂牌四星酒店可以满足住宿基本要求；除标准团餐外，还安排西江长桌宴、农家土鸡宴、贵州苗家酸汤鱼、茅台镇酱香型老酒等当地风味餐，贵阳市区用餐较方便，所以有一餐不做统一安排；自费观看《多彩贵州风》大型表演，可以降低团费直观价格。

线路行程：

第1天 广州（动车）—都匀东站/贵阳站/贵阳北站，旅游大巴去荔波，含晚餐，住荔波

抵达后乘车前往荔波（都匀—荔波车程约3.5小时）或贵阳—荔波（车程约4.5小时）。

第2天 荔波（车程约3.5小时）—凯里/西江（含早、中、晚餐），住凯里或西江

游览荔波喀斯特原始森林小七孔风景区和大七孔景区，后乘车赴凯里或西江。

第3天 西江苗寨（车程约3.5小时）—贵阳（含早、中餐）

游览西江苗寨，观看免费表演。游览凯里民族文化宫，后乘车前往贵阳，晚餐自理，后可自费观看《多彩贵州风》表演。

第4天 贵阳—黄果树瀑布（车程约2.5小时）（含早、中、晚餐），住关岭/安顺。

游览黄果树大瀑布和天星桥景区，后乘汽车至关岭或安顺，入住酒店。

第5天 关岭—贵阳（动车）广州

进天龙屯堡，游毕返回贵阳（车程约1.5小时），后乘坐动车返广州，结束愉快行程。

（广东省中国青年旅行社）

案例3 斯里兰卡情侣游策划

一、案例分析

在策划情侣旅游理念上以休闲为主，旅游地区和景点不宜过多，路程耗时不要过久。收客对象是情侣，他们要的就是一种浪漫舒适的出行，所以在行程上省去一些长途跋涉的景点，融入了常规线路所没有的活动和服务，例如康提佛牙寺祈福大会、海滨度假区沙滩晚宴以及摄影团队全程跟拍，带给客人与众不同的体验。客源上采取全国召集、统一出发的方式。

二、策划活动

1. 特别安排佛牙寺专场祈福大会，有专业寺庙主持。

2. 安排情人节专场沙滩音乐晚宴、鸡尾酒会、音乐 live party、晚宴抽奖。

3. 特别邀请电视广播名主持人随行主持晚宴。

4. 全程专业摄影师团队随团跟拍，记录在斯里兰卡的甜蜜时光。

三、线路安排

根据航班情况和市场原有线路情况，线路时间以6天为宜，采取环形做法，具体为科伦坡前后各1晚、海滨度假区2晚、康提1晚，选择有代表性的景点如佩拉尼亚皇家植物园、康

提佛牙寺、高跷渔夫、高尔古城、海滨火车,结合策划两大主题活动,海滨度假区2个半天自由活动;选择五星级酒店和海边特色酒店;国外用餐全包,菜式尽量有变化。

四、线路名称和行程:斯里兰卡浪漫6天情侣游

第1天下午　于指定时间、地点乘坐航班飞往印度洋上的斯里兰卡,抵达科伦坡后,导游鲜花接机,前往酒店后进行锡兰最尊贵的客人欢迎仪式——点灯。住宿:科伦坡

第2天　科伦坡—康提　　　　　　　　　　　　　　　　住宿:康提

游览圣城康提佩拉德尼亚植物园,参观佛牙寺并举行专场祈福大会,后游览康提湖。

第3天　康提—海滨度假区　　　　　　　　　　　　　　住宿:海滨度假区

参观宝石工厂,后前往康提沙丽店,试穿沙丽或沙龙,并有摄影师拍照。午餐后乘车前往南部海滨度假区,沿途看到蔚蓝海洋及洁白的沙滩度假区。晚餐专场沙滩音乐晚宴。

第4天　海滨度假区　　　　　　　　　　　　　　　　　住宿:海滨度假区

上午自由活动,午餐后,参观斯里兰卡独特的"立钓":高跷渔夫,后前往高尔古城,融合了欧洲的建筑及南亚的文化传统,是拍照好地方。

第5天　海滨度假区—科伦坡　　　　　　　　　　　　　住宿:科伦坡

上午自由活动,下午体验乘坐千寻海滨火车约1小时,后乘车返回科伦坡,市区观光:游览班达拉奈克国际会议大厦、独立纪念广场。

第6天　科伦坡飞回中国

(广东深圳万众国际旅行社有限公司)

案例4　红色旅游线路策划

在庆祝中国共产党成立95周年大会上,习近平总书记指出:"一切向前走,都不能忘记走过的路;走得再远、走到再光辉的未来,也不能忘记走过的过去,不能忘记为什么出发。"习总书记也曾指出:"无数革命先烈留下的优良传统是永远激励我们前进的宝贵财富,任何时候都不能丢。对于红色文化资源,我们既要注重有形遗产的保护,又要注意无形遗产的传承,大力弘扬红色传统。"红色文化的传承具有深远且重要的意义。红色旅游,寓教于游,寓游于教,是红色精神教育的大课堂。红色旅游策划可以按照革命历史事件发生的区域由点带面形成线路,如雪山草原红色旅游区,策划线路有四川泸定桥大渡河双飞6天、成都九寨沟红军会师纪念碑双飞5天等。红色线路时间不宜过长,以4天左右为宜;以红色景点和活动为主、其他景点为辅;大交通要选择快捷交通工具;策划敬献花篮等仪式。下面以湖南韶山红色旅游案例加以分析。

线路名称:红太阳升起的地方——湖南长沙韶山高铁4天红色旅游

第1天　上午接客人,下午前往世界最长的内陆洲橘子洲头景区游览,当年毛主席曾在橘子洲头留下了著名的——《沁园春·长沙》词。参观岳麓山中国四大名亭——爱晚亭,游览结束后乘车前往伟大领袖毛泽东的故乡、革命纪念圣地——韶山。下榻韶山宾馆。

第2天　统一穿着红军服装,佩戴毛主席像章,举红旗,前往1966年毛主席回韶山住过的神秘"西方山洞"——滴水洞景区,分组徒步,全程往返约9千米,徒步2小时,参观约1.5小时。下午在韶山宾馆业务总结及启动会。下榻韶山宾馆。

第 3 天　酒店自助早餐,上午统一服装(红军服+毛主席像章),挥舞红旗、唱红歌,由教练带领集体到达毛主席铜像广场,在武警护卫下举行庄重肃穆的敬献花篮仪式,领导给各区代表授旗仪式(约 30 分钟),瞻仰毛主席故居、毛主席纪念馆。下午举行韶山红色拓展训练,目的是让游客能够学习老一辈革命家的革命精神和红军长征精神,增强游客之间的协作精神,增强凝聚力。下榻韶山宾馆。

第 4 天　酒店自助早餐后退房,乘汽车到长沙,高铁返回家。

线路分析:这是中尺度、主题线路策划。大交通从湖南省省会长沙高铁进出比较方便。湖南省内线路采取环形走法,重点安排韶山 2 天红色活动,突出红色主题;开会、住宿和用餐均安排在韶山宾馆,连住 3 晚,保证接待服务质量。此线路适合单位团队建设。

(广东省中国青年旅行社)

案例5　自驾车公益旅游线路策划

线路名称:香港游客自驾车河源公益 6 日之旅

线路行程:

天　数	交通工具	行　　程	公　路	住　宿
第一天	自驾车	香港皇岗口岸入关—广东河源紫金县(220 千米) 深圳口岸办理过关手续后出发,中途用午餐,出发前往紫金,用晚餐后入住酒店	广深高速、机荷高速、G25 长深高速、S2 广河高速、S120 省道	紫金蓝塘麒麟酒店
第二天	自驾车	紫金县—河源市(85 千米) 早餐后前往交流扶贫的业坑小学,在学校用午餐,到达河源市用晚餐后入住酒店,自由泡温泉	广河高速、G35 济广高速	河源客天下酒店或同级
第三天	自驾车	河源市 自由活动,玩越野车	自驾	河源客天下酒店或同级
第四天	自驾车	河源—惠州(100 千米) 早餐后出发,中途用午餐,在惠州用晚餐后入住酒店	惠河高速	惠州海王子酒店
第五天	自驾车	惠州 自由活动	自驾	客人自理
第六天	自驾车	惠州—深圳皇岗口岸出关(100 千米) 早餐后自由活动,午餐后出发前往深圳皇岗口岸办理出关手续	G25 长深高速、机荷高速、广深高速	深圳皇岗口岸出关

案例分析:旅行社先要联系交流对象如河源紫金县业坑小学;并为香港牌小车申请办理入境临时车牌。

商定行程时间和活动内容,以交流、玩车为出游目的,所以观光景点较少,自由时间较长。

特别注意道路行车安全。选择公路交通状况良好、中途有加油站和服务区,旅游项目没有危险,住宿条件好,医疗卫生水平良好。配备领路车和备用车,医务人员随车队。

安全提示:自驾车旅行,要带齐必备的安全用品和工具。主开自驾车的人要身体健康,精力充沛,不要带病坚持出游,特别是服用了镇静或抗过敏药物后不要驾车。切勿疲劳驾驶,路途遥远时要在行驶一定公里路程后安排停车休息及更换驾驶员。另外,远途中要注意自我保健,适时活动身体,到达目的地后注意休息。安全驾驶行车中严守交通规则,注意观察路面情况,及早采取措施。根据路面情况调整车速,不要一味追求刺激,高速公路上要特别注意控制行车速度,自驾车队车与车之间应保持100米的车距。行驶中多注意水温及仪表情况;要注意观察一下油耗,感觉超出平时水平,应及时查看油路是否漏油。遇到车况不好,也应及时停车检查,不要勉强行驶。遇到堵车时不要有急躁情绪。若遇有爆胎,不是特别危险情况不要猛踩刹车,而要慢慢踩,尽量靠路边停稳车;特别是前轮胎爆时一定不能慌,手要把紧方向盘,保持方向。一旦碰上坏车或事故,一定要马上与团队负责人联系汇报,解决不了的可打救援电话请求支援。

(广东省中国青年旅行社)

附 录

附录 1　旅游线路报价单

一、旅游线路名称：

二、报价时间：

三、分项报价

项　目	内　容	单价(元)	数　量	合计金额(元)	备　注
交通费					
房费					
餐费					
当地交通费					
门票					
导游费					
旅游保险					

附录2 旅游线路评估表

线路名称				线路编号	
策划部门				线路策划人	
①策划的原因 （可附相关文字资料）	国家法规政策 □ 业务信息 □			客户要求 □ 市场需求 □	
②市场预测/ 可行性分析					
③线路策划要求					
④初步评审 （部门总经理/分管副总经理）	初步设计可行,可进行具体线路策划。 □ 初步设计不可行,暂缓进行具体线路策划。 □ 评审人： 日期：				
⑤策划资料记录（行程设计、线路特色、景点介绍、图片等）					
⑥产品设计评审项目		评审意见 （部门总经理/分管副总经理）			
1	与法规的符合性	符合不符合说明：			
2	与强制性标准的符合性	符合不符合说明：			
3	与客户要求和策划要求的符合性	符合不符合说明：			
4	"六要素"合作单位选择的适合性				
4.1	吃	公司自定供应商安排说明：			
4.2	住	公司自定供应商安排说明：			
4.3	行	公司自定供应商安排说明：			
4.4	游	公司自定供应商安排说明：			
4.5	购	公司自定供应商安排说明：			
4.6	娱	公司自定供应商安排说明：			
5	路线安排的合理性	合理不合理说明：			
6	时间安排的适宜性	适宜不适宜说明：			
6.1	交通时间安排的可行性	可行不可行说明：			
6.2	"六要素"时间安排合理性	合理不合理说明：			

7	产品价格的合理性	合理不合理说明:
8	市场销售的可能性	对一般试验性质说明
9	安全性	符合旅游安全规定不符合旅游安全规定说明:
9.1	对游客身体素质的要求	有无说明:
9.2	旅游事故防范措施,意外保险	正常需要特别注意说明:
10	后勤保障程度	正常需要特别注意说明:
11	团队人数限制	正常( )人说明:
12	团员身份限制	有无说明:
13	对顾客自带设备,器材的要求	有无说明:
14	区域准入性	有无说明:
15	策划内容完整性	完整需补充说明:
16	供应商选择	供应商名称: 长期使用初次使用说明:
17	其他评审项目	
18	评审结论	线路策划可行,可以进行实际收客运作。 □ 线路策划符合客户需求,可以提供客户。 □ 线路策划存有不足,待改进。 □ 评审人: 日期:

附录 3 团队质量意见表

尊敬的团友：

您好！欢迎您参加本公司的旅行团！

为了更好地提高我司的旅游服务质量，请您填写此份调查表，并提出您的宝贵意见和建议。我们将根据此对领队、地陪（导游）和接待社进行考核并改进我们的服务。

请将此表交回您的领队。

谢谢您的支持，欢迎再次参加本公司的旅行团。

线路团号：_____ 领队（全陪）：_____ 地陪（导游）：_____

国家/城市	领队服务				地陪导游服务				酒 店				餐 饮				交 通				行程及景点安排			
	很好	好	一般	差	很好	好	一般	差	很好	好	一般	差	很好	好	一般	差	很好	好	一般	差	很好	好	一般	差

一、行程中全陪领队或地陪导游是否有以下行为，如有请在序号前打"√"。

1. 清晰宣读游客旅游文明与注意事项　　□是　　□否

2. 迟到　　□是　　□否

3. 强行加点　　□是　　□否

4. 强迫购物　　□是　　□否

5. 强迫小费　　□是　　□否

二、您是否会推介友人参加此线路旅游　□是　　□否

三、您的总体建议：

_____

_____

四、您对本次旅游的总评价，请在□打"√"。

很满意□　　满意□　　一般□　　不满意□

五、您所签的这份意见表已代表与您一起报名参团的客人：

人数：_____,客人名单：_____

您的姓名和签名：_____ 联系电话：_____

日期：_____年___月___

（广东省中国青年旅行社）